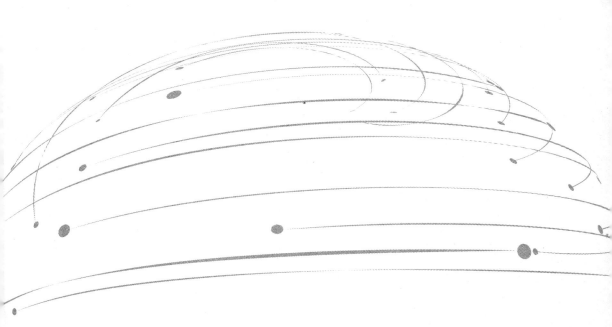

中国方案1.0

李稻葵◎主编

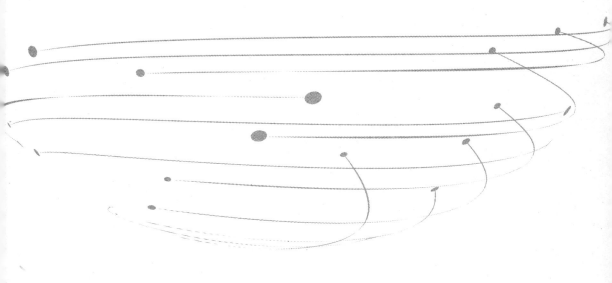

中国友谊出版公司

序　言

李稻葵

　　西方大国政治困顿、分裂，中国领导人提出"中国方案"—— 2016年是国际政治经济史上特别值得关注和分析的一年。

　　西方主要大国表现出的是困顿与分裂。6月份的英国公投与11月的美国大选结果都出乎大多数精英人士的预料。这两个所谓的"黑天鹅事件"反映和加强了英国与美国社会的分裂。在英国，公投结果并不被伦敦等大城市的精英人士所认同，苏格兰也不认同脱欧的决策。在美国，大选之后，针对特朗普当选的校园抗议此起彼伏，而整个加州又跃跃欲试，准备脱离美国联邦。我负责的清华大学苏世民书院项目，2016年8月22日开张，110名学生中有55名来自于美国。开学前我们反复推演，如何应对中国政治社会或者中外关系的重大事件所导致的学生思想情绪的波动，结果没想到，开学后的最大外部刺激居然是美国大选。大选结果一出，这55位美国学生情绪集体极度失落，吃不了饭，上不了课，他们说就像自己的父母突然宣布要离婚一样，如同晴天霹雳一般，他们的感受就是自己的祖国出现了分裂。

　　从退欧到特朗普当选，西方政治发展的一个主线就是回撤国内，国际问题无暇顾及，纷纷各自为战。

　　与此形成鲜明对比的是，中国国家领导人在2016年9月的杭州G20峰会上提出了"中国方案"，希望用中国智慧解决人类社会一系列重大问题。

　　"中国方案"到底是什么？这个问题至关重要，但是到目前相关讨论还是比较少。"中国方案"从概念上讲至少应该包括两大组成部分：一是解决包括国际秩序和全球治理在内的一系列重大国际问题的新思路和新举措；二是解决一个国家内部的经济政治等方面重大课题的新政策和新体制。

　　"中国方案"已经成型了吗？坦率地说，中国方案还没有完全定型，中国自身也在探讨之中。在经济方面，中国在过去三十年中经历了快速发展，但目前也碰到了一系列的重大问题，如政府和企业的关系需要升级为"亲"、"清"的新型关系，政府对经济的监管方式也必须从过去的事先监管转换为事后监督。在这些方面，中国仍处在探讨之中。

　　中国领导人之所以提出"中国方案"，应该说是过去三十多年中国经济社会迅速发展，以及国际地位不断提高这个渐进式过程的自然演进结果。因此可以说，中国为了"中国方案"，已经准备了三十多年。

　　本书就是试图描述"中国方案"的框架，重点放在"中国方案"背后的一些基础性因素。本书的第一部分讨论中国正在逐步走向世界舞台的最中央，中国的智慧正逐步被国际社会所接受；第二部分介绍"中国方案"并不完全是传统中国智慧的产物，相反，"中国方案"是借鉴其他国家成功模式、借他山之石以攻玉的综合智慧结晶；第三部分指出"中国方案"必须首先在中国周边国家、在亚洲国家被接受，这是"中国方案"走向世界的第一步；第四部分指出中国和美国各有方案，中美关系的未来走势将影响"中国方案"未来在国际市场的接受度；第五部分谈到"中国方案"的一个具体方面，即2013年中国政府提出的"一带一路"倡议，这是推进"中国方案"的载体，最有可能成为相关国家最感性地接触"中国方案"的渠道；最后一部分讨论中国何时能真正地改变全球秩序，逐步上升为世界强国，从而全面提出和推进"中国方案"，以此迎接"中国时刻"的最终到来。

　　本书是清华大学中国与世界经济研究中心在过去几年来召开的各种专题讨论会的成果。该中心每季度针对一个精心策划的选题邀请各方专家座谈，根据专家们的发言记录仔细加工，整理成文。我们发现，这种面向现场听众、有问题意识的发言比专家们自己投稿或者"命题作文"观点更加鲜活，逻辑更加清晰，行文更加流畅。

清华大学中国与世界经济研究中心成立于2005年，过去十几年来长期关注中国经济社会发展等重大战略性国际性的话题。本丛书系列是该中心研究成果的一个展示，希望对中国思想界、政策界、学术界提供有益的参考。

第一章

走向世界舞台的最中央

让世界理解中国梦

李稻葵

> 在这个全球化的世界，我们要实现中国梦，必须消除中国发展引起的种种误解和担忧。因此，必须让世界真正了解，中国梦是促进世界和平繁荣之梦，而其根本之道，是引导西方精英理解中国梦。

百年中国梦

100多年前有一位世界著名的英国企业家，他在英国之外开疆拓土，在南非拥有了大量的钻石矿，他创办的戴比尔斯公司（DeBeers）当时控制了全球90%的钻石供给，至今仍然业绩辉煌。

他有一个英国梦，那就是要恢复大英帝国顶峰时期的辉煌，复辟美国革命的成果，把北美重新纳入大英帝国的版图，最终建立"罗马天主教大英帝国"（The English Empire for Roman Catholic Religion）。这位雄心勃勃的商人，在去世前计划把全部财产捐赠给另一位他所景仰的、富可敌国的英国巨商——纳撒尼尔·罗斯柴尔德（Nathaniel Rothschild），希望后者帮助他实现梦想。不巧的是，后者并不完全认同他的"罗马天主教大英帝国"之梦。几经周折，这位钻石商最终把自己的财富留给了牛津大学。他在该校设立了一个奖学金，目标就是把最有才干、最有领导力的

3

美国人吸引到牛津大学来读研究生，待他们毕业后回到美国，帮助他实现自己的英国梦。

这位钻石商的名字叫作塞西尔·罗德（又译罗德兹）（Cecil John Rhodes），他所设立的罗德奖学金（又译罗兹奖学金）（Rhodes Scholarship），至今已经走过了整整一个世纪。不幸的是，罗德的大英帝国梦不仅没能实现，世人所看到的反而是英帝国的逐步衰落。今日的英国，早已退出世界超级大国的行列。尽管如此，罗德所设立的罗德奖学金却独步天下，成为英美世界包括前英国殖民地各国大学生心目中顶级的荣耀，也是最具有荣誉感的奖学金。许多大学往往把每年有多少学生得到罗德奖学金作为教育质量和名望的衡量指标，其分量类似于学生中的诺贝尔奖。

非常有意思的是，100多年前，当罗德建立他的奖学金的时候，中国也在加紧派出自己的人才出国留学，希望从西方寻找救国强国的科学和理念，实现自己的"中国梦"。一批又一批留学生放洋求学，他们中相当一部分人回国后，的确在中国的社会发展中起到了至关重要的作用："两弹一星"的元勋和各大工程的总设计师，都是这一批早年中国派出的留学生中的佼佼者。

让世界读懂中国梦

今天，中国新一代领导人明确提出了实现中国梦的理想。

实现中国梦，是不可能在自己家中闭门造车所能完成的。相反，当今实现中国梦的一个必要条件是，让世界读懂什么是中国梦，让世界理解并支持中国人在实现中国梦过程中的努力。

为什么必须让世界读懂中国梦？

第一，当今世界是一个全球化的世界，任何一个民族、任何一个国家都不可能关起门来，不顾国际环境，不顾其他国家的感受而独自发展。更何况，中国已经是世界第二大经济体，是世界上最大的发展中国家和人口大国。我们要实现中国梦，必须考虑国际环境。

其二，作为世界上发展最快的最大经济体，中国的发展已经在国际上引起了种种误解和担忧。这些误解必须化解。一些人担心，中国的发展会压缩他们未来的发展空间；他们也担心，壮大后的中国会日渐走上狭隘民族主义甚至军国主义道路。在经济领域，很多国家的政客已经开始要求对中国投资严加审查；而中国企业的竞争者们往往拿中国的国家主义的战略思想为借口来设置种种限制。在国际安全方面，中国梦往往也被曲解为领土扩张的要求。西方的学者愿意用自己殖民的历史这面镜子来看中国未来的发展，他们认为，发展后的中国一定会出现扩张主义的倾向。

让世界理解中国梦是促进世界和平繁荣之梦

必须让世界完全理解，中国梦和当年罗德的大英帝国复辟梦、希特勒的德意志第三帝国梦以及日本军国主义的"东亚共荣"梦完全不同！

中国梦事实上是建立在中国自身社会繁荣、经济发展基础之上的，而中国社会的繁荣、经济的发展必然会带动世界经济的发展，会为全球企业带来更大的市场利润，给外国的年轻人创造更多的就业机会，给外国的消费者创造更廉价的产品。中国的繁荣与发展，在本质上与世界其他国家的繁荣与发展是同向的。

中国梦不是建立在领土扩张，更不是建立在谋求世界霸权的基础之上的。在中国发展的历史上，我们看到的并不是一种扩张主义的民族国家的理念，相反，中国在历史上最发达的时期，往往是自信开放，与周边邻国乃至地理位置相隔遥远的国家友好交往、互相尊重的。中国梦实际上是要恢复当年自信开放、睦邻友好的盛世景象，而非重复欧洲列强包括英帝国对外殖民扩张的历史。

中国梦与其他任何大国之梦的不同在于，它是由中国传统的哲学和文化理念为支撑的。传统的中国哲学强调天人合一、和而不同，提倡人与自然、个人与社会、国家与国家的平和交往。这种理念与西方传统的个人主义理念完全不同，更加追求个人价值实现与社会稳定之间的平衡，而西方的价值理念更加注重个人的自由、个人的机会平等。这两种不同的价值理念，很自然地派生出不同的社会管理理念。这一点也必须向西方讲清，否则西方会认为中国这种理念与他们格格不入，因此，在商业投资等方面可能会出现重大的误解，乃至于无法深入合作。

让世界英才走近中国才能真正理解中国梦

如何让世界尤其是西方读懂中国梦？这当然需要坚持不懈地开展包括公共外交在内的各种友好交往活动，但最根本的是，让西方的年轻人从现在开始逐步了解和理解中国。

中国人说"百闻不如一见"，古人也讲"读万卷书，行万里路"。让西方的年轻人读懂中国，不仅是让他们读中国的书，接受来自中国的信息，最重要的是，应该把他们的年轻人请到中国来，让他们亲身体验中国人的生活方式，深入了解中国人的思维方式。这种工作尤其要从西方最有成为精英和领导潜质的雄心勃勃的年轻英才着手。这批精英有望成为各国政治、经济界的栋梁，届时，他们将习惯于用中国的视角，用年轻时代在中国结成的友谊，和中国人民共同努力，解决全球面临的重大课题。他们会理解中国梦，支持中国梦，他们将会把中国梦与世界梦完美地融合在一起！

中国正在超过美国，走向世界舞台中央

王小东

中国现在机械工业的产值已经占到了世界的三分之一。当然，距离世界最高标准还不够。美国强的时候占到世界半数以上，最强的时候接近60%，这就是强国的一个标志。现在我们占了三分之一，我们正在朝着美国57%多的那个标杆进军。而且，中国会在不远的将来，就超过美国历史上的比例，占据人类历史上第一的位置。不要讲我们创新能力不够，美国历史上也是量先上去，然后质再上去，最后再创新的。我们的人口比美国多很多，即使我们的劳动力素质、劳动生产率仍旧低于美国不少，我们还是能超过美国，这是我们的先天禀赋所决定的。

学界评论时势，第一句话，中国不行；第二句话，我们要装不行——其实，我们既然这么不行，又何必装呢？外国人也应该看得出来我们不行，就是不行嘛！中国到底行不行呢？我从一个重要的方面给大家讲一讲。中国现在机械工业的产值已经占到了世界的三分之一。当然，距离世界最高标准还不够。美国强的时候占到世界半数以上，最强的时候接近60%（57%多），我们还差小一半。

在过去100年当中，美、德、英三国加起来，曾经占到世界机械制造业的80%以上，这就是强国的一个标志。现在我们占了三分之一，我们正在朝着美国57%多的那个标杆进军。而且，很大的可能性是，中国会在不远的将来，就超过美国历史上的比例，占据人类历史上第一的位置。不要讲我们创新能力不够，脆弱不脆弱，美国历史上也是量先上去，然后质再上去，最后再创新的。我们的人口比美国多很多，既使我们的劳动力素质，劳动生产率仍旧低于美国不少，我们还是能超过美国，这是我们的先天禀赋所决定的，我们只要不是发挥得太差就行。从大局看，从长远看，经济结构和创新都不是问题，有看不见的手指挥着，渠到自然成，到时候经济结构和创新都会自然解决的，所以中国一定会超过美国。

总之，关于中国的经济形势，我不同意悲观的看法。我们的增速刚刚掉了这么一点，你们就说中国要完了？你们说了多少年中国经济要完了？你们不是年年说吗？说了这么多年，中国经济不但没完，而且世界第二了。中国的经济没有什么大问题，就算经济增速有问题，我们也有的是手段。2008年的四万亿大家都在骂。我认为骂得没道理。历史已经证明了我们的四万亿不仅拯救了中国，而且在一定程度上拯救了世界。我们的情况比世界上其他绝大多数地方都好得多。你们说，四万亿的恶果到现在还没有显现出来？这就更没有道理了，2008年到现在都六年多了，这项经济政策救了我们六年多已经足够了，以后的事情是以后的事情了。就以现在的经济形势说，我认为我们不该受教条主义的所谓"经济学家"们的误导。我们仍旧可以通过凯恩斯主义的手段激活中国经济。我们是在世界大国中唯一一个具备充分良好的条件使用凯恩斯主义的手段激活经济的国家。现在有观点认为，用投资创造需求是错误的，必须用消费来创造需求。没有这回事，中国一方面经济发展一直很快，另一方面，基础设施等建设跟发达国家比仍旧有差距，所以，我们的投资占比高于发达国家完全合理。为我们的子孙万代着想，为中国的富强着想，我们必须比发达国家把更多的钱用在投资上。

我们在扩展自己的影响时，一定不能只考虑经济，而要考虑到我们的军事覆盖能力和政治影响力。关于军事覆盖力，我们的能力确实还很有限，尤其是海上不行，但对于周边，我们并不是一点能力都没有。更何况，讲军事覆盖能力，也有多种形式，并不是说只有派自己的军队去打着一种形式。那么，政治影响力是什么意思呢？这个影响力的形式、大小更复杂了。说白了，就是我们有没有能力通过各种手段影响到另一个国家的权力结构、权力分配。其终极形式是政权的废立。我们在有些地区并不是一点这个能力都没有（当然我们有能力的地区不多，跟美国比差远了，跟英、法这样的老牌殖民主义国家比也还不如），敢不敢用，善不善用，是个大问题。

有了政治影响力，甚至军事覆盖能力，我们才可以放心大胆地进行长线投资，否则，我们就应该担心我们的钱是不是打了水漂，是不是只是被本国的那些利益相关者拿去自肥。

谈到"一带一路"，我们就不能不谈到俄罗斯。俄罗斯是一个大国，从亚洲到欧洲，横亘在中国北方，横亘在几乎整个"丝绸之路经济带"的北方。我们必须对俄罗斯的国力，对它在世界格局中的位置，对它与中国的可能的关系，有一个较为准确的估计。遗憾的是，某些人对俄罗斯的判断特别感情用事。一些人出于亲美而仇恨它，另一些人则出于20世纪50年代对于"老大哥"的记忆和感情而仰视它。总的倾向是把俄罗斯估计过高，无论爱它还是恨它，往往都把立论的基础建立在它非常强大上面。我则认为，俄罗斯现在不再是一个顶级强国，而且在可预见的未来，也不大可能改变目前的地位，它远比很多人所判断的要弱。一个石油跌价，就被历史给狠狠嘲弄了。看一下俄罗斯最近20年的GDP变化，就知道它的经济受世界能源价格涨落的影响有多大。这已经充分反映了俄罗斯的去工业化，俄罗斯已经不复是苏联了。

俄罗斯的这个情况对中国好不好呢？我认为，好。因为以俄罗斯现在的这个状况，它不可能威胁到中国的安全。另一方面，从中国的国家利益出发，它也不要太弱。如果太弱了，则等于中国失去了一个有价值的朋友，对中国不利。现在的这种状况，对中国是有利的，因为在与中国的关系中，它不再是主导了。可以说，两国是完全平等的关系。

作者为中国青少年研究中心研究员

中俄关系是中国在世界舞台中央的重要前提

肖　斌

　　随着中国"丝绸之路经济带"战略构想的提出和俄罗斯的"欧亚经济联盟"在2015年的正式启动，欧亚大陆已成为中俄利益交叉最密集的地区。对三面环绕陆地的中国来说，欧亚大陆是她走向世界舞台中央的起点和核心利益区。欧亚大陆也交叉了各种力量和利益，俄罗斯则是其中影响力较大的一支力量。中国必须重视在全球伙伴关系网络中发展良好的中俄关系，这将是在中长期内保证中国走向世界舞台中央的重要前提。

　　主流的现实主义国际政治理论对认识中国走向世界舞台中央带着很多负面标签，这预示着中国走向世界舞台中央是渐进的系统工程。为了能赢得更长的战略机遇期，使自己能在相对和平的国际环境中走向世界舞台的中央，中国近年来选择了更为积极的外交行动，构建全球伙伴关系网就是其中有中国特色的外交理念，并成为中国当前和今后一个时期对外工作的重点。中国提出的构建全球伙伴关系网络的核心宗旨就是在坚持不结盟原则的前提下广交朋友，形成遍布全球的伙伴关系网络。目前，中国已在全球67个国家、5个地区或区域组织建立了72对不同形式、不同程度的伙伴关系，而中俄关系则是其中水平最高的一组伙伴关系。根据2013年3月中俄两国元首在莫斯科签署的《联合声明》，"中俄将在合作共赢的基础上深化全面战略协作伙伴关系，并已达到前所未有的高水平，为大国间和谐共处树立了典范，在当今国际关系中为促进地区乃至世界和平与安全发挥着重要的稳定作用"。但是，由于中国坚持不结盟原则的前提下形成遍布全球的伙伴关系网络，这也明确了中俄关系实际上是有限度的。那么，在不结盟的条件下中俄关系对中国走向世界舞台将产生怎样的影响？为了解释这个问题，本文将从国际体系、地区层次和国家关系定位等三个层次讨论中俄关系对中国走向世界舞台中央的影响，并以国际合作扩大的生成条件讨论了中俄关系的发展。

一、中俄关系对中国走向世界舞台中央具有长期的战略价值

相对于其他影响国际政治的要素而言，国际体系是比较稳定且具有长期影响力的变量。国际体系由一系列单元组成，并根据单元的变化而组成不同的结构形式。

作为国际体系中的单元，中国走向世界舞台中央实际上是一个单元与体系互动的过程。从国际政治格局的权力变化来说，中国走向世界舞台就是国际结构发生调整或者变化的过程。不过，在无政府状态的国际社会中，中国越接近世界舞台的中央则有可能遭受越来越大的外部压力。引发外部压力的直接原因是当体系内大国数量发生变化时，出于对崛起国的疑虑，霸权护持国更倾向于选择种种措施束缚崛起国的行为。为了减弱外部压力，增加和扩大与体系内大国战略合作基础就是一种选择，于是中国提出了建立合作共赢为核心的新型国际关系。尽管存在外部压力，但国家实力增长的事实反映了中国是现行国际体系的受益者。与中国不同，俄罗斯在当前国际体系中受益较小，甚至认为自己被当前的国际体系所排斥。普京在其2014年俄罗斯国情咨文中表达了不满，他指出，"如果你们（西方国家）不想与我们对话，那么我们就被迫以单方面行动保护自己的合法利益，俄罗斯绝对不为我们认为的错误政策买单"。虽然俄罗斯在当前国际体系中受益较小，但凭借综合国力，俄罗斯依然是世界性大国，军事实力依然算得上世界军事强国。在权力失衡的单极体系中，俄罗斯依然是一支重要的制衡力量，而国际体系的相对稳定离不开体系中各种力量的相互制衡。因此在全球伙伴关系网络中，发展良好的中俄关系对维护国际

体系的相对稳定，推动中国走向世界舞台中央具有长期的战略价值。

二、中俄利益交叉的欧亚地区是中国走向世界舞台中央起点

纵观现代世界性强国的成长历程，从地区崛起是成为世界性强国的起点。这对三面环绕陆地的中国更为重要，而欧亚大陆可能是中国走向世界舞台中央的起点和核心利益区。不过，欧亚大陆也交叉了各种力量和利益，俄罗斯则是其中影响力较大的一支力量。随着中国"丝绸之路经济带"战略构想的提出和俄罗斯的"欧亚经济联盟"在2015年的正式启动，欧亚大陆已成为中俄利益交叉最密集的地区。通过政治（独联体）、经济（欧亚经济联盟）和安全（集体安全条约组织）等地区性多边组织，俄罗斯不仅在亚欧地区建立了较为稳定的关系网，而且在上海合作组织、亚洲合作对话、亚信会议等活跃在欧亚大陆的多边机制中也发挥着关键性的作用。虽然中国走向世界舞台中央也离不开在海洋的崛起，但在中短期内中国首先需要实现在陆地的崛起。为了保证能在欧亚大陆和平崛起，必须重视在全球伙伴关系网络中的发展良好的中俄关系，这将是在中长期内保证中国走向世界舞台中央的重要前提。

三、发展中俄关系时中国需要理性的定位

近年来，随着中国的不断发展和外部压力的增大，学界、舆论界对发展中俄关系出现了一些不理性的声音，一些自我膨胀的国人在俄罗斯遭受制裁时常常希望去拯救别人。尽管国家实力有大幅度下降，但俄罗斯依然是个有着数百年大国历史的世界性大国，有着强烈的民族自尊心。加上拥有丰富的自然资源，即使综合国力有所下降，俄罗斯在对外关系方面更偏好于自助或扮演救世主，不甘于做"小兄弟"。即便是遇到强大的外部压力且需要帮助时，俄罗斯也不会直接主动地寻求外界帮助。更何况俄罗斯与西方关系还存在着缓和的可能性，俄罗斯自己

能够拯救自己。而既有的国际关系常识告诉我们，俄罗斯与西方国家之间的争斗不可能从根本上改变国际社会中的"中国威胁论"。导致不理性声音的原因是国人在预期效用最大化的基础上，对自己实力地位错误的认定和夸大。因此，任何不理性的判断和单边行动都不利于中俄关系的良性发展。科学的国际关系理论表明，无论在单极、两极还是多极的世界，国际政治始终在调整和变化之中，中国在国家政策层面要熟练掌握因势利导的外交谋略技巧，自身实力的强大不意味着世界新秩序的到来。"国家永远无法确定自己的命运，国家间可以在增加共同收益的基础上携手合作。"所以在全球伙伴关系网络中建立合作共赢的中俄关系是中国走向世界舞台中央的支点。

四、构建全球伙伴关系网络应是国际合作的有条件扩大

近年来中国广泛参与各类国际合作和制度安排的建设，其中"一带一路"战略引起了国际社会最为广泛的关注。与以前的国际合作行为相比，中国"一带一路"战略，包括提出构建全球伙伴关系网络都属于国际合作的扩大。然而在自助的国际体系中，任何国际合作的扩大都是有条件的，大致可以归纳为：一是国际合作各方都有一定程度的外部压力；二是国际合作各方能够达成一定的共同利益；三是国际合作各方在政治和非政治性技术合作上，要么绝对的不对称，要么相对的对称；四是国际合作的主导国要有较高水平的地区性软实力；五是国际合作各方的法治水平相对较高；六是国际合作各方愿意建立高效的国际合作管理团队。

最后，无论中国选择怎样的国际合作扩大，中国的首要目标是要抓住机遇期不断地壮大自己，做好自己的事，也只有自身的不断壮大，才有可能在抵御各种外部压力的情况下尽快地走向世界舞台中央。

作者为中国社会科学院俄罗斯东欧中亚研究所助理研究员

中国新形势下的对外开放需先处理好国内改革问题

陶　然

中国新形势下的对外开放，特别需要处理好国内经济改革的问题，把中国经济的风险真正降下来。到目前为止，政府已经采取的主要改革措施，仍然严重滞后于中国经济、社会转型的需要。中国尤其需要建立"重大公共政策、改革方案"的讨论、辩论机制，来达成"改革共识"。

今天我们很多讨论是"一带一路"和中国新形势下的对外开放问题，其中一个思路是利用外汇储备去国外建设基础设施，换取对外的资源与市场，应该来说，在国内产能过剩，外汇储备也比较多的时候，这样做大的方向是可以的。但在这个过程中，确实有很多问题需要仔细考虑。由于现在经济下行，房地产市场情况不好，所以地方政府和中央政府的财政上确实出现了一些不利的局面，尤其是地方政府的土地出让金严重下滑的情况，所以中央政府才有这个战略的出台。

我想说的一个问题，是在对外开放的时候，政府和企业也要计算成本收益，特别是国外的政治与经济风险，那些最希望要你投入的国家有可能是经济社会风险最大、还款能力最差的国家。所以到底做什么项目，要有真正独立的可行性研究，否则我们很多国企、央企去要政府的钱，但最后政府花了外汇储备，企业可能得益了，政府的钱有可能打水漂。

第二，我们特别需要处理好国内经济改革的问题，把中国经济的风险真正降下来。我们现在是人均7000美元，但经济运行的风险却非常大。现在看来，我们的房地产比较危险。特别是2009年大规模财政、信贷刺激政策后，房地产全面泡沫化。在金融体制仍被严格管制，利率也未有市场化的情况下，大量廉价贷款中相当一部分被配给到了地方政府所建立的投融资平台和具有一定垄断地位的中央、省级国企。前者运用贷款进一步新建、扩建工业开发区和新城区，改善包括地铁、城市道路在内的基础设施，而后者除运用这些贷款去国内外收购各类资源和资产外，还有相当部分投入城市商、住用地炒作。

此阶段宽松的信贷政策以及中央对一、二线城市住宅地产的打压，让泡沫不仅从住宅地产向商业地产、养老地产、甚至是死人地产（墓地）扩散，而且也从一、二线城市向三、四线城市扩散。至此，中国房地产全面泡沫化的局面形成。各线城市房价在此后2～3年内增长了100%～200%。中国未来房地产市场进一步下行几乎无法避免，2014年以来绝大部分城市放开限购后，市场反应冷淡就是明证。一旦房地产泡沫在更多三、四线城市开始破裂，就可能迅速增加不良贷款并导致银行被迫控贷，房地产下滑最终会蔓延到一、二线城市。因此，一旦房地产市场出问题，确实可能带来一个经济危机和金融危机的问题。

考虑到2014年改革的进展和经济形势的最新发展，我个人的判断，中国经济改革在局部领域取得了一些进展，但到目前为止，政府已经采取的主要改革措施，仍然严重滞后于中国经济、社会转型的需要。中央一再强调的改革"顶层设计"到目前为止还没有真正实现，尤其是中国目前没有建立"重大公共政策、改革方案"的讨论、辩论机制，来达成"改革共识"。

作者为中国人民大学经济学院教授

中国目前不能超越西方制度，仍需坚守

何茂春

> 我们还不可以小看西方现行体制背后的创新能力和修补能力。这个体制代表着自由经济、自由贸易和民主法制制度，但它不合理的地方也很多，所以现在要维修它，我们也在参与维修。我们自身的可持续发展存在后劲不足和继续崛起的脆弱性。中国现在的在国际治理体系中的地位，不能高估。

人类所有的战争都几乎是起源于经济矛盾。二战后，为了避免经济战、贸易战再次成为世界大战的导火索，世界领袖们在一个和平的框架范围内才设计了布雷顿森林体系，60多年来这个体系对维护世界和平是功不可没的。这个体系由西方主导，尤其是美国主导。但是这个体系也让其他很多国家享受了好处。今天这个全球化仍然是被这个体系维护着，发展到今天没有出现大乱，不管是科技、文化和思想都是在这个体系内取得了巨大进步。所以没有理由要另起炉灶，打破和终结这个体系。

中国改革分为三个大阶段：1978年改革开放、2001年中国入世、还有"一带一路"，这三个阶段。我们在这其中毫无疑问是这个现行的体制主要受益者之一，当然我们受害也很多，任何国家都有受害，美国人也认为受害不少。这个体制当中我们从世界经济的老七，变成了现在的老二；货物贸易从世界第十一，变成了老大；从资本的净输入国变成了资本净输出国。

我们还不可以小看西方现行体制背后的创新能力和修补能力。这个体制代表着自由经济、自由贸易和民主法制制度，虽然说它不合理的地方也很多，所以现在要维修它，我们也在参与维修。

中国现行的在国际治理体系中的地位，日新月异，但是不能高估。我们自身的可持续发展也存在后劲不足和继续崛起的脆弱性。我们应当坚信相信我们的改革开放是对的，也一定能成为世界领导大国，但不是现在。我们还不能有能力和制度上过度的自信。

现在的角色是老二，就应当把"老二"的角色做好。今日世界上享有主权的约有197国。可称"大国"者，十国有奇，他们来自安理会五常、七国集团和金砖国家。一等大国，为超级大国；二等大国之首，或为中国。天下治理，大有大的责任，二有二的责任，三四以下有三四以下的责任。笼统谈责，错在越位。我10年前写过《大国论》，提出过"有力乃大、有功乃大、有德乃大、有容乃大、有梦乃大"的大国担当，但是没有说明这种担当大多只针对老大或并列老大，不是针对所有的大国，误导了读者。今补补谈一下"做二"之道。

做二，广指在人之下，狭指居二位者。这里专指狭义。

做二需有过人的甘于做二的忍耐心和责任感。二位，是治理结构中的特殊的稳舱石或黏合剂。有时，老大是屋脊，老二就是栋梁。二位不稳，整个结构就不稳。家有贤二，琴瑟和谐；国有贤二，民之大幸。君子之风，二位最易显现。

人说"不想当将军的士兵不是好士兵"，此话最容易被演化成"不想当老大的老二不是好老二"，害了无数不甘于人下的人。多少不循做二规矩之人，"死"于二位。悲剧在于后人不谙做二之道，前赴后继，重蹈覆辙。

韬光养晦本意就是甘为人下，藏拙抑欲。这是君子的品格、圣贤的担当。做二者，"窝囊"是智，"讷言"是德。家国社会，老大可以知无不言，三四以下可以嘟囔抱怨，唯独要做二者慎言、不言、低调、模糊。

做二者既不可能像老大一样"放手作为"，也不能像三四以下"难以作为"。做二，可以"有所作为"，但要严格把握分寸、节奏、时机。历史上，"作为"失当的做二者，轻躁盲动，最后解体、衰亡者数不胜数。多少人扼腕叹息，有几个细问根由？总结做二失败的教训，不外有三：一是与错误的敌人不负责任地恶斗。人说做二难，谁晓做大最难？没有老大，群雄并起，天下大乱。老二只有把恶贯满盈、气数将尽的老大打倒才代表正义。旧制度不合理，可以维修、补缀，但不可动辄言废。二是在错误的动机下轻举妄动，破坏和局。老二应有老二的利益范围和尊严的底线，但老二利益不能置于全局利益之上。老二无限制放大自己的利益，不仅难得人心，且常常事与愿违。三是在错误的时间、时机拔刀亮剑。为了利益红线不受侵害，老二可以磨刀，但不可轻易亮剑。做二，当然要敌我分明，但心中有数即可，不可流于表面。可以广泛交友，但未可轻率结盟。历来大、二争锋，先翦对方羽翼，做二者如果护不住羽翼，则先害了羽翼。夏代后期，商部做了一二百年老二；商代后期，老二周部几代人夹着尾巴做人。荷兰海上称霸一个多世纪，英国数十年屈居老二；美国经济超过老大20载，也不急于打破旧秩序，甘于做二。老二结盟推翻旧秩序的时机必须是：第一，老大颓废，民心向背、力量对比发生根本性转变；第二，老二找到体系更加正确的前进方向，且时机恰当。做二之道，可以用于做人做事、齐家理国、治理天下。

再说一下"一带一路"，这本质上仍然是从现行自由贸易体制规则当中，促进贸易自由化、投资便利化和区域一体化的符合全球化发展的战略构想。"一带一路"战略规划自提出以来，发展中国家和新兴国家大多积极响应，密切配合，早期收获取得了丰硕成果，乐观情绪遍及华夏上下。我和我的课题组一年多来在中亚、南亚、东南亚、非洲、中东欧、欧盟等地进行了实地考察，同时对国内沿海、沿边主要口岸城市和产业基地也做了全面考察，发现"一带一路"虽然前途无量，但仍然存在超乎想象的障碍。主要障碍如下：

一是情感障碍。历史文化是遗产，也是包袱。课题组是沿着张骞、玄奘、耶律楚材、马可·波罗等人走过的陆上丝绸之路来全程考察古代丝路文化，但沿途史籍当中，对丝路历史记载缺失、失真颇多。在丝路沿途国家，蒙古铁骑"比辖而屠"的传说妇孺皆知，而中国在葱岭以西的文化贡献却寥寥无几；赞美中国崛起和"一带一路"的书籍没有一本，质疑的书文倒是不少。我们不可想当然认为"一带一路"战略既然"己所欲"，便可简单"施于人"，要下大力气还原"丝绸之路"真实历史，宣传"一带一路"的和平本质。

二是沟通障碍。"一带一路"涵盖人口数十亿，文化差异性不可低估。到目前为止，"一带一路"的沟通是"政易经难"、"上易下难"。丝绸之路，汉代"三通又三绝"，唐朝"一带一路"也是昙花一现，原因之一就是对文化冲突没有充分应对。丝绸之路族群繁多，诸种杂糅，百教交错。沿带沿路主要信奉伊斯兰、基督教等，华夏儒道罕有存迹。文化冲突不可小觑。有当地人介绍说，中国一种食品以八戒为标识，遭到了多国抵制。所以中国企业走出去不可不考虑文化差异和宗教禁忌。中国文化传播，也不是几百亿基金就能一蹴而就的。要有足够的耐心和包容心。

三是道路障碍。陆上丝路有北、中、南三条主路。路径地带多雪山峻岭、戈壁沙漠。目前，丝绸之路沿线国家对跨境贸征收的高额关税，各国边界管理机关低效率、不作为甚至是贪污腐败行为，都严重阻碍丝绸之路的复兴。"海上丝路"重在港口设施，但基础设施远非一般企业可以轻易承受，而商业银行一般不容易承担风险，较难的路段就会成为长久的"瓶颈"。少数斯坦国签证难于赴美，结汇难于登天。通关、理货、索赔、清关，令不少中国企业叫苦不迭，至今获利于投资"一带一路"的中国企业，比例不高。这需要时间和耐性，需要顶层外交、高层对话和双边、多边协定逐一解决。

四是制度障碍。目前中国企业在海外"站住容易站稳难"，主要困难在于：暂时没有形成明确的国际价值共识，对贸易自由化规则缺乏深入了解。金融危机以来，贸易摩擦呈现出常态化、复杂化的趋势。中企治理制度与"一带一路"多数国家最易冲突的是环境壁垒和社会责任壁垒。被抵制甚至驱赶的主要原因是所谓"污染"、"人权"等问题。制度建设的国际化本来就是中企一大短板。而许多企业没有问清规则就踏上了"一带一路"。结果是，签约容易获益难，而且诉讼难、撤资难。

　　五是人为障碍。建路容易护路难。"三股势力"、境外恐怖分子威胁破坏油气管线和交通干线等恐怖活动不容小觑。贸易保护主义的加剧也使得在"一带一路"上达成协议后，在落实的过程中屡遭波折。我们既要面临关税壁垒的挑战，也要应对各种非关税壁垒的阻挠、限制和打压。在已经签署自贸区协定后，各种"隐形壁垒"的客观存在使得"互联互通"大打折扣。此外，当今世界诸大国都是"一带一路"利益攸关的国家。对中国的"一带一路"倡议，虽然他们没有明显的、公开的反对，私下里却在问中国人：你们想做什么？如果没有协调各个利益相关方的立场，他们的搅局能力不可不察。

　　六是国内障碍。目前，国内有不少于30个城市宣布自己为"一带一路"的起点。各省都希望争取政策、抓资源、占先机，为其带来发展新机遇和增长新动力。而跨地域、跨部门的全国"一带一路"协调机构尚未明朗。国家援外机制和贸易投资机制之协调、国有企业和民营企业之公平竞争都有待进一步依法治理。国际化人才培训也未跟进。海外投资保障保险机制、境外争端解决能力、海外护商力量暂时显然不能为"一带一路"漫长而脆弱的线路保驾护航。

　　我的结论是："一带一路"固然很难，但再难也要做下去。"一带一路"是世界上最长、最具有发展潜力的海陆经济大走廊，是中国顺应经济全球化发展而提出的具有世界影响的伟大战略。这不仅是"中国梦"，也是"人类梦"。中国货物贸易进出口额全球第一，外汇储备全球第一，海外投资实际上已经超出引进外资，建设"一带一路"必要且必须。中国未来数十年的改革开放，都会围绕"一带一路"来展开和布局。前文列出系列"障碍"并非对"一带一路"丧失信心，相反，本文认为，"一带一路"再难也要做，只是希望把隐藏的障碍尽量提前认清。要有持久坚持的耐心，而不能遇到障碍就消极后退。把大小问题弄清，把各项工作做细，把远近目标定准，才能有的放矢、排除万难，稳步凿通这惠及人类、造福子孙的"任督二脉"。

　　"一带一路"不是速决战，而是持久战。我们军力够不着的地方先要做安全评估，可以成熟一个发展一个：成熟一个项目做一个项目，成熟一个国家做一个国家。在恰当对话时机我们还得跟老大去商量"一带一路",取得共赢。和俄罗斯、日本、欧洲等大国都要主动协调。

作者为清华大学国际问题研究院教授

多极世界没有舞台中央

潘 维

中国崛起的意义不是争当世界老大。中国和其他发展中大国崛起的意义在于废除统治世界的流氓"老大"。老大、老二以及老二地位危险之类的说法貌似有理，却不是世界的常态。国家间分权、兴衰、竞争、相互制衡才是常态。苏联崩溃后美国独霸世界持续了多少年？20年而已。在中国崛起后，这个世界就不复是老大、老二的问题了。你玩你的，我玩我的；我没想当你的老大，你也甭想当我的老大。中国13亿人独立自主，自力更生，不受别国支配，自成一体，是独立自主的文明。这就是我国崛起的意义。

中国已经走上了世界舞台的中央，这话不错。世界舞台很宽，能容纳不少国家表演。但说美国是老大，中国坐二望一，并不恰当。

中国不可能当世界老大。原因有两个。第一，中国没有"剑"也没有"经"。征服世界靠"剑"与"经"，靠"一手拿剑一手拿经"。"剑"是指拥有远强于其他大国的先进武器和使用这些武器强制他国屈从的意愿和意志。《圣经》和《可兰经》是经，而今的"自由民主"，尽管比宗教经要脆弱得多，也是经。征服世界靠剑，维持征服靠经；前者管短期，后者管长期。第二，普通话和汉字不可能普及全世界。征服世界的重要标志是通用的语言文字，语言不通就无法让别人听懂自己和说服别人。世界互联网信息里大概仅有1%是中文的。我们很难想象全世界放弃字母文字转而使用四声调象形字。英语已经牢固树立了世界语的地位，而中国人口已经从世界的三分之一萎缩到不及五分之一了。汉字早已到了扩散的极限，哪怕在越南、新加坡、朝鲜半岛、日本都在萎缩或消失。

美国人从阿富汗撤了，我们是否应当迅速进去填补真空？苏联撤了，美国进去了。美国撤了，中国人要进吗？那里尽管利益诱人，却自希腊化时代就是大国的坟墓。我国3000年前就有"华不治夷"的古训。没有剑、没有经、没有字母语言，怎么治这个"夷"？

中国崛起的意义不是争当世界老大。中国和其他发展中大国崛起的意义在于废除统治世界的流氓"老大"。老大、老二以及老二地位危险之类的说法貌似有理，却不是世界的常态。国家间分权、兴衰、竞争、相互制衡才是常态。苏联崩溃后美国独霸世界持续了多少年？20年而已。在中国崛起后，这个世界就不复是老大、老二的问题了。你玩你的，我玩我的；我没想当你的老大，你也甭想当我的老大。中国13亿人独立自主，自力更生，不受别国支配，自成一体，是独立自主的文明。这就是我国崛起的意义。

这个世界不是两极、不是多极、更非单极，而是变幻无常的无极世界。我国怎样适应这个高风险、不确定的新世界？

中国的发展潜力巨大。大到什么程度？如果在人均产值上接近发达国家的4万～5万美元，中国13亿人构成的经济实力就超过美国、欧洲、日本的10亿人之和。同样，潜在的竞争对手是美国、欧洲、日本的联盟。当年的苏联没意识到这个"大联合"的潜力，认为美苏人口大致相当，足可一拼。因此拼剑、拼经、甚至拼生活水准。但加上欧洲和日本，苏联就力绌了。未曾想，在背后捅了苏联致命一刀的是中国。60年代中期中苏谈边界条约，中国要求苏联先承认俄国从中国抢走了150万平方公里，苏联由此判定中国向苏联提出了重大领土要求。从此，苏联将百万大军由西线调至东线，准备两面作战。中苏成了死敌，就埋下了中美修好，以及苏联在阿富汗惨败和填补中南半岛真空失败的伏笔。而中国市场化改革的初步成功击垮了苏联对计划体制的最后一点自信，成了压垮苏联骆驼的最后一根稻草。而今我担心中国重蹈覆辙，让印度成为压垮中国的最后一根稻草。总之，我国的发展潜力是美欧日之和，我国竞争对手的潜力也是美欧日之和。

因此，我国需警惕国际浪漫主义，警惕对外过度用力。从原则上讲，走出去的大方向肯定正确。但我国在外用力一定要算账，要精算成本和收益。中国人的血汗钱不能打水漂，不能去换模糊的"战略利益"。基础设施投资大，回报小，风险高。而且，陆上交通与海上交通很不同。海洋国际公有，航线免费，几乎零成本。但陆上交通体系十分昂贵，充满巨额资产，每向前一步都意味着高成本和高风险。我国大发展时代有很多外来国家投资，但没有哪个国家给我们投建基础设施，我国的基础设施是中国人民勒紧裤腰带自己花钱建设的。

美国高速公路免费，而我国境内高速公路取消收费至今遥遥无期。而且，按人均计算，中国国内的基础设施还远逊于发达国家。花大钱为外国修建基础设施一定要谨慎、再谨慎。我不接受这种轻浮的说法：四万亿美元外汇没地方花，反正是打水漂，还不如给穷国修基础设施。俄罗斯人口是我国人口的十分之一，外汇存底也是我国的十分之一。俄国4000亿美元外汇撑不住卢布狂跌的教训应当引起我国警惕。我国的制造业出口比俄国的石油出口更坚强？人民币的定价权在我们自己手里？一代人积累的血汗财富需细心经营。而今亚非拉领导人狂喜，认为中国要广发善款替他们修路架桥了，纷纷来华"朝贡"。他们没打算还钱，因为这些领导人的任期远短于基础设施的建设周期。若中国的钱在外国打了水漂，政府怎么向国人和历史交代？当年的八路军付不起打阵地战的成本，而今的我国仍然处于持久战中，仍然需要艰苦朴素的工作作风和灵活机动的战略战术。

我国已经崛起，所以还需要警惕国际投降主义，把遵循现有的国际规则看成国际交往的命根子。无论有什么"英国学派国际关系理论"支撑，把国际政治主要看成关于"规则的政治"肯定是天真。国际规则确实是西方制定的。但规则不仅是

"制定"的，更是枪炮"打"出来的，是以实力为基础形成的惯例。西方的国际俱乐部要求中国参与承担责任，却拒绝给中国发会员证，拒绝给中国相应的权利，所以中国今天遭到极不公平的武器和高科技禁运。俄罗斯的深刻教训就在我们眼前。西方可以支持乌克兰的亲西方叛乱，但俄国不能支持乌克兰亲俄国的叛乱。美国显然以实用主义立场对待那些规则，甚至经常让国际法服从国内法。美国的大国地位就是如此彰显的。

同样，因为美国是老大，就盲目崇美，甚至把美国的国内规矩也奉若圭臬，更要命。学美国的基础教育，学美国的医疗体制，与教育和医疗均等化的世界文明进步趋势背道而驰，将导致我国政治安全陷入严重危机。为什么教育和医疗特别重要？因为养小和送老几乎是我们中国百姓生活的全部。美国的医疗和基础教育不仅是失败，而且是世界上最臭名昭著的失败，是美国拼命改革却因为历史原因花了几十年都还改不过来的坏东西。另一方面，要求学校减少学习英语的时数，降低大中学生英语学习标准。

美国崛起的时代奉行孤立主义。我支持某种中式的孤立主义。我们应牢记"华不治夷"的古训，专注于国内的强国富民，并在国际上坚持贸易立国和不结盟，警惕对外过度用力，也警惕国际失败主义。概言之，我主张在无极世界的高度不确定性中打持久战，不犯错或少犯错，深植固本，以静制动，静观待变。

作者为北京大学国际关系学院教授

"中国故事"应更多到西方去讲

张海滨

> "中国故事"不是在人民大会堂讲的，要到西方去讲，在国际场合讲。我们现在面临的，是我们讲故事的思维和方式跟西方的话语体系不兼容。我们中国的体制和西方不一样。在发展中国家，我们的话语权还是较强的，但在西方的主流社会就不能立得住。

2003年，美国军方发布了一个关于气候极端变化对美国国家安全影响的报告，报告引起世界的关注。德国的全球变化委员会在2006年到2008年发表了气候安全的关联性研究报告。德国、英国和法国的国防部门，在国家安全战略里面也会涉及这个气候安全因素。

2008年欧盟安全与外交政策高级代表发表了一个报告，叫《气候安全与欧盟》，这里面就明确提出了欧盟的安全战略，把气候变化纳入到主流问题里面。2011年在德国的推动下安理会再次辩论气候与安全问题。

2015年年初，李克强访欧，欧方坚决要把气候变化纳入到中欧的战略合作层面，放到更高的位置。9月末，习近平访美，中美首脑协议提到了气候变化影响国家安全和国际安全。可以说，通过这样一些动作，中国从当初很不喜欢这个包括生态环境的气候变化与安全的概念，或者说拒绝接受这个概念，到今天，已经基本上接受了气候安全的概念。

这个气候安全理念的传播，欧盟把它当成一个系统的工程，全方位地系统在操作，从政府，到智库和媒体，统一协调工作。欧盟已经成功地把气候安全这个概念，在低碳经济之后向世界传输了。这是欧洲在强化它的观念大国、理念大国的举措。这其实是国际话语权的传播能力。

中国现在意识到在国际社会争取话语空间的迫切性了，也在推广"中国特色"的价值理念。比方，现在通常讲的"绿色中国"的故事就是一例。

现在对外讲中国的绿色故事，有两层的含义，第一层是为自己做一个辩护，强调中国环境问题很复杂，困难很多，解决难度很大，大家要理解。这是防御性的逻辑；第二层，中国要输出的，不光是资金和技术，还要输出理念。我们有绿色新理念，已经有一些可以贡献世界，要给世界分享了。借助这个"绿色中国"故事，主动在国际社会争取话语权。不过，必须有讲这个故事的实力。

我们现在的困难，是我们讲故事的思维和方式跟西方的话语体系不兼容。主要是两个方面：中国的体制和西方不一样。在发展中国家，我们的话语权还是较强的，但在西方的主流社会就不能立得住。另外一个，就是中国政府和社会的关系与西方不一样。西方是全民动员，政府、社会、NGO在做一个完整的系统的操作。我们这边是政府主导，无论是在纽约广场还是《纽约时报》的中国广告，都是政府在推。这个你跟西方话语权一对话就是相反的。我的体会是，如果要出去，想影响别人的话，应该兼容他的话语体系，对他产生影响，影响他的国民和他的舆论。

"中国故事"不是在人民大会堂讲的，你要到西方去讲，在国际场合讲。要讲道理，讲实力。

我们现在面临的另一个困难，就是"中国特色"价值观与"普世价值"的矛盾。讲多了中国特色，你的经验就不具有普世性。在输出中国的价值观方面，过多强调"中国特色"，中国的国际话语权是不会真正夯实的。

作者为北京大学国际关系学院教授

中国对外关系面临双重身份和利益的冲突

贾庆国

> 我们国家在崛起的过程中，身份和利益在发生重要的变化。我们是发展中国家，也是发达国家；是弱国，也是强国；又是普通大国，又是超级大国。我们的利益是双重的，而且是矛盾的。比如说在气候问题上，到底是节能减排好，还是维护发展中国家的发展权好？在处理对外关系上，把握好我们实力的限度是非常重要的。

中国会不会跌倒在迈入发达国家行列的门槛上？这个问题提得非常好，也很及时。改革开放以来，在党中央的领导下，我们国家取得了举世瞩目的成就，从一个落后的农业国，发展成为一个初步发达的工业化和现代化的国家，人民生活水平大幅度提高，国际影响明显上升，有人说是老二，有人说是老三，不管老几，跟过去相比不可同日而语。

在充分肯定成绩的同时，我们也应该清醒地认识到我们的问题和困难。一个是经济下行的问题，还有一个就是腐败问题、环境问题、社会诚信问题、安全问题、法制问题等；政治体制问题主要还是对权力的约束、价值共识的问题；还有就是国际问题。这些问题相互作用，对未来发展造成严重制约。

针对这些问题，新一届党中央采取了一系列的措施，包括转变增长方式、加大反腐力度、加强环境治理、推进司法改制、推进依法行政，提出了24字核心价值观，扩大国际合作等，这些措施在不同方面起到了积极作用，特别是反腐，腐败的势头基本得到遏制。我认为如果我们要真的想进入发达国家的行列，至少需要做几件事情：

第一，需要把我们的问题讲清楚，说明白。我们国家很多问题还处于一种不太清楚、不太明白的地步，包括我们的政治体制。为什么有这样一个机构，为什么有这样的安排，逻辑在什么地方，在很多这样的问题上，没有一个很理性的说法。只是告诉你这就是最合理的，这是历史的选择，人民的选择，所以这是最好的。但是没有告诉你背后的逻辑是什么，比如说我们的人大，说不是西方的议会，但也不是中国的议会，那人大到底是什么？之所以现在很多事情引起很多争议，在很大程度上还是背后逻辑没有讲清楚，如果事先把这个逻辑讲清楚，大家就可以接受，很多事情做起来就会顺利得多。

如果我们能把政治体制背后的逻辑讲清楚，我们的老百姓，包括我们的高级干部就会认同，那我们的体制就稳定，我们的政治就稳定。所以，我觉得要想进入发达国家行列，就需要把我们的政治、经济、法制，各个方面的故事要讲清楚、说明白，存在问题的地方，就需要改，把它完善。美国的制度就是在不断地讲清楚、说明白的过程中发展完善的。宪法不断增加的修正案，就是它不断去说明和解释这个制度，不断地改善说不清楚、讲不明白的地方的结果。对体制讲清楚、说明白了是其稳定的基础。要使我们的体制更加得到老百姓的认同，使体制更加强大，我们也要不断地把这个体制讲清楚、说明白，不断改革。

第二，我们需要通过改革清理现存的规章制度。过去做事情，在很大程度上依靠三个东西，第一是领导的批示，领导批了，这事就好办了；第二是关系，拿不着领导批示，通过各种各样的关系也可以把事情做了；第三是靠钱，别的办法搞不定，就拿钱来搞定，拿人民币来解决问题。过去是靠这个来办事的，规章制度不重要，所以制定规章制度也很随意，定得非常严格好看，但很多无法操作。现在反腐，领导不批条了，关系也走不动了，钱也不好使了，只能靠制度了，但规章制度要么是相互矛盾，要么是不合理。现在我们都说官员懒政，我看主要还不是懒政的问题，大多数的官员还是想做事情，现在没人敢做事，做事怕出事。我们要想使我们的经济可持续发展，使我们的老百姓，使我们国家治理能够不断得到改进，我们就需要把这些规章制度给理顺了，不合理的就改掉，从而把经济搞活。

我们国家在崛起的过程中，身份和利益在发生重要的变化。我们又是发展中国家，又是发达国家；又是弱国，又是强国；又是普通大国，又是超级大国。我们的利益是双重的，而且是矛盾的。在这种情况下，确定我们国家的利益非常困难，比如说在气候问题上，到底是节能减排好，还是维护发展中国家的发展权好？温家宝总理去哥本哈根会议上维护发展中国家的发展权，但回来又不能不强调节能减排。北京、上海好多大城市已经进入了发达国家的状态，谁也受不了PM2.5。维护发展中国家的发展权，还有节能减排，这些都是我们的利益。我们怎么办？在处理对外关系的时候，这方面的矛盾太多。

我们的利益是矛盾的，在这种情况下，处理对外关系，要特别谨慎，要两种利益都要兼顾，推动国际合作，利用国际资源来解决我们的问题，这始终是改革开放以来我们一直坚持的一个方针。要想利用好国际资源，我们就需要国家间的合作，需要平衡过去和未来的利益。在这样一个背景下，处理对外关系也要着眼于长远的利益，未来的利益跟现在的利益可能会非常不一样。按现在的发展情况将来我们会发展成为一个发达国家，发达国家有发达国家的利益，跟发展中国家的利益是不一样的，所以我们在处理对外关系的时候，也要越来越需要考虑自身的利益是什么。

有人曾问基辛格，怎么才能处理好中美之间的关系？他说，对于美国来讲，就是要学会适应中国的崛起；对于中国而言就要学会知道自己实力的限度。给中国的建议，他是在总结美国自己的经验后提出来的。历史上，当美国超出他实际实力的时候，美国也遭受了挫折，包括越南战争、第二次伊拉克战争。中国在处理对外关系的时候也需要知道自己实力的限度，需要在基础之上合理、务实地处理好对外关系。

作者为北京大学国际关系学院院长

中国外交应摒弃意识形态阻碍

肖　斌

在处理对外关系时，以意识形态划分阵营，轻民族和国家利益只能是造成我国外交的被动。这种现象在我国处理与西方发达国家，尤其是与美国的关系上尤为突出。中美关系对抗最为激烈的时候往往是双方政策受意识形态左右最为严重的时期。历史的经验证明，不以意识形态异同决定国家间关系的亲疏远近，是中国摆脱外交困境，实现中华民族伟大复兴的有效途径。

影响中国进入发达国家行列的因素很多，政府管理水平是其中的关键指标之一。政府管理水平大致可以用世界银行的管理质量指数（政府制定和实施法律法规的能力）来衡量。根据世行报告，2013年我国管理质量在所调查的200多个国家和地区中得分42分（满分是100），而美国为86分、英国为96分、德国92分、法国85分、日本83分、新加坡100分、韩国79分，发达国的平均数是88分，这意味着作为世界第二大经济体的中国，管理质量指数比发达国家低52%。而政府管理的核心要素是决策，可以说好的决策机制更有可能让中国实现进入发达国家行列的目标。根据政府管理的目标不同，决策可以分为内政和外交两个方向。因决策是在不确定性因素的备选方案中做出选择的行为，那么与国内决策相比，对外决策更难明确，这主要是由于对外政策的决策环境更不容易被决策者所了解。对中国而言，对外决策既没有丰富的经验，也没有形成比较完善的科学决策机制。

　　与过去数十年相比，本届政府外交决策水平有显著的提高，这得益于国家实力的增强、信息技术的发展、国家领导人开阔的国际视野、决策渠道增多、决策科学化和法治化水平提高等。不过，与我国国际合作扩大的速度相比，中国对外决策的发展水平仍显滞后，特别是2013年提出"一带一路"战略构想并被确定为我国最主要的对外合作目标以来，从中央到地方都围绕这个目标进行规划。与此同时，我国为配合新形势，对决策机构进行了调整，新设立了国家安全委员会，该机构的设立，意味着国家安全将在我国外交决策过程中扮演着重要地位。但面对我国对外战略的新变化，机制上的调整很难在短期改变我国长期形成的外交决策习惯，尤其是意识形态的干扰，这突出表现在以下几个方面：

　　一是我国外交决策过程中风险意识不足。外交决策风险意识不足的原因主要来自三方面：决策者不够慎重、决策机制有缺陷、风险评估体系不够完善。决策者不够慎重包括，凭经验决策、"拍脑袋决策"、从"本本"出发决策、感情决策等；外交决策机制中决策、执行、监督等又没有实现适度分离，造成外交决策机制缺少对决策效果、效率等有效监督，外交运行成本因此不断提高，外交环境改善却不够明显。风控评估体系一般分为事前和事后评估，目前外交决策的主要问题是事前评估不足，而事前评估不足直接导致的结果就是不能有效地减小损失。以我国的"一带一路"战略为例，现有大部分关于"一带一路"战略的讨论，都想当然地认为"一带一路"沿线国家必然乐于接受这项庞大的经济发展计划，全然忽视了沿线国家必然会考虑的自身经济安全问题。一些中亚国家会在某一领域把来自一国的投资比重限制在20%以下，加上这些中亚国家的政策不够透明，一些中资企业投资后往往会因上述原因被迫低价出售或被当地合作方直接攫取。还有决策机构及决策者想当然认为，我国"一带一路"战略能够加强与沿线国家关系，而沿线国家间经济联系紧密必然会增加相互依赖程度，从而解决与沿线国家间存在问题，但完全忽视了相互依赖也可能会因为国家实力的巨大差距而降低。

　　二是我国外交决策有时会轻民族利益和国家利益，而偏重意识形态。现代国家在处理对外关系时，一定是以民族和国家利益为重，而以意识形态划分阵营，轻民族和国家利益只能是造成外交环境的被动。这种现象在我国处理与西方发达国家，尤其是与美国的关系上尤为突出。中美关系对抗最为激烈的时候往往是双方政策受意识形态左右最为严重的时期。客观地讲，中美关系发展的确面临着很多考验，特别是美国与我国共同的战略利益因冷战结束而消失，却又因我国不断崛起威胁感不断增加的条件下，我国与美国一直在寻找新的共同利益，否则建立新型大国关系也就是一句空话。这就是为什么在中美战略与经济对话框架下第七轮战略对话中，双方达成的具体成果清单会有127项之多，内容涵盖加强双边合作（包括高层交往、两军关系、战略安全对话等）；应对地区和全球性挑战（包括朝鲜、阿富汗问题等）；气候变化与能源合作；环保合作海洋合作（包括海事安全、海上执法等）；卫生合作；科技与农业合作；地方合作；双边能源、环境、科技对话等9大类。历史的经验证明，不以意识形态异同决定国家间关系的亲疏远近，是中国摆脱外交困境，实现中华民族伟大复兴的有效途径。

三是我国外交决策中的"条块分割"问题。在中国顶层的外交决策机构相对集中，但再往下就出现了"条块分割"，在中央人民政府层面除外交部外，其余各个部委大都有自己的涉外部门，规划和制定本部门的对外政策，例如，商务部有欧亚司，外交部也有欧亚司，其余部委大都有自己的国际司，大多数情况下各个部委根据本部门职能各自为政。在地方层面，沿边省区有权力规划自己的涉外口岸，开展边境互市贸易。由于存在着权力和利益问题，中央和地方之间，中央或地区各部门之间时常因为利益而产生纠纷，并对我国外交决策带来一定程度的负面影响。例如，口岸就存在着这样的问题。多部门执法的体制，导致执法合作领域有限，综合执法效能不高，协调机制不健全，不仅影响了口岸通关效率，也制约着开放型经济新体制的构建，需要在深化口岸行政执法体制改革，整合执法主体，相对集中执法权，推进综合执法等方面改革。事实上，我国口岸管理一般都有十几个部门参与，仅国家的执法单位就包括海关、边检、国检等。

四是我国外交科学决策不足，致使外交目标过高，外交实践"拔苗助长"。先提出外交概念或目标再进行规划，时常出现在我国发展对外关系当中。2015年5月中俄在共同签署《中华人民共和国与俄罗斯联邦关于全面战略协作伙伴关系新阶段的联合声明》后宣布，努力实现2015年前双边贸易额达到1000亿美元的目标；要对接丝绸之路经济带和俄罗斯跨欧亚铁路建设，拉动两国经贸往来和毗邻地区开发开放，共享欧亚大通道和欧亚大市场等。但根据俄海关统计，2015年1～6月中俄贸易额306.21亿美元，同比下降28.7%；俄对我出口145.77亿美元，同比下降23.5%；俄进口160.45亿美元，同比下降32.8%。还有设计年过货能力2100万吨的、中俄首座横跨两国界河同江中俄铁路大桥，从2014年2月中方开工至今，俄方迟迟没有动工；2015年9月普京访华与我国签署了17个文件中，包括1份《联合声明》、11份协议、5份备忘录、1份合同，其中大部分是没有法律约束的协议和备忘录。此外，历时18个月、针对我国"一带一路"战略构想出台了《推动共建丝绸之路经济带和21世纪海上丝绸之路的愿景与行动》（以下简称《愿景》），而《愿景》中的合作内容十分模糊。为了能落实"一带一路"战略构想，我国职能部门又提出与沿线国家的发展战略对接，并设法实现落地。决策者及其部门似乎忘记国际合作扩大的核心目的是合作收益要超过单边行动的收益。

五是我国外交决策中战略和战术性能力不足。战略和战术性能力不足主要表现是对国际格局的变化认识不够清醒，尤其是缺少对"一超多强"格局长期存在的清醒认识，受网络及舆论的影响，俨然以世界第二大国自居，全然忘记我国农村还有5575万贫困人口（国家统计局2015年统计）的基本国情。盲目自大常常误导对国际格局变化的判断，从而误导外交决策，使我国本来就有压力的外交环境雪上添霜。战术方面，在外交工具不足甚至缺乏的情况下，要么盲目推进，要么畏手畏脚停滞不前。例如，美国及西方国家利用活跃在中亚地区的各种非政府组织帮助实施其援助项目，甚至影响中亚国家政治。而根据我国民政部统计，2014年我国共有社会团体31万个，国际及其他涉外组织类516个，也就是说只占总数的0.166%。事实上，除了在华人聚居较多的东南亚地区，像中亚地区这种缺少华人或"亲华"势力较弱的地位，我国外交决策的战术能力十分薄弱，而这些地区恰恰是我国"一带一路"战略必经之路。在上述能力都不足的情况下，我们又想掌握国际议程的主动权，又想在国际经济合作方面发挥主导性作用，其结果是不仅没有为中国发展赢得更多有利的国际环境，相反大有做实"中国威胁论"之势，最突出的变化就是美国及其亚洲盟国加强了合作，加强了对中国的制衡能力。因此，注重提高外交决策中战略和战术能力，对于促进我国国际合作的扩大十分重要。

综上所述，作为政府管理核心要素之一的外交决策，是影响中国迈入发达国家行列核心要素，而目前我国外交决策存在的问题已成为中国迈入发达国家行列的阻力，迫切需要向科学决策改革。只有实现了科学决策，才能利用好国内国外两大资源，使之更好地实现国际合作扩大的目标，并使中国迈入发达国家的行列。否则，中国很有可能摔倒在进入发达国家行列的门槛上。

作者为中国社会科学院俄欧亚所研究员

| 第二章 |

开放的容度——他国模式的中国之鉴

中国向上，应该从美、日、德学什么？

李稻葵

> 只有包容才能使那些看上去离经叛道的思想最终发展为创新的火花；而包容的一个重要方面就是其文化和种族的多元性；文化与种族的多元又来自于其制度的开放性。美国式的开放、多元、包容，日本的精细化管理，以及德国精准调控市场经济的各种措施和制度，是中国经济继续向上发展必修的三门课。

毫无疑问，我们必须怀着一个虚怀若谷的心态，综合性地汲取其他发达大国的精髓，这是中国能否真正成为一个在全球范围内具有巨大影响力的大国和强国的关键。如果我们不能够持续地学习，很有可能将倒在从中等发达到发达、从大国到强国的门槛上。

改革开放之初，中国人重点学习的对象，至少在经济领域，是日本。那时，中日友好处于巅峰状态，中国派出了一个又一个代表团赴日本学习，中国领导人华国锋、胡耀邦等访问日本，中国经济学家、管理学家仔细研究日本模式。这一切在今天仍然留有痕迹，如国务院发展研究中心的设置在很大程度上是中国学习日本的结果。当时的经济学前辈马洪等特别强调向日本学习。

再往后若干年，中国的学术界开始逐步向美国开放，大量留学生、访问学者远赴美国访问、学习、交流，美国逐步成为中国学习的对象。由于美国是当今世界第一大强国，很自然，这一趋势一直延续到今天。这一点在今天各大学及学术机构特别明显，各大学精英人士言必称哈佛、斯坦福、MIT（麻省理工学院）。这在一定程度上是有道理的，因为美国的科学、高等教育在全世界是领先的，但是必须看到美国并不是没有它的问题。2008年爆发于美国的全球金融危机就是一个明证。2012年以来，虽然美国经济领先于其他发达国家首先恢复，但是经济恢复并没有给社会带来实惠，因此爆发了一轮又一轮的社会抗议。美国的社会问题日益严重，贫富差距有明显扩大的趋势。

近年来，中国更加仔细地研究、审视欧洲的模式。一个重要的原因是，在国际战略层面，美国正逐步将中国认作是一个潜在的竞争对手。而欧洲尤其是德国，与中国的关系日益密切，就连美国长期的盟友英国也对中国采取了各种各样战略层面的友好姿态。

我们到底还应该向世界各国学什么呢？很显然，应该学习各主要成功大国最精髓的要素，兼收并蓄，并融入于中国传统的政治经济、国家治理的综合优势，这样中国才能成强国。以下做基本的分析。

一、学习美国优势的精髓——开放、包容与多元

美国作为当今世界的超级大国，其实力的基础毫无疑问是创新。从科学技术到企业制度、商业模式，都是各国包括其他发达国家长期羡慕和追赶的。那么，美国创新活力的基础是什么呢？基础就是其开放、包容和多元的精神。只有包容才能使那些看上去离经叛道的思想最终发展为创新的火花；而包容的一个重要方面就是其文化和种族的多元性；文化与种族的多元性又来自于其制度的开放性。

开放社会是索罗斯及其所崇拜的伦敦经济学院的导师卡尔·波普长期推崇的，开放能够保证不同思想的人群得以融入到主流社会之中来。在美国，那些极具创新的天才型人物，从埃隆·马斯克、比尔·盖茨到乔布斯、马克·扎克伯格以及早年的爱迪生、特斯拉等，从各种角度来看，这些人既是天才也是怪才，他们都有各自行为方式、思维方法上的怪异性。如果这些伟大的人物生活在其他国家，或许其创

新思维在成才之前就会被扼杀掉，最终不可能成为改变社会的巨子。

中国是一个多民族国家，幅员辽阔、历史悠久，这一点和其他东亚国家如韩国、日本截然不同。因此中国完全有可能、也完全应该在开放、包容与多元方面向美国学习。学习开放、包容与多元的精髓的切入点应该是教育体系。固然美国的高等教育备受全球各国推崇，但是应该看到美国最具创造性的是一大批有特色的中小学。虽然美国很多的中小学，尤其是在贫困社区的中小学，质量极其低下，但是不要忘记美国还有一大批精英式的中小学，比如说，马克·扎克伯格所读的高中，叫作菲利普斯埃克塞特中学（Phillips Exeter Academy），进这所中学比进哈佛还难，菲利普斯埃克塞特中学培养了一大批精英人士。即便不是在精英的学校，很多高质量的中小学也极具特色。最近几年我接触过的一些美国中小学，它们给我留下极其深刻的印象是，入学第一天学校就反复强调，学生们必须有包容、平等的心态，不许因为同学们的长相、肤色、智力水平、家庭背景等任何原因而歧视，要尊重每一位同学。这种包容性的氛围，使得每一个学生能够自由在学校发挥和成长。

近年来，中国的高等教育快步前进，从科研论文发表的数量到本科生出国参加各种各样的竞赛获奖的数量，乃至于吸纳顶尖科技人物的数量和质量来看，都在迅速赶超许多国家。如果不出重大意外，可以预见在未来20年，中国的确能够涌现出一批跻身全球一流大学行列的高等院校。但令人担忧的是，我们的中小学教育没有足够的包容心、开放度和多元化的氛围，从而限制了我们中国未来各种各样的人才能够泉涌般出现。这一点是我们最应该向美国学习的。

二、向日本学习精细化管理的精神

任何去过日本的中国朋友都会被日本精细化的管理所折服。日本社会从马路边的售卖机、快餐店、地铁、企业乃至政府部门，方方面面的运作都体现出精细化管理的精髓。日本汽车行业经久不衰的竞争力就是其精细化管理的集中体现，日本汽车的零部件与组装厂的密切配合能够保证零部件的质量，在同一价位上完胜其他国家汽车，这就使得日本汽车经济耐用。

中国地大物博，但由于长期经济发展水平低下，百姓习惯性地满足于基本的生活条件，对于管理的精细度的要求远远不如日本高，这是我们最应该向日本学习的地方。日本的精细化管理直接转化为其科技、军事等方面的优势。当然并不能说精细化管理是一个社会成功发展的全部要素。事实上，日本长期以来所犯的错误是战略管理不足，方向性的研究不够，而把大量的精力放在具体细节的管理。但这并不妨碍中国的企业、政府、学校、社会其他部门必须认真学习日本精细化管理的精髓。这种精细化管理的精神应该比具体的做法、具体的制度安排更加重要。

精细化管理的程度在中国内部也有所不同。南方沿海的大都市，如上海就远远比北方的大城市，如天津、北京要好得多。向日本学习精细化管理应该成为中国持续向上，成为一个经济、军事强国所必须补的一门必修课，在这方面日本是中国的老师。

三、向德国学习精准调控市场经济

德国市场经济有其突出的特点，德国市场经济体制是在战后经过多年的演变而来的。德国市场经济体制最核心的因素是什么呢？

最近，笔者与德国著名经济学家、管理咨询大师罗兰·贝格合著了《中国经济未来之路——德国模式的中国借鉴》一书。总的说来，德国市场经济最突出的特点就是它充分意识到不受约束的市场经济，会带来各种各样的市场失灵，以及社会公平方面的问题。因此，必须对市场经济进行精准调控。德国的市场经济体制是在认真反思了二战期间德国魏玛共和国那段痛苦的经历而提炼出来的。德国人从魏玛共和国那段时间的市场经济所吸取的基本教训，就是不受约束的市场经济如洪水猛兽，会产生巨大的宏观经济的波动。就好像没有任何约束的民主制度一样，会在其政治上带来灾难。如希特勒当年在缺少法制约束的民主体制下充分利用民族主义引导德国走向了法西斯道路。

德国的社会市场经济体制有一系列非常精准的调控体系。比如说在房地产行业，德国经济特别强调要对租房市场提供帮助，一是既要保护投资建房出租的开发商，鼓励他们建房出租；同时也保护那些租房的房客，房东一般不能轻易加价，也不能轻易赶走房客。而对于贷款买房，德国政府则有一套极为谨慎的措施，不鼓励家庭贸然贷款买房。又比如在遗产税方面，德国税收体制对于继承前辈而持续经营的企业家网开一面——如果下一代能够持续经营上一辈传下来的生产性企业超过十年，则遗产税几乎全部免除。也就是说，遗产税是精心设计以保证德国家族企业能够基业长青的。

德国社会市场经济体制精准保护市场经济的弱势群体。市场经济的确会对部分参与者带来极大的不公平。这部分市场经济参与者既包括运气不好出现事故导致残疾、疾病的人群，也包括天生市场经济竞争意识不强、竞争能力有限的人群。

对于这部分人，德国的市场经济有相当的宽容且充足的补助。二十年前，在施罗德总理的领导下，德国进行了社会福利大刀阔斧的精准改革，保证每一个需要援助的家庭能够得到政府的一揽子援助，即把所有社会福利补贴统一在一个平台下进行精细运作，同时也鼓励社会公众相互监督，防止滥用社会福利现象。这样既保证了公平，也提高了效率。这种精准调控市场经济缺陷的经济体制比比皆是。学习德国市场经济的精髓就是既要打破"市场经济万能"的迷信，也要打破"政府无所不能"的教条，要实事求是、精准细致地调控市场经济所带来的缺陷。

中国经济经过了近40年的改革开放，市场经济优势与缺陷大家都已经看得很清楚，而政府的能力及其限制也看得清楚。因此当今的中国经济特别需要借鉴德国的经验，要非常精准地调控市场经济所出现的问题。最近政府提出要精准扶贫，在这方面，中国特别应该借鉴德国的社会市场经济模式。

总而言之，中国还有上升的空间。在不断进步的过程中，尤其需要认真学习全球优秀的大经济体的精髓。美国式的开放、多元、包容，日本的精细化管理，以及德国精准调控市场经济的各种措施和制度，应该是我们中国经济继续向上发展所必修的三门课。如果能认真研修这三门课并不断实践，中国一定能够兼容并蓄，最终形成一个拥有自己特色和优势，且在全球范围内具有巨大影响力的特殊的、重要的大国。

作者为清华大学中国与世界经济研究中心主任、《中国与世界经济观察》主编

中国应学习发达国家扁平化社会治理的体制

吴白乙

> 德国、北欧、日本甚至韩国的经验表明，在经济腾飞过后，社会治理中公民自治意识空前发展，可以较快地完成从政府的垂直式管理到政府和社会各类行为体平行参与的扁平化社会治理构架的转变。中国当前应该学习如何快速推进国家治理体系和国家治理能力的现代化。不加区别地批判和贬低外国民族有益的经验，盲目自大，是不健康甚至危险的倾向。

作为世界第二大经济体的中国，还要学什么？这个命题很好，是一个当下意义十分重大的问题。在现代化研究中，有关后发国家发展的分析大致追随两个理论模型，一个是比较优势理论，另一个是权力效率（即"威权发展"）理论。中外学者在解释中国特色现代化之路的成功时，基本上也是围绕权力效率的模式来展开的。然而，这个模式走到现在遇到一个巨大的障碍，就是利益固化。多年前，改革开放的总设计师说了，要让一部分人先富起来，富起来之后再搞好分配，进而实现社会主义的小康。但是，近年来各种腐败大案要案所透露出来的核心信息是，我们的社会财富积累到了前所未有的水平，一个内生利益网络却已然形成，其特征是公权和私利深度勾连，并且固化到严重阻碍生产力进一步释放和改革成果再分配的地步。从20世纪70年代以后韩国、日本的经验中，我们也可以看到相似的轨迹，权力结构跟利益再分配有非常大的关联，制度权力过于集中就会导致分配严重不均和不平等，最终导致发展的内生活力损耗殆尽。

因此，从理论上这两个模式都没有办法再引导中国走下去了。十八届三中全会以来连续出台的几个决定性文件，集中在资源配置、解构权力固化和创新发展理念等几个关键点上，应该说认识是到位的，目标是精准的，但是要形成一个较为完整的中国式创新理论体系还需时日。有人写了一篇比较和批判拉美和东亚发展模式的论文，曾提出"一个国家或地区应同时拥有机会平等和经济自由才会成功"的发展假说，特别强调只有打破权力效率理论所带来的陷阱，才能在经济腾飞之后保持社会发展和经济增长的持续动力。否则，我们现在所期待的"大众创业，万众创新"的气象恐怕只能沦为一个梦想。

近一段时间以来，中央和国务院一直大力推进简政放权。问题是我们的行政管理体制，特别是相关决策部门对权力"集中"很习惯，对权力"下放"总是不那么坦然。改革开放30多年来，中国经历过许多次"收权"与"放权"的反复轮回，虽然不能说没有促进中国特色社会主义事业的发展，不能否定外部世界，特别是发展中国家所羡慕我们的"集中力量办大事"的体制优势，但是这样一个高效率的决策体制所带来的负面问题却不容忽视，由权力而非市场承担资源配置的决定性作用，已经难以进一步释放制度红利。怎么办？回过头来讲，我们还要不要继续向外部世界学习，还要学什么？我看就是学习如何快速推进国家治理体系和国家治理能力现代化问题，就是在党的正确领导下，在依法治国这个目标上下大决心，结合中国国情虚心地学习和扎实地改造我们的执政理念、管理体制和机制，以及治理现代社会的能力。其中，现代治理观念是最重要的，也是最具有挑战性的。五中全会提出的"十三五规划纲要"建议中说，未来五年是达到小康社会目标的决胜期，进入小康之后我们人均收入要达到1万美元，这不仅意味着消费结构将发生变化，恐怕更意味着人们文化和精神需求的多样化。德国、北欧、日本甚至韩国的经验表明，在经济腾飞过后，社会治理中公民自治意识空前发展，可以较快地完成从政府的垂直式管理到政府和社会各类行为体平行参与的扁平化社会治理构架的转变。中国共产党在革命和社会主义建设的初级阶段，沿用某些战时的领导和组织方式是取得成功的，接下来最大的课题就是如何在加强自身建设的基础上，能够在社会治理的新形态之下让8000万人规模的超大型执政党成为社会各类行为体的引领者和核心力量。除了不断自我监督，"正本固基"之外，还要加紧解决党的执政能力建设，像毛主席当年讲的那样，要不断地"改造我们的学习"，要完成这个任务并不容易。现在，很多党员，包括领导干部或满足于局部经验而不学习，或机械地、被动地学习，还有片面地理解习近平总书记所说的"三个自信"，不加区别地批判和贬低外国民族有益的经验，盲目自大，这也是不健康甚至危险的倾向。

作者为中国社科院拉美所所长

确立中国新道统：吸收改造西方普世价值

王义桅

> 价值的普适性是内生的，而非外生的。中国特色的社会主义道路，需要一代代中国人在广泛借鉴包括西方在内的人类优秀文明成果基础上，去探索、去创新。将西方的普世价值内化为中国之道——人类共同价值，从而确立中国崛起的道统。

"中国人民从此站起来了！"这是1949年10月1日毛泽东主席向世界庄严宣布的。然而，那只是政治上站起来——人民当家做主，精神上——如何对待西方（包括来自西方的马克思主义），可以说仍然没有站起来。

这不，中国一直在"特色"与"普世"间纠结。中国特色的社会主义道路被误解为非普世的、反普世的，甚至有人得出"中国例外论"。中国特色的马克思主义或马克思主义中国化，理论自觉有余而理论自信不足，因为还需借助西方的马克思来表达自己。相当多的中国精英认定，通过转型、接轨，中国迟早要融入普世价值体系，否则就是对抗普世价值，而对抗普世价值是野蛮、落后的表现。

近来关于宪政、公民社会、普世价值的争论，表明中国人迄今未走出"中学为体、西学为用"的魔咒，内心中有绕不开的西方情结。究其根源，来自于近代以来形成的"线性进化论"，认为西方代表先进，普世价值是其先进性的集中体现，是人类历史的潮流。其实，中西方观念分歧的核心，是关于"价值普世性"与"普世价值观"的争议，这种争论，也是名与实的争论——普世价值是名，价值普世性是实。

中西方普世价值争论，反映了两者世界观之不同：西方人认为天下起初为公（respublica），普世主义具有传教士精神，从世界多样性中寻找共通性；而中国人直到孙中山才喊出"天下为公"口号。同时，普世价值观的争论折射出中国防御性思维与西方进攻性思维的差异。

全体价值普世性的总和，才能拼出普世价值。宣称自己代表普世价值，只是一种话语霸权，正如文明的概念一样。在欧洲，"文明"是英、法等先发国家的专利——英、法才是文明的，其他都属野蛮的观念。德国最早成为西方文明的反抗者。在西欧文明史观之下，德国是一个半野蛮的地区，是欧洲的战场、教皇的奶牛，不得不仰仗西欧鼻息。文化自觉运动的狂飙突进虽然主要发生在文学领域，其实质则是一场思想范式的战争。歌德的《普罗米修斯》和海涅的《亚当一世》都表达出了强烈的反抗精神，作家和历史学家们对古日耳曼英雄赫尔曼和条顿森林战役的重述和建构，则更明确地将这种反抗精神指向所谓的文明。这表面上是德意志民族的文化寻根，深层却隐喻着对西欧中心论的抵抗。正如柯林伍德所说，德国人是在"努力从过去寻找成就，并从过去的成就中辨别出自己过去的精神"。赫尔德在《人类历史哲学的概念》中提出与文明相对的文化概念，强调了文化主体的民族性和边界的有限性。赫尔德的界定全面突破了只有英、法才是文明的，其他都属野蛮的观念，为德国崛起奠定条件。斯宾格勒的《西方的没落》进一步将文化界定为精神层面，而文明为物质层面。他将世界上每一个高级文化的历史都区分为"文化阶段"与"文明阶段"。他认为西方文明已经进入文明阶段，丧失原有的文化创造力，只剩下对外扩张的可能性。因此，"文明是一种先发国家的自我标榜，它们以此垄断了'善'的话语权"。就这样，《西方的没落》以文化解构文明，以"德意志中心论"取代"西方中心论"，成功让德国精神上站起来。

中国的斯宾格勒、韦伯在哪里？换言之，中国如何面对普世价值，以精神立国？这是中国的学术自信、学术自觉必须解决的问题。中国面临的问题多多。如果真有普世价值，融入普世价值体系就能解决中国问题，那倒也简单。我们唯愿如此。只是，这个世界并非这么简单。中国也很复杂。与此同时，价值的普适性是内生的，而非外生的。中国特色的社会主义道路，是前无古人、后启来者的发展道路，需要一代代中国人在广泛借鉴包括西方在内的人类优秀文明成果基础上，去探索、去创新，而不可能指望通过接轨到彼岸世界就能找到答案。

一句话，中华民族的伟大复兴，须破除普世价值神话。从来没有普世价值，只有价值的普世性，更准确地说是"普适性"。不说清楚普世价值问题，中国就只能在做普世梦与特色梦之间徘徊，缺乏道路自信、理论自信、制度自信；不说清楚价值有普世性问题，不去追求人类共同价值，中国梦甚至不及古代天下梦的关怀，缺乏历史与实践自觉。

从农耕型走向工业（信息）型、从内陆型走向海洋型、从地区型走向全球型的中华文明，不得不再次面向西方。不过，这次是民族自觉行为、自主选择。它要解决的是鸦片战争以来近200年的问题，面对的是"千年未有之变局"。中华文明的复兴，是注定要继承、发展、创新当年将"西天"佛教变成华夏之佛学、神州之禅宗相类似的壮举，将西方的普世价值内化为中国之道——人类共同价值，从而确立中国崛起的道统。

作者为察哈尔学会高级研究员、中国人民大学教授

德国对中国的启示：建立"大空间经济"

李 维

通过民主和自由经济的力量，今天的德国已经成为欧盟的领导者。借助欧洲大市场，德国不仅繁荣了本国经济、赢得了经济安全，它还通过这个平台，在经济全球化的进程中发挥着重要作用。中国可以借鉴德国的发展经验，联合周边的国家，发展以我为主的大陆区域经济，只有这样，才能逐步改变现有的世界经济秩序，最终实现中华民族伟大复兴的梦想。

现在大家谈得最多的，就是中国是个"世界大国"，这种认识源于中国已经成为世界第二大经济体的事实。历史上的德国也经历过这样的时期。1871年德意志民族国家建立，此后迎来了飞速发展的阶段。德国人开始谈"世界大国"，是在1890年前后。到一战前，德国已经成为仅次于美国的第二大世界经济实体。但其蓬勃向上的历史进程止步于一战，在与西方世界的战争中，德国败下阵来，从此在政治上跌入了万劫不复的深渊，至今仍背负着沉重的道德十字架。德国是如何看待自由世界经济体系的？怎样才能摆脱、突破、战胜西方的制约、遏制和围剿？如何才能推行欧洲乃至世界的新秩序？对于目前的中国而言，德国的思考及其历史经验具有极其重要的参考价值。

早在19世纪上半叶，德意志民族的思想家、理论家弗里德里希·李斯特就指出，亚当·斯密的世界自由贸易论不是什么普世的原则，因为它主要对英国这个早期的工业化岛国有利。英国是世界上第一个工业化国家，推行自由贸易有利于它进一步开拓市场和摄取原材料。同时英国是个岛国，拥有强大的海军，这使它不仅占有了大量的财富，还拥有了更为重要的"控制财富"的能力。英国海军占领了直布罗陀等海上交通要道，随时可以用武力威胁、封锁敌国的贸易通道，从而削弱甚至阻断其经济发展。针对这种情况，李斯特强调，德意志的小邦国根本无力对抗英国主宰下的自由世界经济体系，他们必须联合起来，发展依托欧洲大陆的"大空间经济"。当时的德意志帝国尚未统一，李斯特所讲的"大空间"具体指统一、独立的德意志民族国家。这是德国最早的区域化思想。

到了19世纪下半叶，随着德意志民族国家的建立和欧洲、世界经济的突飞猛进，德国的"大空间经济"思想得到了很大的发展。像当时的宏观经济学家、柏林大学的校长古斯塔夫·施莫勒尔、政治家弗里德里希·瑙曼等一批社会精英明确提出，伴随着世界经济不断的一体化、密集化，民族、国家间的矛盾不是缓和了，而是愈发激烈起来。在这样一个时代，没有哪个国家可以独善其身，偏安一隅。仅靠着一国之力的单打独斗，是不能够求得生存和发展的，要想在世界经济当中立足，必须要联合周边的国家，发展大陆"大空间经济"。当时德国人设想的"中欧经济大空间"主要包括了德国、奥匈帝国及东南欧地区。

但德意志帝国的现实政策，显然未能跟上这种思想认识。1888年威廉二世上台，他采取了所谓的"新路线"，执行新的"世界政策"，要争做"世界大国"。德国积极地拥抱世界经济，迎来了前所未有的发展与繁荣。其间，为了保护国家经济安全及海外贸易通道，德国海军走向深蓝，开始建造大型公海舰队，与英国展开了激烈的海上军备竞赛。1898年帝国通过了第一个造舰法案，准备打造两支中型舰队，每支包括8艘主力战列舰。紧接着，于1900年通过第二个造舰法案，舰队和舰只的数量翻番，要打造4支舰队，共32艘战列舰。并且提出"三舰速度"，即每年制造3艘战舰，这样到1920年，德国便可拥有60艘大型战舰。德国海军的实力将大大提高。

但作为一个后起国家，德国无力改变英国独霸海洋的格局，无法突破英国主宰下的世界经济体系。到一战前夕，德国海军的年度预算不及英国一半，同时也不及美国与俄罗斯。在一战中，西方国家对德国实行海上封锁政策，阻断了德国与世界经济的联系。由此引起的物资匮乏削弱了德国的军事力量，这是德国战败的重要原因。即便在1918年11月11日德国与协约国签订停战协定后。西方仍持续了一段时间的海上封锁，造成大量德国人因饥饿而死亡。一战结束后，不少德国人对西方抱有幻想。认为只要自己进行议会民主制的改革，就可以受到西方的宽恕和优待。1918年10月，就在战争结束前夕，德国进行了议会民主制的改革，皇帝统治下的专制帝国变成了议会民主制国家。但是，令德国人万万没有想到的是，当他们放下了手中的武器，得到的却是侮辱和惩罚性的《凡尔赛条约》。

根据《凡尔赛条约》的规定，德国失去了十分之一的人口，七分之一的土地，所有殖民地及国外资产被没收，军队被消减。一战期间，德国在国外作战的野战部队就多达500万，但《凡尔赛条约》规定德国只能拥有10万陆军。另外，德国不允许有坦克，不许有潜艇，不许有飞机，民用航空也不行。与这些制裁措施相比，最让德国人不能够接受的有两点，一是把发动一战的责任全部推到德国头上，并以此作为政治和道德的依据，强迫其支付天价赔款；二是一战后德意志帝国周边的民族，都可以根据民族自决的原则，成立独立的民族国家，而唯有德意志人不能实现民族统一。《凡尔赛条约》明令禁止德国人与奥地利的德意志人合并成为一个大德意志帝国。这哪里是什么民族自决的理想，分明是西方大国肢解德意志帝国的政治工具。

在这种恶劣的国际环境下，德意志地区的社会精英们更加认识到建设"大空间经济"的必要。慕尼黑大学的地缘政治学家卡尔·豪斯霍菲尔认为，英美国家的海军控制着海上贸易通道，像一条巨蟒一样威胁、缠绕、窒息着各国的经济发展。像德国这样的大陆国家，要想获得经济上的安全，必须建立大陆"大空间经济"。为此，他还做过精确的计算：只有建立从法国波尔多到中国青岛的大陆联盟体系，才能在战略资源上与英帝国抗衡。如果英美联手，他们将无敌于世界。也就说，从一战后的情况看，西欧、东欧、俄罗斯，再加上中国都联合起来，也无法撼动英美的世界霸权体系。除此之外，奥地利人库登霍夫·卡莱基认为，一战以后世界上形成了五大政治经济区域，有"欧洲"、美洲、英帝国、俄罗斯，还有包括了中国和日本的东亚区域。他主张德国应该向西联合法国，实现"泛欧"联合，用关税同盟统一欧洲大市场，最终建立以法德为轴心的"欧洲联邦"。只有这样，欧洲的小国才能与其他的区域联合体抗衡。

法德在两战间未能走向和解。1933年1月，希特勒上台。纳粹着重强调了"大空间经济"的军事战略意义。在他们看来，建立这样一个"大空间"的主要目的在于加强德国经济的自给自足能力，只有拥有了欧洲大陆范围的"大空间经济"，德国才能抗击西方的长期海上封锁。更进一步讲，只有掌握了乌拉山以西的欧洲大陆的全部资源，德国才有可能抗衡美国，争雄世界。正是出于这样的目的和考虑，希特勒发动了侵略苏联的战争，争夺东方的"生存空间"。但在二战中，纳粹德国遭到了彻底的失败，这说明，武力统一"欧洲经济大空间"的道路是行不通的。"欧洲"的前提是各国的独立和平等，只有通过平等的联合，才能逐步实现欧洲统一的梦想。

二战以后，通过民主和自由经济的力量，德国终于赢得了自己的"经济大空间"。今天的德国已经成为欧盟的领导者。借助欧洲大市场，德国不仅繁荣了本国经济、赢得了经济安全，它还通过这个平台，在经济全球化的进程中发挥着重要作用。纵观德国100多年来的历史，我们看到它经历了从积极投身世界经济，到建设欧洲大陆"大空间经济"的历史转变过程。建设欧洲大陆市场，绝不是要脱离、逃避世界经济，而是要摆脱为人所制、为人所困的局面，在一个更广阔、更有力的平台上，去影响、塑造乃至主宰世界经济。正是从这个意义上讲，中国应该借鉴德国的历史发展经验，联合周边的国家，发展以我为主的大陆区域经济，只有这样，才能逐步改变现有的世界经济秩序，最终实现中华民族伟大复兴的梦想。

作者为北京大学历史系教授

德国经济的基石：重视职业技能培训

连玉如

> 德国模式的重点，一是对发展制造业和职业培训的专注；二是中小企业共存共荣的团队精神。中国的文化传统则是重"面子"（学历）、不重"里子"（实际能力）。社会上流行看法是：孩子考不上大学，才去接受职业教育或去踢足球。假如这种观念和社会氛围不加以改变，职业教育就不好在中国推展，足球水平也恐难提高。

对于德国发展模式的成功要素和秘诀等，我向德国学者和企业家以及中国在德留学生等做了一点调查，归纳出德方人士的三点看法，以及中国留学生的两个补充细节。关于德国模式成功原因的三点看法是：一、德国浸透着国家、经济界与社会协作意识（共识意识）的社团市场经济体制，即所谓"莱茵资本主义"；二、德国的科技研发与职业技能培训；三、德国中小企业特有的一种共存共荣的团队精神。

德国中小企业一般是指员工500人以下和年营业额5000万欧元以下的企业；德国大多数技术领先的企业均为这种规模，在机器制造领域具有特别重要的意义。决定这些中小企业的企业精神是什么？不是生产资料的所有制（私人所有制），不是追求美国式的利润最大化，而是如何经久不息、世代传承地保持企业的经济成就。如何保持？简单来说就是要不断向市场提供技术质量最好的产品，当然质优产品通常也能获得比竞争者更高的价格。这些盈利和收益没有被私人厂主占有和保留，而是又被投向研发、投向产品升级、投向员工培训以及提高福利待遇等。结果是企业员工更加关心并致力于进一步提升产品质量，准时交货，做好售后服务，以使企业立于不败之地。企业成为一个同舟共济、共存共荣的团队。德国整个中产阶级都浸润在这种精神之中，这是德国经济成就的重要保证。

德方人士反复强调说，所有制问题不是最重要的，资本主义最重要的运行机理不是私有制，而是要在市场上立足。如何立足，德国企业的回答是通过技术不断地更新与进步，生产出最优质量的产品，以此来获得较高收益。所谓所有制问题只是第二位的。

中国留学生结合自己的留德经历、观察与了解，强调了德国模式的第二个特点，即德国对发展制造业和职业培训的专注。德国人对于手工和制造业的推崇与喜爱，已成为一种文化底蕴和在西方世界的独特风尚，无论年轻人还是中老年人，对设计、制作、组装、修理物件和手工感兴趣者比比皆是，这在其他国家绝不常见。中国年轻人有几个会把做手工、干力气活儿当作业余爱好的，但凡挤出一点休息时间，也都花在手机和电脑上了。所以说，德国的职业教育模式和其制造业的精良，离不开文化背景和整个社会的向心力。这种崇尚创造、鼓励动手实践、以民族工业品牌为荣的大氛围绝不仅仅是出台一个"中国制造2025"战略就能造就的，还要从基础教育抓起。

科技研发与职业技能培训，植根于德国深厚的历史土壤中。18世纪中期，在重商主义盛行和实行资本主义后，整个欧洲到处建立起职业技术教育机构；德国首先建立起采矿业技术培训学校，并很快发展成矿业学院。正是这些矿业学院，百多年来大大推动德国技术专科和大学教育事业发展。最初的自然科学实验在那里展开，并最早将教研与专业技术培训同企业生产结合起来，促进了企业的崛起和发展。19世纪末，第一批技术大学（TU）在德国成立，培养工程师，学术活动直接面向实践，还同德国的企业技术研发紧密结合。这种建设性合作关系不仅延续下来，而且绩效显著，德国企业可以源源不断地得到优秀工程技术人才的供应。

中国的文化传统则是重"面子"（学历）、不重"里子"（实际能力）。社会上流行看法是：孩子考不上大学，才去接受职业教育或去踢足球。假如这种观念意识和社会氛围不加以改变，职业教育就不好在中国推展，足球水平也恐难提高。

作者为北京大学国际关系学院教授

"工匠精神"：日本制造业发展的动力

冯昭奎

日本非常重视制造业，防止制造业的"空心化"，更重视培养技术劳动者，弘扬"工匠精神"。与日本的制造企业能够数十年如一日地磨炼自己的一技之长相比，我们的制造业工人往往不能安分守己地固守自己的一技之长，比如制造打火机的企业看见搞房地产能发大财，就很快转行，一看市场前景不妙就"跑路"。总的来说我们还没有形成一支素质良好的"中国制造业技术大军"。技能劳动者和科技人员的素质是科技发展的源泉。抓住新一轮科技革命机遇是实现"中国梦"的必由之路。

中国正在重新崛起。1820年时中国GDP规模相当于日本的11倍，在日本明治初期的1870年中国GDP规模仍相当于日本的7至8倍。20世纪60年代以后，日本实现了高速增长。到1980年，日本的名义GDP相当于中国的3.5倍。20世纪90年代初，日本的名义GDP一度达到中国的8.7倍，然而，改革开放以来，中国经济实现了长达30余年的高速增长。2014年中国GDP是1978年的近300倍！而日本经济则因泡沫破灭陷入了长期停滞，中日经济规模的差距急剧缩小。2009年中日名义GDP规模终于发生逆转，中国GDP超过了日本，2014年中国名义GDP进一步增加到约为日本的2.25倍。日本内阁府2010年预测，到2030年中国在世界GDP中的比重按市场汇率计算将相当于日本的4倍。据亚洲开发银行2011年预测，2050年中国GDP规模将达日本的近7倍。这意味着中日经济实力变化两次发生逆转，从1870年相当于中国七分之一到八分之一反转为1980年相当于中国的8倍多，又反转为2050年再次仅相当于中国的七分之一。

对于中国人来说，在对祖国取得的成绩感到自豪的同时，还应该保持冷静态度，特别要正视依然存在与日本的差距，这种态度是我们不断前进以真正实现现代化和和平发展所必不可少的。据IMF统计，2014中国的人均GDP接近7600美元，仅为日本的大约五分之一。又据联合国贸发会议统计，2014年日本的技术出口为368.32亿美元，仅次于美国居世界第二位；同年中国的技术出口只有6.76亿美元，居世界第21位，日本的技术出口相当于中国的54.4倍，这个差距不可小觑。作为理工科出身的国际问题研究者，我一直把研究日本科技发展作为日本问题研究的主攻方向，下面主要围绕科技领域，谈谈日本发展模式中值得我们学习借鉴的东西。

第一，要高度重视制造业，防止制造业的"空心化"。

日本这个民族比较普遍地具有一种热心于、甚至献身于"做东西"（ものつくり）的传统。在工业化时代，日本曾是成功的追赶者。"自从明治维新以来，日本最初是学习德国，接着学习美国，到了20世纪80年代日本实现了人类社会史上罕见的、比欧美更完善的现代工业体系和大量生产的社会，达到了德、美等任何国家都未能达到的高度的工业化水平。"[1]对于当时情景，日本媒体是这样描述的："在80年代世界经济中一枝独秀的不是美国，而是日本。在纺织、钢铁、造船、家电、汽车和半导体等制造领域，美国完全输给了日本。"作为工业化的成功者，日本制造业的技术水平达到了领先世界的水平，成为名副其实的"世界工厂"。

但是，在第一次、第二次产业革命中，日本在科技方面曾是"后进国"。从整个20世纪来看，许多科技发明出自欧美，然而使欧美的新发明或试制品最终推向批量生产的工作，大多是由日本人完成的。即便是在战后，日本不仅没有"大发明"，即便是"中发明"，日本与欧美相比也贫乏得多，比如在日本擅长的电子技术领域，除去日文处理机以外，几乎所有市场性高的技术都是由欧美企业开发出来的。其他如光纤（美国）、录像机（美国）、无缝钢管（德国）、工程塑料（美

---

[1] 冯昭奎：日本正处在"知识价值革命"时代——访日本经济企划厅长官界屋太一，载《世界知识》2000年第7期。

国）、精细陶瓷（美国）等战后科技革命中的"中发明"，其最初发明者都不是日本，然而在这些中发明的产业化和商品化方面做得最出色的却往往是日本企业，日本能够做出这样的成绩，靠的正是其出色的制造业，例如正是日本的钢铁公司制造出可用计算机控制、能适应地下几千米深处采油需要的材质和精度的无缝钢管，成为国际市场上的抢手货。

然而，在90年代中期，日本的家电企业将彩电生产的90%、录像机生产的80%转移到了国外，导致日本国内出现了制造业"空心化"的担心。其实，当时日本的制造业"空心化"恰恰是制造业发展模式"转型"的过程，因为日本的企业在向海外转移生产的同时，对一些重要的、附加价值高的关键技术则更加牢牢地掌握在自己手里。例如，日本的家电厂家通过转产高附加价值的新产品（例如各种信息产品、信息家电），仍保持着很高的开工率；美国克莱斯勒汽车公司生产的名牌汽车仍要采用日本生产的关键零部件；半导体企业的"世界冠军"——美国英特尔公司使用的半导体材料的3/4要从日本的住友、信越两大半导体材料公司购入；随着多媒体的发展而身价倍增的液晶显示技术在当时几乎成为日本的独占品（占世界市场的90%以上，注意这是"当时"的数据）；美国三大汽车制造企业使用的轧制模具点名要用"日本制造"，因为美国造的模具轧制3万次，就磨耗得不能再用了，而日本造的模具可以轧制6万～10万次。这样的例子不胜枚举。

在各个产业领域中，制造业是技术革新最密集的产业领域，对于当今我国来说，制造业也是国民经济与科技创新的主体。然而，在我国经济转型过程中，一些人认为在面临产能过剩、劳动力成本上涨等问题困扰的情况下，我国当今应该大力发展第三产业，大力发展互联网等信息产业，把制造业转移到劳动成本比我国更低的发展中国家去，即使出现一些"制造业空心化"问题也没关系。但是，与日本相比，我们在出现所谓"制造业空心化"问题的时候，并未能加快发展高技术材料、高技术零部件、高技术装备、高技术"人机界面"与系统化技术，我们的许多高技术中间产品和机器装备仍需依赖进口。换句话说，与日本当时的"制造业空心化"是制造业发展模式转型相比，我国的"制造业空心化"很可能是真正的"空心化"，这应该说是很危险的!

当然，今后随着3D打印等新技术的发展，日本制造业的传统技术优势、特别是模具技术优势很可能逐渐失去意义，但需要注意到，当前日本政府迅速加大了对企业开发3D打印等尖端技术的财政支持，实施名为"以3D造型技术为核心的产品制造革命"的大规模研究开发项目，开发世界最高水平的金属粉末造型用3D打印机等。在习近平主席一再强调指出的"新一轮科技革命孕育兴起"的形势下，我国必须在制造业技术创新方面同日本等发达国家展开有力的竞争，这是关系到中华民族伟大复兴能否加速实现的重大课题。

第二，要让民间企业成为科技发展的主力，这意味着国家的科技进步主要不是由政府与权力机关的意志来决定，而是由企业和市场的机制来决定，政府的作用就是促使对科技进步不积极的低效企业的退出。

在科技方面，日本有两个指标长期名列"世界第一"，其一是日本全国的研发经费占GDP的比例在世界上长期居于第一第二的地位，例如在2013年为3.75%；其二是由企业支出的研发经费占全国研发经费的比例在世界上也长期居于第一第二的地位，例如在2014年接近70%。可以说，日本的民营企业真正是国家发展技术的主力军。

早在20世纪60年代前半期开始，日本民营企业用于研究开发的资金明显超过了依靠政府预算支出的研究开发资金，这种情况一直持续到今天。显然，资金充裕就可以购置更好的研究设施，20世纪80年代初，我在日本学习电子技术期间，一位研究生同学毕业后去了索尼公司后，他曾对我说，与公司里的研究装置相比，大学里的研究装置就像"玩具"。民营企业这种优越的研究条件，吸引了众多研究人才，到了20世纪70年代，民营企业的研究人数达到大学科技部门研究人数的二倍。这意味着"企业优位"的、"民营企业主导型"的日本研究开发结构在60年代就已经形成。

民营企业重视研究开发，是日本得以成功引进技术的重要原因，因为技术引进主要是由民营企业完成的。日本技术引进成功的一个主要表现就是形成了"一号机进口，二号机国产，三号机出口"的良性循环，这就是从国外引进机器设备后，能很快地将"物化"在机器设备中的技术消化为自己的"血肉"，用于制造国产机器设备并加以改进，使国产机达到能与引进来源国的机器设备进行竞争的水平并用于出口。有日本经济学家指出："通过弄清日本为什么能够成功地引进技术，可以解开日本经济增长的秘密"。与日本相比，我国的技术引进在相当长一段时期停留在"一号机进口，二号机进口，三号机还要进口"的重复状态。

1957年苏联发射人造卫星，对美国造成了强烈的刺激，为了应对苏联的科技挑战，美国大幅度地增加科技研发预算，促使世界各国的科技人才流向美国，使科技人才流出国为"头脑流出"问题感到担忧，然而在日本，由于民营企业掀起了建立所谓"中央研究所热"和大力增加研究开发投资，致使日本受"头脑流出"问题的影响最小。虽然当时确有很多日本的天文学者被美国挖走，以致东京天文台的研究人员被"挖空"了，但天文学人才的出走似乎与重视实际应用技术的企业关系不大。

与之相比，中国的科技人才流出问题十分严重。在美国，中国等发展中国家的留学生多选择理工科，因为理工科在语言上的障碍比学文科要小很多，而本国的年轻人为避免与勤奋刻苦的发展中国家留学生竞争，倾向于选择"使用母语比较有利"的文科专业和职业。美国理工科新博士学位的获得者当中，外国留学生比美国本土出身的年轻人多。在美国的自然科技部门、特别是尖端科技部门中，有很多来自发展中国家的年轻人在打拼。

第三，要重视培养技术劳动者，弘扬"工匠精神"。

早在1956年，日本经营者团体联盟提出要强化导入战后美国式的教育制度，应重视"毕业后能够很快进入企业发挥作用"的职业教育，日本政府采取有力措施加强了职业教育，大批优秀大学生也投身到生产第一线。日本企业不仅要求学校重视培养理工科人才，而且也十分重视企业内对员工的技术培训。日本企业还采用很有特色的"日本式招工方式"。比如，在美国招聘焊接工人，就按焊接工的要求与企业签雇用合同；招油漆工，就按油漆工的要求与企业签合同，然而，日本企业在招工面试时很少对招工工种进行严格区分，而是笼统地按照"制造工人"职务，与面试者商议，决定录用进厂后，依据企业需要，结合本人希望，或搞焊接，或搞油漆，一个工人往往会有从事各种工作、接受各种培训的机会，日久天长，逐渐被培养成为"多能工"。

日本人擅长精益求精、坚持不懈地提高产品、服务的质量和可靠性绝不是靠一时半会儿的努力就能做到的，比如每年运行约12万趟的东海道新干线列车，包括灾害时的运行在内，其平均误点时间只有36秒/年。

日本人的"工匠精神"又是与"团队精神"紧密结合在一起的。钱学森曾说，"一个中国人往往比一个日本人强，但三个中国人就往往比不上三个日本人"。在20世纪90年代后半期，互联网日益普及，个人电脑市场迅猛扩大。由微处理器和存储器等组成的个人电脑属于"模块化"产品，很容易组装。为此，很多企业将装配工序转移到劳动力成本低廉的中国进行，到2013年全世界生产个人电脑最多的5家企业分别是中国联想公司、美国HP公司、美国戴尔（Dell）公司、台湾地区的宏碁（Acer）公司和华硕（Asus）公司，日本企业的名字已经从个人电脑世界市场的前五名企业名单中消失。但是，人们知道制造业的产品既有"模块化"的产品，又有"磨合型"的产品，汽车就是"磨合型"产品，它需要企业内部从设计到生产的各个环节各个部门进行相互协调磨合，才能保证产品的质量，而有调查表明至今日本在"磨合型"的产品方面仍然占有优势。

日本企业擅长制造处于全球产业链上游的高技术、高附加价值的中间产品和装备。长期以来，在日本工业品出口中，耐用消费品比重不到20%，生产资料产品比重却高达80%，当之无愧地成为高技术高附加价值的机械、零部件、原材料的"世界供应基地"。比如美国F35战斗机需要日本生产部分高技术零部件；美国反导系统的拦截器弹头防护罩原来采用熔点3000多度的钨合金作为耐热材料，但其耐热性能仍显不足，而且重量较大。日本东丽公司生产的世界上首批耐高温、耐烧蚀、抗热震、密度仅为钨合金十分之一的碳/碳复合材料，大大提高了弹头防护罩的性能。

日本重视发展生产技术和技能的一个表现是，它和韩国一样，搞过两届技能奥林匹克。所谓"技能奥林匹克",是指1950年在西班牙开始举办的每两年一次的全球技能大赛,迄今已经举办了43届。在韩国,技能奥林匹克的金牌获得者得到总统接见,大画像挂在街头,真正被视为发展生产力的英雄。

对于李克强总理提出"大众创业、万众创新"的号召,我认为一方面应给予高度肯定和积极支持,另一方面又应该防止对这个"双创"的片面理解。比如《人民日报》曾发表文章称:"只要有一台联通世界的网络终端在手,一切皆有可能","在'车库咖啡馆'激发许多奇思妙想"。我认为媒体炒作"双创",是忽视了三个平衡:第一要把握好信息化与工业化的平衡,作为一个发展中国家、即"工业化途中"的国家,我们既要重视信息化也要重视工业化;第二要把握好"创业"与"守业"的平衡,在大力提倡年轻人创业的同时,也需要提倡"敬业"、"守业"和"以厂为家"的精神;第三要在宣传上把握好科学与技术的平衡,这就是不要过度偏向科学而轻视技术,从科技知识传播规律看,科学理论往往是易于传播易于引用的东西;技术本领往往是易于保密难于借用的东西,正如俗话说"武艺难以文传",技能难以从互联网"下载",而必须依靠亲身在生产实践中摸爬滚打和老师傅的"传帮带",这是各国都注意保守的企业的或国家的利益。

第四,中小制造企业群成为日本的"国宝","九层高台起于垒土"。成千上万家各怀"一技之长"和能工巧匠的优秀中小制造企业构成"日本制造"金字塔的基础,很多只有十几名、几十名乃至上百名员工的中小企业为大企业提供高技术零部件、原材料、中间产品、机械装备,或提供为试制新商品所需的复杂加工服务。不少日本中小企业在某种中间产品的世界市场上占很大比例甚至首位,因为擅长制造独家产品而被称为"only one"(仅此一家)企业。长期以来,在日本工业品出口中,耐用消费品比重不到20%,生产资料产品比重却高达80%,当之无愧地成为高技术高附加价值的机械、零部件、原材料、中间产品、机械装备的"世界供应基地",比如虽然日本在电视、手机等的世界市场上节节败退,但是日本在半导体芯片的材料加工、前道芯片技术方面仍然比我们先进近两代,我们擅长的是技术含量较低的后道封装技术。1984年笔者曾考察过日本一家中等规模的工厂,这家工厂的出勤率平均为96%，工人基本上都是多能工，一有缺勤者，别的岗位的工人可以立即补上来，以免生产线停下来。这家工厂每人每年平均提出合理化建议约50件，只要提出一件（不管被采用与否）就可获150日元报酬，被采用的建议则按等级发给奖金，从500日元、1000日元、2000日元直至30万日元（工人的工资约十几万日元）不等，每年选出一至两名优秀的合理化建议者，由公司出钱安排去美国旅行。与日本的大多数中小制造企业能够数十年如一日地磨炼自己的一技之长相比，我们的许多中小制造企业往往不能安分守己地固守自己的一技之长，比如制造打火机的中小企业看见搞房地产能发大财，就很快转行，甚至一看市场前景不妙就"跑路"。中小制造企业的工人也是流动性很大，农村小姑娘干了几年攒够了钱就回家结婚去了，除去一些著名的大型制造企业，总的来说我们还没有形成一支素质良好的"中国制造业技术大军"。

第五，节能环保，日本堪称世界模范。

要真正实现节能环保，我们就必须推动一场新的技术革命、产业革命和生活革命。日本在节能环保方面堪称全世界的模范，现在日本单位GDP的一次能源消费比20世纪70年代减少了30%，特别是产业部门的节能做得非常好。从国际比较看，日本单位GDP一次能源消费仅为美国的1／1.9，欧洲的1／1.7，中国的1／7.2，俄罗斯的1／16.3，世界平均水平为1／3.1（2012年数字）。显然，对于中国来说，节能甚至可看作是比太阳能、风能更重要的"可再生能源分支"。

在节能汽车方面，丰田公司的混合动力车自1997年8月首次发售以来，至2015年的18年间累计销量突破800万辆。尽早实现汽车业的升级换代，有利于节约能源和保护环境。据专家测算，消耗一升原油只能使汽油汽车行驶20公里，然而，用一升原油所发出的电量却可能使电动汽车行驶60公里以上。换句话说，电动汽车的燃料效率是汽油汽车的3倍以上。如果全世界的汽车都升级为电动汽车，可望大大节约能源，还可使二氧化碳的排放量减少22%。

未来大国竞争，拼的是环保。可以有把握地预测：在今后大国竞争中，中国最可能输掉的不是军事，而是环境。"环境亡国"，一个国家可能因为环境问题而灭亡，这绝非耸人听闻。我的一位朋友是中科院的，他曾经到一个南亚国家考察，那里的官员要求中国帮助该国解决水污染问题。那位官员说，由于饮用水的污染，该国的青壮年正在日益失去劳动能力，将可能导致国家的灭亡。中国的水污染问题也不容忽视，近年来的调查表明，中国城市的地下水90%被污染；河流和湖泊70%被污染，污染的水已经在日益吞噬人们的身体健康。

结语

自2010年中国GDP超过日本、2011年日本发生"3.11大地震"以来，日本经济和日本企业的艰难处境很受关注，我国国内也出现"日本技术不行了"、"中国技术已全面超日"等看法。对此，笔者认为，对日本的民生技术、武器技术、军民两用技术的真正实力应进行实事求是地评估，既不应夸大，也不宜低估，更应掌握准确的统计数据。

一个国家的技术体系就如同金字塔，"九层高台，起于垒土"，那些能够数十年如一日、甚至代代相传地锤炼一技之长的中小制造企业所组成的产业集群，正是日本技术实力的基础和底气之所在，如果中国不能培育出能有长心、有毅力、不"见异思迁"、坚持不懈地磨炼一技之长的千万家中小制造企业组成的产业集群，中国的产业技术水平就无法赶上日本。科技力是综合国力的核心；企业进步是国家进步的基石；技能劳动者和科技人员的素质是科技发展的源泉。抓住新一轮科技革命机遇是实现"中国梦"的必由之路。

作者为中国社科院日本所研究员、院荣誉学部委员

日本经验：开征遗产税保障社会公平

刘江永

> 除了德治和法治以外，要想治腐败，税制是势在必行的事情。日本是资本主义国家，但他们的贫富差距不大。日本在1900年前后已经有遗产税了，税率30%～70%。在日本叫"富不过三代"。我们在税制方面可以考虑早介入、低门槛，越往后拖，都成社会结构性的了，腐败就更难以解决。

我主要探讨一下日本发展经验对中国的借鉴。日本在世界上是比较优秀的民族，有它的长处，也有它的短处。1868年明治维新，到1945年日本战败投降，是先兴后衰，兴是推翻了封建幕府统治，实现了资本主义工业化和教育的发展。衰，从资本主义很快过渡到帝国主义和军国主义，帝国主义是资本主义的一种形式，但不是所有的形式。

日本帝国主义和军国主义发展模式是彻底失败的。从国家发展层面来讲有四个阶段：第一个是以吉田茂为首的日本自民党保守路线，就是亲美、反共；另外就是轻军备，优先发展经济，依靠美国的国际体系，包括军事安全和政治，还有贸易体系。这个模式到了1980年前后出现了一个转型，这个转型是中村宁康弘执政以后，提出了日本要改变经济上的大国，但是政治地位很低的现状，要取得和经济大国相称的国际政治发言权，不再把军事优先和轻军备作为口号。到了鸠山由纪夫的时候，他的路线有点回归，回归到以民生为主，不追求过度的军事扩张，也不是完全支持美国，但保持日美同盟为基轴，也要加强和中国、韩国等亚洲国家的关系，实现东亚共同体，这是第三；第四个到了安倍，又推翻了鸠山由纪夫的路线，要修改日本的宪法，打破战后国内的体制，打破波茨坦公告和开罗宣言的国际秩序，这时我们看到了安倍右倾化大国路线的转型。

日本值得我们借鉴的是经济和市场，一个是市场经济法制化，一个是税制。

日本市场经济的法制化，这个是特别值得我们借鉴的，日本的市场经济就是法制经济，是给你一定的权利和权限，之后加以规制，告诉你应该做什么，鼓励做什么，不能做什么，所有这些全部按照法制来办事。

中国经济发展了，但出现了很严重的贪腐的问题。日本是资本主义国家，但他们的贫富差距不大。日本在1900年前后已经有遗产税了。除了生产资料以外，自己家里的住房，还有存款，这些交给下一代的时候要有遗产税，税率30%～70%。日本没有富二代的说法，他要交遗产税，是真金白银的。在日本叫"富不过三代"。

除了德治和法治以外，要想治理腐败，税制是势在必行的事情。税制是很值得研究的问题。我们国家也不能走得太急，也不能不动，所以我提出了一个想法，在税制方面可以考虑早介入、低门槛，不要伤筋动骨，现在收20%、30%。老百姓觉得没有准备，可以先象征性地收5%。专税专用，支援灾区或者农村学校，给它一个合理的纳税荣誉，之后逐年提高税率。

作者为清华大学国际战略研究院副院长

德美农业：更保护小农模式而非规模化农场

董正华

> 德国的反对"工业化农业"的大型行动，抗议"大型集约化动物养殖"和"大规模单一作物种植"，认为是"将农业绑上了资本和工业的逻辑"。到2012年，美国210万农场里，家庭农场占97%，小农场占总数的88%。而我国在现有人地比例等客观条件制约下，规定家庭农场必须达到"规模化、集约化、商品化"，"家庭农场"变成了只占农户极少数的"大户"的代名词，在制定和执行各种惠农富农政策时，势必将绝大多数农户排除在外，甚至严重损害到他们生活和工作的基本权益。

"家庭农场"这个概念在2013年的中央一号文件中正式出现，完整的表述是"引导农村土地承包经营权有序流转，鼓励和支持承包土地向专业大户、家庭农场、农民合作社流转，发展多种形式的适度规模经营"。农业部负责官员随即对"家庭农场"做出解释，称之为"以家庭成员为主要劳动力，从事农业规模化、集约化、商品化生产经营，并以农业收入为家庭主要收入来源的新型农业经营主体"。

在当今世界，农户自主经营农地（包括自己拥有的和租佃来的土地）普遍被称为"家庭农场"（family farm），而不论其规模大小或者商品化程度高低、是否已经资本和技术集约化。有人认为，提倡家庭农业特别是发展规模化、商品化、集约化的家庭农场，是在走美国农业资本主义发展道路，但很多人并不清楚美国农业究竟是什么样子。美国3亿多人口中，农业人口只占2%，直接从事农业生产的人不到1%，却拥有全世界各国中最大的耕地面积，似乎发展大规模的家庭农场，甚至企业化的雇佣劳动制大农场理所当然，似乎小农户已无存身之地。然而，实际情形并非人们想象的那样简单。

1997年美国农场按"家庭农场"与"公司农场"（corporate farm）两项划分，前者总面积为5.85亿英亩，后者总面积1.31亿英亩。2007年全美有农场220.4792万个，其中小农场199.5133万个，比五年前增加18467个，占总数91%，增加的基本是销售额少于1万美元的农场。2007年直接出售给消费者的农产品57%来自小农场。到2012年，美国210万农场里，家庭农场占97%，小农场占总数的88%。美国农业部因此提请人们"理解小农场的性质和贡献，以及它们对于改变美国农业结构的作用，这有重要意义"。

毋庸置疑，美国人定义的"小农场"（small family farm），平均规模要比中国小农户大得多。在美国的"粮仓"艾奥瓦州，全职农民年收入基本在5万至7万美元以上，有些农民可能会达到10万至25万美元。美国农业部将毛收入不超过35万美元的家庭农场都列入小农场——又细分为低销售额农场（low-sales farms，GCFI≤$150,000）和中等销售额农场（moderate-sales farms，GCFI$150,000—$395,000）。这样的标准当然不能照搬到人均耕地不到1.5亩、农业劳动力仍然高达劳动力总量1/3的中国。美国农业部2007年规定：自家农产品年销售额超过1000美元，即可被认定为"农场"。如果按照1998年的平均产出和价格计算，养100只母鸡年毛收入是1394美元，一头奶牛的年毛收入是2635美元。保留如此低的门槛，说明美国迄今仍有不少超小型的家庭农场、"微型农场"。农业部在认定农场和"家庭农场"时，并没有把它们打入另册。2013年美国参议院通过一项农业改革法案，扩大了农作物保险的补贴额度和覆盖范围，不仅包括粮食作物和水果、蔬菜等园艺作物，还为棉花和花生种植农户制定了新的农作物收入保险政策。

讲到"规模化、集约化"，不禁想到近年来发生在德国的反对"工业化农业"的大型行动。农民团体会同消费者团体、环保主义组织等抗议欧洲共同农业政策

（CAP）鼓励"大型集约化动物养殖"和"大规模单一作物种植"，而不给小规模家庭农场以应有的支持。在他们看来，"大家伙们将农业绑上了资本和工业的逻辑，'动物工厂'和单一种植就是其掠夺性生产的最典型表现。而通常是几公顷到几十公顷的小家庭农场，更能秉持传统的农业知识和伦理，能够维持农业生产中的生态平衡、守护乡村景观，并给予他们饲养的动物以应有的权利。两者之间的关键区别，是前者只把农业作为商业，而后者将它作为生活；前者只关心农业的最终产品，以及这些产品作为商品的交换价值，后者会在乎农业的整个过程，以及这整个过程中的多重价值"。

近年来，德国改变农业基金的分配方式，在削减大农场补贴的同时，更多地向中小农场及生态农业倾斜。一对老夫妇饲养经营16头奶牛，每天劳作10多个小时。这样的小农场被视为今日德国小农的缩影。德国实行社会市场经济模式，每年拿出几十亿马克补贴农业。2015年，德国的中、小型农场最初的30公顷土地，将获得每公顷50欧元的额外补贴。

我国有农民家庭经营小块土地精耕细作的悠久传统。以此为基础形成"家庭农场"水到渠成、顺理成章，应当说是传统与现代接榫的最佳模式，也是农业可持续发展的最佳选择。发展自主经营的家庭农业也是世界农业发展的潮流。2014年就被联合国定为"世界家庭农业年"，以此肯定家庭小农在捍卫粮食安全、保护自然资源等多方面的不可替代的价值。随着农业就业人口的减少，在政策引导下农民可以通过互助合作或者土地流转逐步扩大经营规模。但是，在我国现有人地比例等客观条件制约下，规定家庭农场必须达到"规模化、集约化、商品化"，"家庭农场"变成只占农户极少数的"大户"的代名词，在制定和执行各种惠农富农政策时，势必将绝大多数农户排除在外，甚至严重损害到他们生活和工作的基本权益。人们已经看到，尽管中央三令五申"坚持农民家庭经营主体地位"、"土地经营权流转要尊重农民意愿"，各地各种以规模化、集约化、商品化、专业化等等名义侵害现有小农户权益的事件，仍然层出不穷。更不用说资本下乡带来的毁约撂荒、伤及中等农户、引发群体抗议等事件，已经危及农业生产和农村社会安定。2015中央一号文件提出"推进农村集体产权制度改革"。现行农地集体产权制度漏洞百出,"集体"和"产权"都面目模糊含混不清,确是到了非改不可的时候了。

维护小农户权益不是什么民粹主义,也不是不要农业现代化,而是承认农业不同于其他行业的部门特殊性,尊重事实,循序渐进,辅助现有农户,支持小农自组织联合经营,走新式集体合作道路。与此同时,以扩大农民非农就业为前提,支持和鼓励一部分中坚农户适度扩大经营规模,先富起来,而以绿色农业、生态农业和农民的共同富裕为长远目标。总之,改革以后的中国农地制度既不能走回头路,也不能走听任资本剥夺小农的弯路、斜路。

作者为香港珠海学院教授

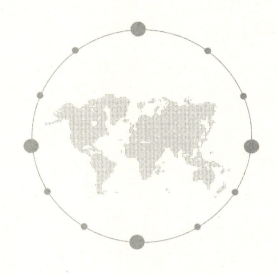

第三章

赢得亚洲——中国建立权势中心的第一站

稳据中国的战略后院：南下东南亚是必然

李稻葵

> 东南亚相较于中国，其地理位置恰似墨西哥湾与加勒比海对于美国的战略意义。它的稳定事关中国本土的安宁与否。稳据东南亚，应该成为大国崛起的战略核心。中国的高等教育应该先行，应该设立留学生项目，通过这些项目，把这一地区原本计划到英国、澳大利亚或者美国读书的一些社会精英以及后代吸引到中国读书，重点是吸引非华人华侨的子女，以增加他们对中国的理解，培养对中国的感情。

国际金融危机爆发以来，国际经济政治格局发生了剧烈的变化。美国明确声称要重返亚洲，而中国周边的国家，包括东南亚地区的国家，对中国的日益强大也忧心忡忡，各种各样的摩擦和争议不断。

在这种大形势下，我们认为东南亚，应该成为中国大国崛起战略的重中之重。简而言之，南下应该成为大国崛起的战略核心。这其中有两个原因。

第一，与其他地区相比，中国在东南亚地区的利益是最现实、最全面、最突出的。由于东南亚地区实际上相当于中国大陆向南的延伸，其地理位置恰似墨西哥湾与加勒比海对于美国的战略意义。因此在这个地区，中国的经济贸易利益十分突出，东南亚地区已经成为中国仅次于欧洲、美国的第三大贸易伙伴。更重要的是，在东南亚，中国有比之于其他地区更为密切的人员来往。东南亚地区已经成为中国居民出国旅行、度假乃至定居、移民、养老的一个重要选择。尤其重要的是，东南亚历史上形成了长期的与中国，尤其是南方沿海地区的文化和人脉关系。马来西亚近四分之一的人口有华裔血统。泰国等国家的华人群体早已是社会的主流。从这个角度讲，中国与东南亚地区的关系，有点类似于英国与澳大利亚、新西兰等新世界的关系。

积极发展东南亚关系的第二个理由是东南亚地区是直接影响中国本土稳定的地区，是中国的战略后院。这一地区由于历史复杂，人文交往频繁，一些历史上形成的矛盾，如果不加以管控，往往会放大为区域的不稳定。而这一区域的不稳定往往被大国势力利用，极易形成阻碍中国和平发展的重要因素。中国作为一个崛起的大国，首先必须要处理好周边的关系。只有周边国家的稳定，才能够保持中国的本土的社会经济的稳定，才能够专心致志地解决国内的重大问题。

具体说来，南下战略应该谋求三件事情。第一，站在与东南亚国家发展睦邻友好关系的高度，强有力地管控争议，尤其是管控好该地区一些历史遗留下来的争议，包括海上岛屿的争议。与其实际利益相比，这些争议对民众心理影响不成比例放大。最高政治决策者，应该对内主动引导百姓的情绪，对外维系争议，管控争议，推延争议。应该意识到这些争议在中国崛起的大局中，毕竟是局部性的。更重要的是，随着时间的不断推移，中国综合实力的不断提高，未来解决这些争议的条件将会更加成熟，因此不宜急于求成，更不宜放纵民间情绪的宣泄。

第二，全面加深民间的交往。东南亚地区离中国最近，自然禀赋、气候条件与中国大陆形成了良好的互补，经济结构也有巨大的互补性。只有全面加深民间的友好来往，才能够从长远上稳定各国之间的关系，因此在旅游、留学、探亲等各个方面应该下功夫做出更多实惠性的安排，便于居民的来往。特别有意义的是，中国的高等教育应该先行，应该设立一些全英文的留学生项目，通过这些留学生项目，把这一地区原本计划到英国、澳大利亚或者美国读书的一些社会精英以及后代吸引到中国读书，以增加对中国的理解，培养对中国的感情。

第三，巧妙务实地发挥华人华侨的作用。长期以来，中国在东南亚的友好合作往往只注重与华人华侨的交往，这样反而使中国与各国的关系禁不起风吹草动，一有重大的变故，华人华侨往往成为替罪羊。这种基本的工作思路应该反思。首先必须了解华人华侨是该地区的国民与居民，他们是根植于当地社区的。中国对这一地区的友好关系，必须建立在与当地主流政治人员的友好关系之上，华人华侨是发展友好关系的助手，而不是主要对象。尤其是在吸引这些地区的年轻学子来华读书的问题上，特别要强调，重点是吸引非华人华侨的子女来中国读书。

总之，东南亚是中国重要的、最现实的战略后院。中国作为崛起大国，必须稳定后院，必须在一定程度上借鉴美国门罗主义的政策说法。美国总统詹姆斯·门罗于1823年提出，美国不能容忍欧洲列强在拉丁美洲各国家实行殖民主义政策，拉丁美洲是美国的后院。

推进南下东南亚的战略，必须牢牢把握全局观，强力管控历史争议，面向未来，大力推动民间交往，正确处理好华人与当地社区的微妙关系。

作者为清华大学中国与世界经济研究中心主任，《中国与世界经济观察》主编

亚太地区滑向新冷战？

任卫东

> 随着中美较量的展开，各大力量纷纷染指亚太，都企图在此谋求战略利益。此外，亚太经济在世界上占有越来越重要的突出地位，世界各国无不到此寻求经济动力。在亚太的得失不仅对中美两国，也对许多国家未来的发展前景和国际地位产生重要影响。随着亚太棋局的逐渐全面展开，全球地缘政治重心将更加明确地从欧美转向亚太。亚太是全球地缘政治重心，是中国开拓进取的主要方向，也是外部威胁的主要来源，而且亚太地缘政治格局正在发生二战以来最深刻复杂的变化。

从20世纪第二个10年开始，中美关系和全球战略关系都进入了一个新的历史时期。其核心内容就是美国将中国作为全球霸权战略的主要对手，并以亚太为地缘政治的主战场对中国进行全方位扼制。美国全球战略的这一变化使亚太地缘政治地位和格局正在发生二战以来最深刻的演变，而其前景则在很大程度上取决于中国如何应对。

一、亚太成为全球地缘政治重心

近代以来，全球地缘政治重心一直在欧洲和后来的欧美，这是因为欧洲大国和美国是国际关系的主导力量，欧洲是大国争夺的核心地带，大国争夺世界霸权的关键首先就在于能否控制欧洲，国际战略格局主要由大国在欧洲形成的格局决定。一战和二战后形成的基本世界格局都主要是由大国在欧洲形成的战略格局决定的，一战后形成的凡尔赛—华盛顿体系和二战后形成的雅尔塔体系其核心部分都在欧洲。大国争夺特别是美苏争夺也在亚非拉等地全面展开，但相对于欧洲而言，这些地方只能算是外围地带。

二战特别是美苏冷战结束后这种局面开始改变。经过第二次世界大战和其后的民族解放运动，欧洲列强几乎都已无力扮演国际关系的主要角色。而通过冷战，美国不仅搞垮了唯一的全球性争霸对手苏联，也牢固地控制了欧洲，欧洲不再是国际斗争的焦点，全球地缘政治的重心开始转移。

在美苏冷战结束后的最初10年，即20世纪90年代，美国的战略重点仍在欧洲，但其目标已不是遏制苏联的扩张，而是消化冷战成果，将原苏联阵营国家纳入美国的势力范围，北约和欧盟东扩是其主要途径。欧盟东扩之所以能起到扩大美国势力范围的作用，是因为在这一时期，欧盟基本上处在美国的控制之下，甚至在某种意义上可以说是美国控制欧洲的工具。在美苏冷战结束后的第二个10年，即21世纪前10年，美国的战略重点是中亚特别是中东，主要目标是通过战争和颜色革命等方式颠覆阿富汗、伊拉克等反美政权，扩大美国在中东的势力范围，加强美国对中东的控制。在这个过程中，美国在欧洲和中亚中东的扩张基本没有受到其他大国的阻挠，没有出现大国在这些地区激烈争夺的局面，美国在这些地方的扩张没有使世界格局发生根本性变化，所以，这些地方尽管一度成为美国的战略重点，但不具有全球地缘政治重心的地位。但美国在这些地方的扩张也是着眼于大国较量的。美国此举进一步压缩了俄罗斯的战略空间，其政治、军事力量逼近了中国的西部边境，加剧了中国在中东面临的潜在能源安全威胁。可以说，美国在这些地方的扩张是准备进行新的大国较量的前哨战和外围战。所以，这二十年是全球地缘政治重心转换的过渡期，地缘政治重心不甚明朗，大国冲突不甚激烈，全球主义、和平主义和浪漫情绪四处弥漫。

从21世纪第二个10年开始，或以奥巴马上台为标志，这个过渡期宣告结束。

奥巴马政府明确宣布，美国全球战略重点转向亚太。这次转移与前两次意义完全不同，因为美国这次战略重点转移的背景是美国已明确地将中国作为其全球霸权的主要对手，战略重点转移的目的是主要在亚太地区与中国展开一场决定中美两国未来命运，决定亚太地区格局，并对世界格局产生深远影响的全面较量。美国将中国作为主要对手是完全符合霸权逻辑的。中国是苏联解体之后唯一能在所有领域与美国构成竞争关系的国家。尽管俄罗斯有强于中国并堪与美国势均力敌的核武器，但大国较量的胜败并不主要取决于核武器。在当前条件下，经济竞争和较量更有决定意义，从这个意义上看，中国毫无疑问是美国的主要对手。而且，以中国目前的发展进程，如再不全力以赴，美国将最终丧失扼制中国的战略机遇期。随着中美较量的展开，各大力量纷纷染指亚太，都企图在此谋求战略利益。此外，亚太经济在世界占有越来越重要的突出地位，世界各国无不到此寻求经济动力。总之，在亚太的得失不仅对中美两国，也对许多国家未来的发展前景和国际地位产生重要影响。以上这些因素正使亚太成为全球最具影响力的战略场，具备了成为全球地缘政治重心的基本条件。随着亚太棋局的逐渐全面展开，全球地缘政治重心将更加明确地从欧美转向亚太。

值得注意的是，亚太正成为全球地缘政治的新的重心，也是美国长期的战略重点，但是，亚太并不是美国唯一的、在任何时候都排在第一位的战略重点。美苏冷战结束后，随着美国全球霸权的全面展开和霸权对手的多元化、多样化，美国战线越来越长，已很难固定地将力量集中于一个区域。目前，美国面临着欧洲、中东、亚太一个都不能少的局面，这将极大地牵制美国在亚太的战略行动。另外，随着欧洲一体化的深入发展，其独立自主的能力将越来越强，势必谋求摆脱美国控制，重新发挥更大的国际作用。而如果俄罗斯能突出重围重新崛起，它也将携独联体国家成为世界主要力量中心之一。这样，在全球地缘政治格局中将出现多中心的局面。所以，我们在经略亚太这个全球地缘政治主要战略场时，也要环顾四周，筹划亚太与其他地缘政治力量中心的相互关系。

二、亚太地缘政治格局正在发生历史性演变

目前，亚太地缘政治格局处在历史性的剧烈变动之中，二战以来乃至近代以来的基本格局发生动摇，战争与和平，进步与反动，积极与消极等正反两方面的斗争相互交织，尖锐复杂，其现阶段的特点和趋势主要表现在以下几个方面。

（一）美国全面打造新冷战格局

亚太是美国扼制中国的地缘政治主战场。为实现扼制中国的战略目标，美国正全力在亚太打造新冷战的地缘政治格局。除进一步强化旧军事同盟外，美国的这一努力还呈现出两个新特点。一是最大限度地结成针对中国的统一战线。美国全面加强与越南的经济、政治特别是军事关系，并刻意扩大越南与中国在南海主权问题上的矛盾，甚至希望使越南在美国东亚战略中发挥新的战略支点作用。同时，美国在推动缅甸民主化改革的过程中全面改善与缅甸的关系，并打破与老挝关系长期冰冻的状态。越南、缅甸、老挝都是中国的友好邻邦，美国加强与这些曾经的敌人或意识形态异己国家的关系，目的就是最大限度地孤立中国，打开中国后院的大门。此外，美国还通过部署濒海战斗舰等方式力图将新加坡纳入美国的军事同盟体系，鼓励印度发挥大国作用以加强从南亚方向对中国的牵制，甚至与长期被其忽视的各太平洋岛国也加强了关系。二是构筑以美国为中心的蛛网式战略结构。在加强双边军事同盟的基础上，美国一方面努力推动双边同盟向多边化的方向发展，一方面鼓励统一战线内国家广泛地加强相互战略合作，力图形成以它为中心，以美国与有关国家的双边同盟为辐线，以有关国家之间的战略合作关系为横线的蜘蛛网式战略结构。这种结构的特点是所有国家都处在紧密联系的网络之中，单个节点的作用与整个网络的作用密切配合，局部链条的断裂不会导致整个网络崩溃。三是既强化前沿部署又扩大战略纵深。通过推动日本发展军事力量，在日本部署尖端战机和反导雷达，整合在日驻军指挥机构，在新加坡部署濒海战斗舰，重返菲律宾苏比克海军

基地，加强与越南的军事合作等措施，美国明显加强了在东亚的前沿部署。与此同时，美国将部分海军陆战队从日本后撤至关岛，加强关岛和夏威夷的基地建设以提升其战略作用，在澳大利亚建陆战队和舰艇基地，其目的就是使相当部分的军事力量处于中国导弹射程之外以保存二次打击的能力，完善和加强自美国西海岸直到东亚的战略梯队，为控制南海和西南太平洋建立新的战略基地。四是进行经济分化。重建亚太经济关系。近年来，随着东盟与中日韩、中国与日韩经济合作的不断加强，特别是中国与东盟自由贸易区的建成，东亚国家在自主合作基础上的一体化趋势隐约可见，其他亚太国家也积极向东亚靠拢。在这个过程中，美国对东亚的影响力减弱，并逐渐丧失在亚太经济合作组织（APEC）结构中的主导权。为改变这种趋势，美国大力推销跨太平洋战略伙伴关系协定（TPP），并将中国排除在外，企图冲淡中国经济影响，削弱东亚凝聚力，改变东亚乃至亚太经济关系，将亚太特别是东亚国家的经济合作方向拉向美国。可见，美国正从政治、军事、经济等各个方面在亚太地区全方位地打造新冷战格局，在扼制中国的同时控制亚太，但其目标能否实现还要看中国和有关国家做何反应。

（二）日本试图颠覆战后秩序

社会主义阵营瓦解和苏联解体后，随着世界反法西斯力量整体削弱，日本右倾化趋势开始抬头。20世纪90年代以来，日本否认侵略历史，美化侵略战争的意识形态日渐浓厚，修改教科书、参拜靖国神社、否定南京大屠杀、否认强征性奴、将防卫厅改为防卫省、主张将自卫队升格为自卫军、大幅提升和扩充军备、突破专守防卫、鼓吹先发制人、放宽武器出口限制、重振军事工业、在海外建立军事基地、谋求成为军事大国、主张修改和平宪法等试图突破战后秩序的右倾化趋势不断膨胀，渐成不可逆转之势。对此，作为日本事实上的宗主国，美国非但没有加以制止，反而采取纵容态度，以期利用右倾化趋势将日本重新引上军国主义和对外扩张的道路，进而将祸水西引，用复活的日本军国主义扼制中国。美国之所以敢于饮鸩止渴主要有三个原因。第一，美国吸取了朝鲜战争和越南战争的教训，想尽量避免直接与中国兵戎相见。第二，美苏冷战结束后东亚总体呈合作发展局面，美国无从下手，必须首先制造矛盾。第三，美国相信自己能够操控日本，不会伤及自身。在这个大背景下，日美军事关系不断加强，日本军事实力不断膨胀，对外政策的扩张性、进攻性日渐明显，而且其军事战略矛头日益明确地指向中国。

日本之所以与美国一拍即合，不仅是因为日本不得不听从美国的指挥，也是因为日本想借此机会颠覆战后秩序，重建亚太战略格局。第一，在二战中战败后，日本100多年以来的侵略扩张所得几乎全部丧失，只有琉球（即冲绳）和钓鱼岛因冷战而得以遗留下来。而日本军国主义的残余势力之所以能在战后保存下来，也是因为美国有用其对付苏联和中国的战略需要。所以，虽然日本右翼势力也因美国对日本扔过原子弹和长期操控日本而对美国怀恨在心，但他们知道，就目前而言，不顺从美国的意志，不满足美国的战略需要就没有自己生存和发展的空间，就不能突破战后秩序的种种约束，因而采取韬光养晦策略，先借机坐大再说。第二，战后日本经济虽有长足发展，但终究是"软体动物"，无法建立军事大国地位。所以，借美国扼制中国之机重新武装，对日本来说显然具有极大的诱惑力。第三，日本称霸东亚的野心阴魂不散，一遇适宜条件便"借尸还魂"以求一逞，而中国既是日本称霸东亚的最大目标也是其目前最大障碍，不压倒中国就谈不上日本的东亚霸权。而且，日本从不认为二战的失败是败在中国手里，对中国口服而心不服。所以，在美国构建亚太新冷战格局的过程中，日本的态度最为积极，一方面甘愿充当美国的马前卒和战略前沿，一方面四处插手，罗织战略网络。显然，日本和美国的战略关系在扼制中国这一点上高度统一，但这是以牺牲反法西斯战争的胜利成果、颠覆战后亚太秩序，破坏亚太和平的政治基础为代价的，必然带来亚太局势的剧烈动荡。

（三）多数亚太国家反对新冷战

在美国意欲打造新冷战格局的大背景下，像日本这样决意与中国为敌的国家是极少数，多数亚太国家不愿明确选边站队，而是试图以小搏大，对大国搞均势政策，在亚太地区造成大国之间的战略平衡，希望以此增加自己的安全系数，扩大自己的谋利空间。在这个过程中，这些国家面临以下具体矛盾和两难选择。第一，中国的经济优势与美国的军事优势。亚太国家无不在与中国的经济关系中享受到中国经济发展的成果，所以不希望美国的亚太战略妨碍它们与中国进一步加强经济合作。但美国的军事优势又使它们不得不在可能发生的军事冲突中避免成为美国的对手并寻求美国的安全庇护。所以，在中国取得亚太军事优势之前，这些国家在经济上加强与中国合作，在安全上加强与美国合作的局面难以根本改变。第二，制约中国与防范美国。一些东亚国家与中国存在领土主权纠纷，与美国加强合作尤其是军事合作无疑能增加它们的筹码。但是这些国家特别是其民众大多对西方殖民主义留有惨痛记忆，对美国霸权主义抱有极大警惕，不愿意重新落入美国霸权的陷阱，不愿意将自己与中国的矛盾被纳入到美中冷战的大棋局中去。况且，美国重返亚太的一个重要目标就是加强和扩大对亚太特别是东亚的控制，对此，有关国家是坚决反对的。第三，中国未来的影响力与美国现实的影响力。中国在亚太地区的影响力毫无疑问是日趋增长的，而美国则总体上呈现不可逆转的衰落趋势。但是，为阻止中国影响力的继续增长，美国将主要力量集中在亚太地区，这使得其现实影响力在某些方面强于中国。面对这种局势，亚太国家需要在当前与未来之间加以权衡，而且，中美角力尚未分出胜负，中国的发展进程和影响力的增长也不是完全没有被打断的可能，所以，采取现实主义和实用主义态度对亚太国家来说也是自然的。

在这个问题上还有两点值得注意。第一，不能把美国在亚太的军事盟友自然地划入美国对华新冷战的阵营。美国在亚太的这些同盟关系是在旧冷战时期形成的，那时东方阵营的主角和美国的主要对手是苏联，与美国建立同盟关系的那些国家并不都是主要针对中国，美国要把旧冷战时期形成的同盟关系原封不动地全盘用于对华新冷战是有难度的。而且，旧冷战时期存在两个平行的世界市场，两个阵营成员之间的关系远没有现在这样密切，尤其是中国的经济影响力与当时相比已不可同日而语，所以，美国的传统盟友并不是美国对华新冷战阵营的天然成员。例如，泰国虽与美国有同盟关系，但它一直是中国的友好邻邦，要让泰国明确地加入对华新冷战阵营是不可想象的。再如，韩国是美国的重要盟国，但对韩国来说，韩美同盟的主要意义在于应对朝鲜和解决半岛问题。在美国打造亚太新冷战格局的情况下，韩国与中国的关系非但没有恶化反而还在加强。所以，对美国的传统盟友绝不能一概而论，美国虽然竭力拼凑对华新冷战阵营，但其结果恐怕只能是竹篮打水。第二，由于美国追求无限霸权，俄罗斯和朝鲜等国在旧冷战时期与美国的矛盾至今没有解决，他们或许也有意在中美之间寻求转圜空间，但与那些在中美之间采取均势政策的国家还是有很大区别的。其中，俄罗斯面临美国从欧洲、中东、亚太方向施加的巨大压力，随着北极的解冻，其来自北方的压力也将越来越大，这迫使它必然要稳定南方并寻求与中国的战略合作以在亚太阻止美国的扩张和日本的翻案，同时，从亚太方向牵制美国的全球部署。朝鲜更是如此，不管美国如何机关算尽地离间中朝关系，但只要它不改变为了扼制中国和称霸东亚而长期制造朝鲜半岛紧张局势、阻碍南北双方自主和平统一的政策，朝鲜就只能总体上和中国站在同一个战壕里。此外，印度需要在亚太牵制中国以缓解中国在印度洋和中印边境对其造成的所谓压力，并谋求更大国际战略空间，但只要中国不在印度洋采取霸权政策，印度与中国合作的一面就会大于对抗的一面。这是因为，美国在印度洋的霸权对印度来说更致命。

三、中国亚太战略思考

亚太是全球地缘政治重心，是中国开拓进取的主要方向，也是外部威胁的主要来源，而且亚太地缘政治格局正在发生二战以来最深刻复杂的变化，所以，亚太无疑应该成为中国全球地缘政治战略的重点。在亚太新旧格局交替的过渡期，不确定性和可塑性同时存在，特别需要我们以积极进取的主动态度推动亚太地缘政治格局向对我有利的方向发展。

第一，推动并主导东亚一体化。当前，美国及其全球霸权体系正处在逐步震荡走低的不可逆转的衰落和瓦解过程中。美国全球霸权崩溃后，很长一个时期内将不会出现全球性霸权，世界将呈现多中心的基本格局。几个主要大国连同以其为核心的周边区域将构成未来世界的若干力量中心。中国和以中国为核心的东亚无疑具有成为未来世界主要力量中心之一的潜力，而其实现的关键就在于中国能否推动并主导东亚一体化。对此，我们应注意以下几个问题。其一，由于并存中美等相互激烈争夺的大国而且国家间政治经济文化关系过于松散复杂，地理位置相距遥远，所以根本不可能以亚太为单位寻求一体化，而要积极推动东亚的一体化。同时，中国与北部和西部邻国的关系缺乏相应的条件，所以，东亚是中国发挥主导作用和构建力量中心的主要依托。其二，处理与周边尤其是东亚国家的关系是中国地缘政治战略的核心问题，必须突破外交工作中所谓"大国是关键"的认识障碍，抛弃"中美关系大局论"和"中美关系是重中之重"的思想束缚，坚决防止用中美关系绑架中国外交，切实把周边放在外交工作的首位。虽然中美矛盾是亚太地区地缘政治的主要矛盾，但美国的对华战略多是通过我周边国家实现的，在与美国进行战略较量时，中国更多的是直接面对周边国家，也就是说，中美矛盾的解决在很大程度上有赖于中国如何处理与周边国家的关系。其三，这里所说的东亚是包括东北亚和东南亚在内的整个东亚。中国既是东北亚国家又是东南亚国家，中国的地理条件使中国天然地成为东北亚和东南亚的纽带和整个东亚的中心。在推动东亚一体化的过程中应以大陆国家为重点，在加强大陆国家一体化的基础上向岛国辐射。其四，促进一体化不能只靠贸易，中国需从贸易、投资、生产、原料、能源、市场等方面统一考虑，形成以中国为中心的东亚完整产业链条和统一市场，使东亚各国经济命脉更紧密地相互联系起来，特别是与中国联系在一起。同时，把人民币国际化的重点放在东亚，积极促进人民币地区化，努力使人民币成为地区通用货币，而不必搞什么亚元。其五，积极探索解决东亚国家间政治和安全问题的地区机制，反对域外国家插手东亚事务，提倡东亚的事务由东亚国家自己来管。

第二，孤立打击极少数，团结争取大多数。尽管一些国家与中国存在这样那样的矛盾，对中国抱有或多或少的疑虑，但它们之间存在本质区别。日本的问题不仅是与中国存在领土主权矛盾，而是其出于建立东亚霸权的野心明确以中国为主要对手，必欲压倒中国而后快。同时，借美国扼制中国之机试图颠覆战后基本秩序，复活军国主义，彻底摧毁东亚和平的政治基础。鉴于日本强大的国力和先进的军事技术，特别是其根深蒂固的侵略性和进攻性，日本对中国和东亚造成的威胁格外具有危险性和系统性。中国要反对美国的扼制，首先要解决日本问题。为此，要继续坚持二战期间就日本问题做出的一系列决议和安排，捍卫其维护战后和平的政治基础地位，反对一切纵容鼓励日本军国主义复活的做法，对日本在美国庇护下未能全面落实战后安排的问题进行重新清算，对日本军事发展力量的限度重新进行明确规定，反对日本被美国一国操控，主张有关国家对日本进行共管，联合有关国家对日本的危险动向共同进行战略遏制，形成保护反法西斯战争胜利果实，反对军国主义的国际统一战线和政治、舆论氛围。此外，在经济上削弱日本，从根本上削弱其侵略扩张的能力。总之，不彻底管住和制服日本，中国的安全环境和东亚的和平稳定就没有基本保障，中日关系的改善和发展只能建立在新的政治和战略基础之上。与日本不同，绝大多数亚太国家都是中国可以团结和争取的对象。例如，越南虽与中国存在领海主权矛盾，但中越之间合作的一面大于对抗的一面，领海主权问题对两国都是局部性问题。中国需要在领海主权问题上与越南做坚决斗争，但同时要在经济和政治上加强与越南的团结合作，即在领海主权问题上打，在经济政治上拉，拉的一面大于打的一面，总的目的是团结而不是打压。菲律宾与越南不同，阿基诺三世政府比较彻底地投入美国怀抱，比较坚决地站在美国一边，甚至忘记被日本侵略的历史，支持日本推翻战后秩序，复活军国主义。但菲律宾国力弱小，难以对中国造成致命威胁和实质伤害，其危害主要是为美国扼制中国提供口实和军事立足点，为日本提供策应。但菲律宾现政权的政策与民众的意愿存在相当大的反差，菲律宾民众大多对殖民主义和霸权主义怀有戒心，阿基诺三世的对华政策能否被其继任者长期延续还有待观察。所以，我们一方面要对阿基诺政府的对华政策给予有力回击，一方面要加强对菲律宾民众的工作，促进民间友好，恩威并用，为将来菲律宾对华政策的改变奠定民意基础。此外，泰国、韩国虽为美国盟国，但其战略目标有限且并非以中国为敌，因而都是中国团结争取的对象，其他多数国家更自不待言。与以上国家不同，俄罗斯和朝鲜与中国存在更紧密的战略联系，这是因为俄中同为美国全球霸权的重要对手，朝鲜则是两国的战略门户。面对美国构建新冷战格局的图谋，我们一方面要瓦解，一方面要构建相应的战略阵营，软硬两手结合使用。与俄罗斯和朝鲜的战略联合将对美国和日本形成强大的牵制作用，对亚太战略形势将产生重大影响。为此，应特别注意发挥朝鲜的战略作用，改变美国一面利用朝鲜问题制造紧张局势，一面要求中国压朝鲜妥协让步的荒唐逻辑，帮助朝鲜发展壮大，用朝鲜牵制和平衡美日。同时，支持半岛北南双方排除外部干扰，实现自主和平统一。这样，美国阻挠半岛自主和平统一的真面目将彻底暴露在全体朝鲜人民面前，日本也将更加明确地成为北南双方的共同对手。总之，面对美国的军事同盟体系，中国没有理由单打独斗，必须建立相应的战略结构。

第三，向西太平洋扩展中国的安全屏障。近代以来，帝国主义侵略中国的主要途径就是西太平洋。直至今日，西太平洋仍然是中国外部威胁的主要方向。美国不仅把整个太平洋作为安全屏障，而且将其当作威胁中国安全的战略基地，这种极不对称的安全关系是中国受制于美国和战略被动的地缘政治根源。中国要取得对美国的战略主动权，就必须改变这种极不对称的地缘政治安全关系。和世界所有大国一样，中国的安全空间不能局限在国界以内。对于霸权主义的海洋强国，我们的立足点不是在海岸线上或领海以内阻挡它的进攻，因为这等于在自己家里打仗，打碎的都是自己的家当，对方当然毫无顾忌。我们必须立足于在国门之外建立坚不可摧的安全屏障，从而打消其侵犯、干涉、控制中国的意图。这就是说，西太平洋的安全形势必须改变。我们不谋求威胁和控制美国，不谋求控制整个太平洋，我们只追求有限的安全目标，即关岛以西的太平洋区域要成为中国的安全空间。为达到这个目的，需要致力于以下几项工作。其一，加强在西太平洋的军事存在。由陆基、海基、天基组成的三位一体军事力量要覆盖关岛以西的西太平洋地区，并逐步形成对美日的军事优势。这是一种区域性的优势，而不是全球性的整体和全面优势。由于我们的目标有限而美国的目标无限，美国的力量虽总体上强于中国，但分散并受到广泛牵制，再加上美国总体上在走下坡路，所以我们谋求区域性优势的目标并非遥不可及。其二，加快两岸统一的进程。台湾是中国面向太平洋的门户，又是连接东海和南海的枢纽，战略地位极其重要，一旦两岸统一，中国战略态势将极大改善。

近年来两岸关系明显改善，但台湾现政权并未将统一作为其政策目标，企图长期维持现状，其根本原因就是美日对台湾影响太大，使台湾一方面挣脱不出美日的束缚，一方面又将美日当作对抗大陆统一意志的靠山，从而在美日和大陆之间玩弄左右逢源的平衡术。所以，排除对台湾的外部干扰实在是实现统一的重要条件，而这极大地依赖大陆军事力量能否在台湾周围取得优势。同时，对台湾不可一味示好，大陆军事力量不能只作为威慑"台独"的最后手段，必须形成将台湾抱在怀中的战略态势。其三，控制钓鱼岛。钓鱼岛不仅事关中国主权、反法西斯胜利果实和战后秩序，也是日本干涉中国台湾和染指南海的地缘政治枢纽。中国控制钓鱼岛及其周围海域将在美日扼制中国的第一岛链上打开战略缺口，极大地改变日本和台湾的战略环境和地区战略态势，对排除对两岸统一的外部干扰具有重要战略意义。此外，冲绳原属琉球，系日本窃取之外国领土，美日将琉球私相授受严重违背几大国共同做出的战后安排。

总之，亚太地缘政治格局正在发生历史性演变，各种力量都将重新确定自己的位置，一个崭新的格局将在经历较长时间的尖锐斗争和剧烈动荡后形成。中国完全应该也有条件在其中发挥主动的积极作用，以促使这种演变向正确的方向发展。

作者为中国现代国际关系研究院战略研究中心副研究员

中国与东南亚国家双方认知落差造成战略互信受损

许利平

认知落差主要表现在：一些东南亚国家认为，中国有悠久的古代历史文化，但不能算现代先进国家，这种落差体造成东南亚国家对中国现代文化价值观不认同。中国是庞然大物的经济体，大肆向该地区倾销其产品，是其经济威胁；同时中国不断提高军费，在南海问题方面，是其军事威胁。体现在经济合作和安全合作方面，双方存在深度互信的缺失。而且中国的外交工作深入当地主流社会较浅，过度依靠当地华人开展外交工作，有时会曲解主流民意，造成某种战略误判。美国"重返亚太"和日本"价值观外交"加剧了中国与东南亚国家的合作困境。

东南亚是中国周边安全的重要依托，也是中国与周边自由贸易区建设的试验田，同时又是中国外交的优先方向。

随着中国的和平崛起，中国与东南亚国家的政治安全合作、经济贸易合作和社会人文交流现在呈现出全方位、多层次、高速度发展态势。同时，随着东盟一体化步伐加快，东南亚各国用一种身份，一个声音说话的趋势锐不可当，以前那种利用东南亚各国矛盾，"各个击破"的战术正受到严峻的挑战，而美国"重返亚太"和日本"价值观外交"加剧了这种挑战的力度。在此背景下，以往那种经略东南亚的粗放式战略越来越受到现实困境的掣肘。

首先，双方认知的落差扭曲了双方的实力，造成战略互信受损。现在中国与东南亚国家存在三大认知落差。

一是发展中国家与发达国家的落差。中国认为，我们拥有13亿人口，人均GDP较低，贫富差距较大，仍然属于发展中国家；而一些东南亚国家认为，中国的GDP已经是世界第二，并且拥有庞大的外汇储备和先进的航天技术，理应属于发达国家，按此逻辑，中国应该承担更多的国际责任与义务，向东南亚进行更多的投资，而不是相反。

二是世界文明古国与文化落后国的落差。中国认为，我们拥有5000年的悠久历史与灿烂文化，是东方文化的主要代表；而一些东南亚国家认为，中国的古代历史文化不能引领现代文化发展方向，不能算现代文化先进国家。这种落差体现在东南亚国家对中国现代文化价值观的不认同。

三是综合安全伙伴与综合安全威胁。中国认为，中国已经和绝大多数东南亚国家建立了伙伴关系，是东南亚国家的综合安全伙伴。而一些东南亚国家认为，中国是庞然大物的经济体，大肆向该地区倾销其产品，是其经济威胁；同时中国不断提高军费，在南海问题方面，是其军事威胁。此种落差体现在经济合作和安全合作方面，双方存在深度互信的缺失。

其次，中国中央政府与地方政府缺乏协调，使得对东南亚战略缺乏应有的效力，有时甚至破坏已建立起来的良好关系。中国地方政府出于拉动地方经济的需要，与东南亚有着各自的特殊利益。比如针对东南亚客商的经贸博览会，南方各省多有重叠，有时相互挖"墙角"，不利于中国整体利益保护。同时，一些地方政府利用边境地缘优势和产品优势，擅自开展符合自身利益的项目，而这些项目，从长远来看，是损害中国与这些国家的双边关系。

第三，顶层设计的项目有时"拍脑袋"，缺乏实地调研。我们在东南亚某些所谓大项目或大工程，往往是一厢情愿，并没有真正惠及当地的老百姓，而是落入到东南亚一些少数政客或中间商手中，结果造成"花钱多、办事难看"。

第四，外交工作深入当地主流社会较浅，局限于华人社会。东南亚是我国海外华人最集中的地方，也是海外华人经济最活跃的地方。华商作为世界经济的链条发挥着中国与东南亚经济合作的桥梁作用。但华人的作用代替不了外交工作，过度依靠当地华人开展外交工作，有时会曲解主流的民意，造成某种战略误判。

针对上述粗放式战略所造成的种种困境，现在是应该调整战略，向"接地气"的精细化战略转变，真正做到"亲、诚、惠、容"。

顶层设计要实事求是。针对东南亚战略的"顶层设计"不能好高骛远，脱离实际，而是应该立足于东南亚的具体国情，提出符合东南亚需求的，可操作性的"顶层设计"，而不是"躲在书斋里"撰写出来的"顶层设计"，更不是玩弄概念的"作文竞赛"。

底线思维要循序渐进。针对领土、安全等核心利益，中国应该坚持"底线思维"，即"不怕事，也不惹事"。但对一些以前的习惯性做法，需要循序渐进加以改变，而不是以底线思维为由，突然改变。对一些已存在的热点问题，比如南海问题，尽量维持现状，以海洋合作优先为主要方向，"以合促谈"，"以谈促和"，维护南海地区的基本稳定。

政治安全合作先易后难。政治安全合作的基础在于互信。而互信的路径在于感性互信和理性互信。感性互信，通过双方领导人建立起的个人友谊实现，而理性互信依赖于双边机制的建立。在当前形势下，领导人私人友谊建立可以通过经常性互访或会晤来实现，而安全合作则从低敏感度合作开始，先易后难。

经贸合作产业对接先行。中国与东南亚国家存在一定的产业竞争关系，一味地扩大贸易，有可能加剧贸易摩擦，不利于双边关系的发展。中国应该深入了解东南亚的具体产业布局，结合中国产业转移和企业走出去的战略，做好与东南亚的产业对接工作。良好的产业对接能够维持可持续的"双赢"发展，让中国的发展更好地惠及东南亚国家。

人文交流要润物细无声。国之交在于民相亲。人文交流是心与心交流，是双方价值观相互认同的重要途径。人文交流一方面需要政府营造氛围，提供资金支持，另一方面民间力量也要积极参与。无论是政府推动，还是民间参与，都要低调进行，不应大张旗鼓宣传造势，润物细无声的人文交流更有效，更具有生命力。

　　总而言之，中国目前所面临的周边环境更为复杂，以前那种粗放式的东南亚战略已经与时代的要求相距甚远，而立足实际、立体、多元的精细化的东南亚战略则是时代所需，人心所向。

作者为中国社科院亚太与全球战略研究院研究员

中国周边不稳定因素随经济增长而增加

肖　斌

冷战结束20多年来，中国对外经济关系的发展基本上实现了国家发展战略的目标，与周边国家的经济交往也越来越密切。在国家发展战略中只考虑发展对外经济关系，而忽略对外政治关系的发展，很显然这种方式是存在缺陷的。事实上，由于缺少在对外政治关系上的考虑，中国的对外经济关系已经出现了重大损失。

一、中国周边不稳定因素随经济增长而增加

"大国是关键、周边是首要、发展中国家是基础、多边是重要舞台"，这被普遍认为是中国外交的总体布局。但是在中国周边关系中，受国家发展战略影响，往往把发展全面对外经济关系作为重点，忽视了全面政治关系建设，以至于经济关系发展过快而政治关系发展脱节，对外政治关系难以满足对外经济关系的需要。目前，中国已完成了十一个五年国家规划，正在执行的是第十二个五年规划，全部都是对外经济合作方面的。例如，国家九五规划中对外经济的主题是"坚定不移地实行对外开放"；国家十五规划中对外经济的主题是"扩大对外开放，发展开放型经济"；国家十二五规划中对外经济的主题是"实施互利共赢的开放战略"。正在执行的国家十二五规划中对外经济的主题是"互利共赢提高对外开放水平"。从结果上来看，冷战结束20多年来，中国对外经济关系的发展基本上实现了国家发展战略

的目标，与周边国家的经济交往也越来越密切。在国家发展战略中只考虑发展对外经济关系，而忽略对外政治关系的发展，很显然这种方式是存在缺陷的。事实上，由于缺少在对外政治关系上的考虑，中国的对外经济关系已经出现了重大损失。例如，总投资36亿美元的缅甸"密松水电站事件"，表面上是因为中国企业没有考虑缅甸地方政府的利益，实际上与中国企业"只唯上不唯下"的投资习惯有关，而中国公司的投资习惯很大程度上受国内经营习惯影响。

二、中国外交缺乏国家战略

作为世界上邻国最多的国家，"与邻为善"、"与邻为伴"，"睦邻、安邻、亲邻和富邻"已成为中国政府外交方针的重要组成部分。为此，中国同绝大多数周边国家建立了不同类型的战略伙伴关系。仅2012年中国与周边国家高层互访100多起，与周边国家贸易额达到1.2万亿美元，与周边国家的人员交流达3500多万人次，与周边国家区域合作快速发展，中国—东盟自贸区、上海合作组织、中俄哈蒙阿尔泰国际协调委员会、中日韩自贸，中俄互市贸易区等。但是，影响中国周边关系稳定的因素依然存在。产生直接影响的有：

一是受单极体系的影响依然存在。自两极体系结束以来，单极体系已对国际政治发挥20多年的影响，至今也没有看到单极体系有衰落的迹象，单极体系依然会在较长时间内发挥作用。在国际体系的无政府状态下，实力—安全困境依然是国际关系的主要表现，即在一个缺乏规制的国际体系里，一国的实力的增加有可能提高其他国家对自己威胁认知的上升。为维持现状，霸权国有继续强化其干涉主义的可能性。

二是大国间关系存在着不确定性且在中国周边关系中发挥着主导性作用。虽然大国间争斗要弱于冷战时期，但大国间互信的基础依然较弱。同时，大部分中国的周边国家都与美国、俄罗斯等大国保持着结盟或程度不同的伙伴关系。例如，美日同盟、集体条约安全组织、越南与美国、俄罗斯的全面伙伴关系，等等。

三是领土和领海争议、跨界河流问题和历史遗留问题等依然是影响中国周边关系向好的障碍。除中国与部分周边国家有争议外，泰柬柏威夏古寺地区问题、克什米尔问题、朝鲜半岛问题、乌兹别克斯坦与塔吉克斯坦水资源问题，等等。

四是周边国家中的反华势力、民族分裂势力、宗教极端势力、国际恐怖主义依然有一定的影响力。例如日本的右翼组织，菲律宾的国际反共、反恐人民义勇军兼菲美友谊日委员会、印尼的伊斯兰教同盟、印度的"藏独"组织、"东突"组织、伊扎布特、伊斯兰传教团、基地组织，等等。

五是中国在发展国家实力过程中自身因素也存在着很多问题。自然资源不足，工业能力、军事实力、人口数量及质量、科技创新能力较低、国民士气散乱、外交素质低、国家文化缺乏吸引力，等等。

无论愿不愿意，在中国真正实现了崛起之前，影响周边关系不稳定的因素将随着中国的崛起会越来越多。因为，具备大国经济实力的国家终将成为大国，并将影响其外部环境发生深刻的变化。中国需要调整政策来应对越来越多的挑战。

三、中国应积极参与亚洲地区新均势

在无政府状态的国际关系中，为了追求国家安全的最大化，每个国家都通过不同的途径不断增强自身的实力，而国际政治的两难是残酷的，每个国家对安全的追求必然使其他国家变得不安全。国家总是为了财富和安全进行竞争，而竞争常常导致冲突。从历史上看，国家对相互之间权力关系的变化非常敏感。因此，随着中国的不断崛起，中国周边关系不稳定的因素将会越来越多，国家发展战略中协调发展对外政治关系已成为中国急需解决和重视的问题，而保持推动国际政治均势将是中国国家战略的优先选择。从发展趋势上来看，尽管单极体系将存在于相当长的时间里，但是国际政治容不得失衡的权力。中国的外部环境，尤其是周边环境正在发生变化，亚洲地区制衡中国的新均势即将成为新世界均势的一部分，中国无法阻止亚洲新均势的形成。为了能给中国赢得相对稳定的周边关系，中国可以因势利导，充分利用美国、日本、韩国、俄罗斯等国之间的矛盾，加速亚洲地区新均势的到来。

作者为中国社会科学院俄罗斯东欧中亚研究所研究员

参与中亚中东安全治理将考验中国域外治理能力

樊吉社

> 中亚是丝绸之路经济带的关键区域。如果阿富汗无法维持安全与稳定，恐怖主义影响可能外溢，直接影响我国毗邻阿富汗的新疆维吾尔自治区。中国积极参与中亚，包括阿富汗的安全治理不仅必要，而且可行。另外，中国对中东，除了能源依赖，中东新兴的伊斯兰国，其恐怖主义溢出效应可能向东传导。中国提出构建21世纪海上丝绸之路，中东安全形势的发展也将对这一战略的发展产生重要影响。中国要实施"一带一路"战略，保证能源供应安全、能源运输安全，参与中亚、中东的安全治理非常必要。而其治理效果将考验中国的域外治理能力。

我想谈两点内容：一是评估一下中国参与全球治理的能力，二是分析中国能够参与哪些安全治理。

首先评估一下中国参与全球治理的能力。过去10多年，中国在经济上迅速崛起，在国际问题上的影响随之显著上升。中国已经走向世界舞台中央，这大约没有多少疑问。要想评估中国在多大程度上能够参与国际问题的全球治理，首先需要评估一下中国参与全球治理的能力。我想借用著名国际政治学者K．J．霍尔斯蒂（K．J．Holsti）划分国际体系结构中主要行为体与次要行为体的标准，来评估中国参与全球治理的能力。

霍尔斯蒂提出了四个问题：一是哪个国家设定国际议程？二是通常情况下，哪些国家决定或者严重影响有关地区和全球性问题的讨价还价？三是哪些国家有能力塑造地区和全球性问题的解决方案，并且在极端情况下，在远离本土的地方通过使用武力强制执行这种解决方案？四是哪些国家的内政和外交政策具有最大的国外影响？根据这四个问题的答案大致可以确定国际体系的结构和分层，即哪个或者哪些国家是主要行为体，哪些国家是次要行为体。国际体系中的主要行为体能够塑造国际议程，能够确定地区和全球性问题的解决方案，并且能够推动这些解决方案的执行。

比照以上四个问题，可以判断中国参与全球治理的能力。随着中国影响的持续上升，与以前相比，中国已经深入介入并参与了国际事务的全球治理：中国已经能够参与设置某些国际议程，特别是哪些会影响中国重要利益的国际议程；中国有能力影响某些地区和全球性议题的讨价还价过程；中国有能力塑造某些地区和全球性议题的解决方案，但中国尚无足够的政治意愿或者能力强制执行相关问题的解决方案；以前中国的内政外交政策并不太引人注目，近年来国际社会愈来愈关注中国内政外交政策的变化和调整。比较有意思的是，最近几年国际媒体开始广泛报道中国国内政策的出台，国外从事政策研究的机构和学者开始仔细研读中国官方政策。虽然那些国外研究机构和学者对中国内政外交文件的"阅读理解"未必准确到位，但这至少表明中国内政外交已经备受关注，这是中国影响逐步增大的外在表现。

从中国与国际体系互动关系的历史演变，也可以观察到这些显著变化。在1971年10月中国恢复联合国的合法席位之前，中国基本上是西方主导的国际体系的"局外人"。从中国恢复在联合国的合法席位迄今，中国缓慢但已经全面融入现存国际体系，这个过程与中国改革开放同步。在20世纪80年代和90年代，中国无论民间还是官方，无论在政治还是经济领域，使用频率最高的词汇就是"与国际接轨"、"融入国际社会"。中国加入世贸组织是中国全面融入国际社会的标志性事件。中国经济的迅速发展、中国国际影响的快速上升也在同一时期出现。如今，中国逐渐完成了从国际体系的"局外人"到国际体系"玩家之一"，再到国际体系"主要玩家之一"的蜕变，中国的全球治理能力随之提升。

综合来看，中国在全球治理能力显著增加，在某些地区或者全球性议题的治理上具有较大影响和较强能力，在另外一些地区或者全球性议题的治理上影响和能力相对较弱。中国的这种状况相当于拥有多个单项冠军，但仍然不是全能冠军，这也决定了中国对全球安全治理的参与将是有选择的。

接下来分析一下中国能够参与哪些安全问题的全球治理。如前所述，中国全球影响和能力在上升，但依然较为有限，因此，中国只能参与那些与中国利益密切相关、中国有部分主导能力的地区和全球性安全问题的全球治理，而且这种治理应该是与其他国家合作的共同治理。如果从议题上划分，中国早已经参与了诸多地区和全球性议题的全球治理，例如防扩散问题、反恐怖主义问题、气候变化问题等。

如果从区域划分，中国有利益、有影响和有能力参与全球安全治理的区域大致位于亚洲各地区：东北亚、东南亚、中亚、西亚，这些地区都和中国密切相关，因此，中国参与全球安全治理实际上是泛亚地区安全治理。

第一是东北亚地区，特别是朝鲜半岛。东北亚的安全问题是朝鲜半岛能否维系和平与稳定、能否实现无核化。从历史上看，朝鲜半岛的变局与中国安全环境密切相关。1894年，日本侵略朝鲜，中日爆发甲午战争，中国战败，签署了丧权辱国的不平等条约《马关条约》，台湾岛及所有附属各岛屿、澎湖列岛被迫割让给日本。1950年，朝鲜战争爆发，中国在建国初期百废待兴之际被迫入朝作战，美国第七舰队进驻台湾海峡，中国战后复兴和统一大业被迫延迟。目前，全球范围的冷战已经结束20余年，但朝鲜半岛的冷战状态依然没有结束。朝鲜发展核武器为东北亚冷战架构的稳固提供了借口，虽然冷战已经结束多年，但美国和日韩的军事部署、军事合作未见减少。相关各国对朝鲜半岛核问题的治理已经历经10余年，迄今收效不大。朝鲜半岛目前是稳定的，但这种稳定潜含着危机。2010年的"天安舰"事件和延坪岛炮击几乎将朝鲜半岛再度引向军事冲突。未来，朝鲜半岛能否实现无核化、能否维持和平与稳定，甚至终结朝鲜半岛的冷战架构，这对东北亚的所有国家都是一个重大的挑战。中国是东北亚安全治理中的重要角色。此轮朝核危机爆发后，中国先是协调了三方会谈，而后为解决朝核问题承办了六方会谈，中国发挥了非常重要的"劝和"、"促谈"的作用。不仅如此，在朝鲜进行卫星发射和核试验后，中国作为非常重要的角色参与联合国框架下对朝核问题的应对。朝鲜半岛问题消耗了中国大量的外交资源，中国参与朝核问题的处理曾经有利于中国外交形象的塑造。朝核问题延宕不决，而且短期内解决的可能依然较小。但是，朝鲜半岛的未来以及朝核问题的解决方式将直接影响中国的安全环境、中国的国际形象，中国亦应转化在朝核问题上的"劝和"、"促谈"这种略显被动的定位，转为积极主动塑造朝鲜半岛未来的发展前景，培养自身的危机管控能力，以及合作或者协调进行危机管控的能力。唯此，中国才可能向亚洲各国和世界各国证明，在事关中国切身利益的地区安全问题上，中国不仅有意愿而且有能力主导问题的解决方向、解决方式。

第二是东南亚地区，特别是南海问题。中国迅速崛起，难免让周边国家，特别是东南亚国家产生不适感。东南亚这些国家感到压力是自然的，但这些国家与中国的海疆争议让它们感受到的压力转化成了对中国外来力量发展的忧虑乃至焦虑。正是这种状况让美国重返亚太获得了东南亚各国不同程度的唱和与支持，南海问题成了美国协调东南亚各国对中国施压的便利借口。

中国与周边国家的海疆争议已经持续很久，短期内也很难解决。如果当前的状况持续下去，而中国不去主导或者塑造南海问题的治理过程，南海问题将成为中国未来发展的障碍。因此，中国必须以更为主动和主导性的姿态参与南海问题的安全治理。

美国是影响南海问题解决的重要力量，但归根到底美国是南海问题的"域外"国家，南海问题的最终解决必将是中国与周边国家共同解决。由于南海问题的复杂性以及解决方式的局限性，当前稳定南海局势是必要的，也是可行的。只有通过中国的主动倡议将南海局势稳定下来，才可能留下足够的时间和空间缓慢经营一个符合各方利益的解决方案。

中国目前已经提出了多项与南海问题有关联的理念。宏观上，中共十八大报告明确提出，"要倡导人类命运共同体意识，在追求本国利益时兼顾他国合理关切，在谋求本国发展中促进各国共同发展"。原则上，中国在2013年召开了周边外交工作会议，习主席提出了周边外交的"亲、诚、惠、容"理念。不仅如此，中国还提出了21世纪海上丝绸之路的倡议。命运共同体、亲诚惠容、海上丝绸之路等理念和倡议可以运用于南海问题的解决，为南海问题的安全治理提供新的框架和思路。只有中国主动塑造南海局势，主动经营与东南亚各国的关系，中国与东南亚各国在南海问题上才能够真正实现"亚洲的事情，归根结底要靠亚洲人民办。亚洲的问题，归根结底要靠亚洲人民来处理。亚洲的安全，归根结底要靠亚洲人民来维护。亚洲人民有能力、有智慧通过加强合作，来实现亚洲和平稳定"。

第三是中亚地区，特别是阿富汗的稳定问题。阿富汗历来为大国博弈之地，苏联曾经入侵阿富汗，而后深陷阿富汗泥潭；美国在阿富汗打了10多年的反恐战争，最终难言胜利。目前，美国已经将在阿富汗作战的部队撤出，仅留下9800人参与阿富汗内部的安全与稳定的建设，为阿富汗政府军队提供帮助和协助，担任顾问。这些人员也将在2016年完全撤出阿富汗。美军完全撤出阿富汗后将产生怎样的影响？阿富汗政府有多大的能力维护本国的安全与稳定？阿富汗政府能否与塔列班实现政治和解？基地组织未来走向何方？这些问题的答案事关中国周边安全环境，甚至中国在西部和中亚地区合作打击三股势力、贩毒、跨国有组织犯罪的努力。

中亚对中国安全和发展的意义是双重的。阿富汗能否在美军完全撤出之后实现稳定对中国西部稳定有重要影响。如果阿富汗无法维持安全与稳定，塔列班甚至基地组织再度活跃，恐怖主义影响可能外溢，直接影响我国毗邻阿富汗的新疆维吾尔自治区。不仅如此，中国提出了丝绸之路经济带战略，旨在创造欧亚大陆经济整合的机遇。中亚显然是丝绸之路经济带的关键区域。中国积极参与中亚，包括阿富汗的安全治理不仅必要，而且可行。

中国参与中亚的安全治理可以通过多种方式实现。过去三十多年中，中国成功地实现了经济发展，但并没有牺牲国内稳定，阿富汗可以借鉴中国经济发展和治理的丰富经验。中国可以在联合国框架下，为阿富汗的稳定与发展做出贡献。中国也可与美欧等国共同合作，促进阿富汗的稳定与繁荣。上海合作组织更是中亚，包括阿富汗安全治理的恰当平台，中国应该发挥重要影响。

第四是中东地区。中东地区的不稳定由来已久，改革开放之前中国与中东国家间的关系以政治为主，经济关系并不突出。随着中国经济迅速发展，特别是过去十多年，中国与中东国家间的经济关系显著上升，而其中中国对中东的能源依赖日甚。与此同时，美国对中东的能源依赖日益减弱，一方面是因为美国多年来一致努力实现能源来源的多样化，另一方面是因为美国页岩气和页岩油的开发。中美对中东能源依赖的消长正在影响中东的安全治理。美国继从伊拉克撤军之后，现在又开始了与伊朗外交和解的进程。美国未来在中东问题上的政策弹性空间正逐步加大，中东对中国的重要性很可能慢慢超过对美国的重要性，因此，中国逐渐参与中东的安全治理势在必行。

除了能源依赖，中东新兴的伊斯兰国也将影响各地的反恐努力，其溢出效应也可能向东传导。另外，中国提出构建21世纪陆上丝绸之路，中东安全形势的发展也将对这一战略的发展产生重要影响。中国要实施"一带一路"战略，保证能源供应安全、能源运输安全，参与中东的安全治理非常必要。

概言之，亚洲这个四个地区是中国能够有所作为的地区，中国参与这些地区的安全治理并非始于今日，但中国未来很有必要加大参与力度，以确保中国在这些地区日益增加的国家政治、经济利益。

最后需要指出的是，中国参与全球安全治理与中国博弈新的战略机遇期是密切相关的。过去10多年中，中国经济得到迅速发展，关键在于中国充分把握了一个10年的战略机遇期。随着中国综合实力增强，中国更需要争取、博弈新的战略机遇期，以减少或者弱化中国进一步崛起的外部障碍，并培育中国参与国际事务的能力。当然，上述领域和地区的安全治理非中国一国能够完成，各国的协调与协作必不可少，因此，中国参与全球安全治理将是合作、参与。

作者为中国社会科学院美国研究所战略研究室主任

中国"亚投行"叩响全球治理改革大门

王天龙

目前，由美国等西方国家主导的IMF、世界银行和WTO的国际金融机构，是现行全球经济治理的重要支撑体系，加快成立能够反映自身利益和诉求的国际金融机构，已经成为新兴经济体国家的重要共识。中国倡议成立亚投行，是参与全球治理迈出的重要一步。

由中国倡议成立的"亚投行"和中国倡导推进的"一带一路"战略引起广泛关注，国内外有很多解读。笔者认为，"亚投行"和"一带一路"战略是中国当政者对当前国际政治经济形势的回应，在给中国发展带来巨大好处的同时，也将给全球经济治理和全球发展带来重要影响。

一、二十国集团（G20）影响力"褪色"

2008年发端于美国的金融危机爆发后，为合力应对危机，G20开始为世人瞩目，成为重要的国际经济合作平台。应该说，G20"发迹"，是危机推动的结果。但从目前情况看，G20更多是一个对话平台，机制化建设相对比较薄弱。随着金融危机渐行渐远，G20的全球影响力也正逐步褪色。

G20成立于1997年12月，其最初的设计是二十国财长和央行行长就财政政策和货币政策进行对话。2008年金融危机肆虐全球时，G20开始走向前台，规格逐步提高，变成由各国首脑和部长们就国际经济合作、宏观经济政策协调以及改革国际金融机构等重要问题进行协商的重要平台。

G20发挥更大作用反映了国际经济治理改革的正确方向。第二次世界大战后，布雷顿森林体系确立了之后延续几十年的国际经济治理体系，其基本结构是：美国主导，七国集团（后为八国集团，以下简称G7/G8）为协调平台，国际货币基金组织（IMF）、世界银行和世界贸易组织（WTO）为国际经济交往的三大支柱。

但是随着时代变化，这种治理结构和体系已经显示出其局限性，日益不适应全球经济发展形势的变化和需要。主要表现在以下三个方面：

第一，无法进行宏观经济政策协调。"布雷顿森林协定"在联合国框架下建立的IMF和世界银行两大国际合作机构，都没有协调宏观经济政策的职能。世界银行主要是给不发达国家提供项目建设的长期贷款，而IMF则为出现外贸逆差而有支付困难的发展中国家提供周转的短期贷款。全球需要一个能够协调各国宏观经济政策的平台和机制。

第二，现行全球经济治理不能充分反映新兴经济体的诉求。1986年，美国、英国、法国、德国、日本、意大利和加拿大七国财长和央行行长在东京开会，决定每年定期就经济形势和重要指标进行监督、磋商和政府协调，从而把七国集团的财长与央行行长会议机制化、制度化了。90年代G7增加了俄罗斯，成为G8。

但就宏观经济政策的合作来看，起作用的还是G7，是主要发达国家进行宏观经济政策合作的平台。但其明显的缺陷是缺乏代表性，在这样一个重要的全球经济治理平台中，没有新兴经济体的身影，而在发生危机等极端状况时，亦无法协调全球各方共同应对。

因此，在亚洲金融危机后，由G7发起成立G20，把重要的发展中国家和新兴经济体包括在内。G20给新兴经济体提供了发言平台，有助于新兴经济体国家参与国际经济规则制定，能够使国际经济治理改革向更加均衡合理的方向发展。

第三，全球性问题的增多呼唤更为广泛的全球合作。在经济全球化的大背景下，各国均致力于本国的宏观经济管理，但这不足以保证本国经济稳定发展，而且会影响全球经济效率。比如，在危机条件下，单个国家容易采取"以邻为壑"的政策，对经济复苏构成阻碍。此外，面对日益增多的全球性问题，如跨国金融监管、粮食和能源危机、传染病、气候变化等，也需要全球性的解决方案，迫切需要进行全球协调与合作。

过去二十年，特别是最近十多年，新兴经济体的经济实力逐渐增强，这也要求全球决策机制向着更加均衡的方向发展。G20主要成员国涵盖了主要发达经济体和新兴经济体，国民生产总值约占全世界的90%，人口约占三分之二，活动及影响具有全球意义。

因此，从发达经济体来说，解决国内的矛盾和危机，新兴经济体是可以借助的力量；对新兴经济体来说，也需要利用G20平台来应对危机，提高其在国际事务中的发言权和影响力，参与国际经济合作和规则制定，推动全球经济治理改革。而G20从财长和央行行长会议升格，则是危机推动的结果。比如第一次和第三次G20首脑峰会和财长及央行行长会议，就是应美国总统布什和奥巴马之邀在美国华盛顿和匹兹堡召开，第二次是应英国首相布朗之邀在伦敦召开，主要的目的是为共同应对经济金融危机。

虽然自2008年以来，G20已经取得了很大的成果，但是随着危机的影响逐渐消退，G20发挥作用也受到了很大制约。

首先，G20并没有从根本上触动现行的国际经济秩序，实际决策仍然由主要成员国谋划。G20是对旧有的全球经济治理体制进行修补，实际上国际经济格局并没有发生根本变化。美国的经济基础没有变化，国际经济交往规则仍由美国等西方国家主导，全球经济治理框架仍然是IMF、世界银行以及WTO，危机并没有造就出一个新的经济秩序。因此，G20在涉及重大国际经济议题时，如果与发达国家利益有冲突则难以取得有效进展，需对发达国家与新兴经济体的利益进行平衡。

其次，G20面临处理好与联合国及非成员国间的复杂关系。G20主要是解决国际经济问题，而联合国则侧重于政治安全事务。但是，随着G20的发展，也将不可避免地向其他议题拓展，从而与联合国的职能有重叠。同时，G20由19个成员国及欧盟组成，需要处理与非G20成员国的关系。尽管G20经济占全球经济近90%，但仍没有充分的代表性。全球有200多个国家与地区参与经济活动，G20在决策国际经济事务的同时，也削弱了其他国家的参与权，需要处理好与其他非成员国的关系。

再次，G20面临着比较严重的决策执行难的问题。宏观经济管理和政策涉及各国主权，很难能够进行行政式统一，只能在地区范围和全球范围内实行宏观经济政策的协调和合作，因而G20对成员国并没有强制约束力。加之成员规模相对庞大并且利益多元化，很难能够就某种共同计划达成一致意见。

因为缺乏施行决策的手段，即使成员国达成一致意见，也还面临着兑现承诺的问题，G20有成为"清谈俱乐部"的风险。IMF、世界银行和WTO是现行国际经济治理的重要支撑体系，从制度设置上，世界银行和IMF都由20多名执行董事作决策，并且设置了85%的绝对多数机制。美国持有超过15%的投票权，拥有事实上的一票否决权。

2010年年底，G20一致同意改革IMF，主要是扩大IMF的资本金一倍至约7200亿美元；发达国家向新兴市场国家转移超过6%的份额，以提升后者的投票权；欧洲向发展中国家转让其拥有的两个执行董事席位，这将提升以中国为代表的发展中国家在全球金融体系中的影响力。但是，美国国会一直拒绝批准上述改革方案，2015年年初，美国国会再次拒绝批准国际货币基金组织的改革方案，全球经济治理改革陷入尴尬境地。

二、"亚投行"叩响全球治理改革大门

在这样的大背景下，中国倡议成立亚洲基础设施投资银行（以下简称"亚投行"）。当然，亚投行在经济上是一笔明白账，对亚洲各国和中国经济发展都有很大好处。

首先，有利于促进亚洲经济繁荣，从而对中国经济发展有利。目前，全球经

济格局变化趋势日益明显，亚洲正在成为全球经济重心。未来能否利用好亚洲的经济机遇，也是中国经济发展的关键所在。加强基础设施建设，实现亚洲基础设施的互联互通，打造亚洲的大市场，将会继续释放亚洲经济的发展潜力。一些亚洲范围内跨国家的互联互通大型基建项目，比如"泛亚公路"、"泛亚铁路"等，也只有在多边开发机构的统筹协调和资金投入下才有可能实现。

其次，投资亚洲基础设施不仅能够提升亚洲福祉，也能够获得良好的经济回报。如何开拓更为广阔的需求市场，是全球经济和中国经济发展面临的一个主要矛盾和挑战。加大基础设施建设，不仅能够为经济发展提供动力基础，也具有深远的福利含义。亚洲基础设施建设，不仅有利于亚洲发展，提升亚洲各国人民福祉，也能够使得中国的产能优势得以充分发挥。

根据亚洲开发银行的统计，到2020年，亚洲各国国内基础设施投资合计约需8万亿美元，是难得的投资机会。中国在基础设施建设上具有比较强的实力和经验，能够给中国企业带来较好的投资回报。

再次，中国向亚洲分享发展红利，能够拉近与亚洲国家的感情。现在很多亚洲国家，同中国改革开放初期一样，面临着建设资金短缺，技术和经验缺乏的困境。中国目前是世界外汇储备最多的国家，资金相对充裕，积极主动地与亚洲国家分享发展红利，可以拉近彼此感情，提高区域影响力和凝聚力。

最后，亚投行开启金融新模式，有利于提高中国在区域金融中的地位和作用。随着中国经济在世界经济中的重要性增加，人民币国际化是挡不住的，但也急不得，未来中国在全球金融体系中发挥重要作用不可能"一步就位"，通过建立亚投行，逐步提高中国在区域金融发展与合作中的重要作用，更加有利于人民币"出海"。

从亚洲的实际情况来看，也需要亚投行的出现。现存亚洲多边开发机构，难以满足经济发展形势和经济治理的需要，需要创建新的机构，以更好地解决亚洲经济和中国经济发展中存在的问题。比如，创建于1966年的亚洲开发银行，由美国和日本主导，姑且不说美国战略东移以后，亚开行显示出的政治倾向，单就亚开行自身来说，经过多年发展，也已暮气沉沉，贷款发放标准不一，很多亚洲国家在这个体系下，难以融到所需要的发展资金。

当然，中国倡导成立的亚投行与世界银行、亚洲开发银行等多边开发机构性质上也有不同，在定位和功能上具有互补性。世行和亚开行主要致力于全球和区域范围内的减贫工作，而亚投行则是主要投资基础设施，为亚洲经济社会发展提供支持。

笔者认为，中国倡议成立亚投行，除了经济方面的考虑之外，更是对全球经济治理改革裹足不前的无奈选择，对推动全球经济治理改革进程有积极意义。

从当前全球经济治理的改革进程来看，主要发达国家的拒绝，特别是美国的态度，始终是不可逾越的鸿沟。因此，加快成立能够反映自身利益和诉求的国际金融机构，已经成为新兴经济体国家的重要共识，甚至很多欧洲国家也在积极支持推进改革。美国国会拒绝IMF改革方案后，国际货币基金组织总裁拉加德在2015年1月召开的IMF执行董事会上，开始讨论IMF改革的替代方案，研究如何在没有美国国会的批准下，推动落实改革方案。很多欧洲国家决策参与亚投行，成为创始成员国，也是重要的反映。

美国将采取何种态度面对亚投行，不仅关乎经济利益，也关乎全球经济治理改革进程和经济发展。从经济上看，美国积极参与亚投行是有很大好处的。经过多年发展，亚洲不仅正在成为全球重要的经济板块，更重要的是亚洲中产阶层正日益崛起，将形成具有巨大购买力的全球需求，是世界经济发展的机遇所在。

亚洲基础设施建设本身是很好的商机，会带来很好的经济收益。积极参与亚洲的经济建设，对美国实现其经济战略目标也有重要意义。为了利用亚洲的经济发展机遇，美国早早定下了"重返亚洲"的政策基调，希望能够搭亚洲经济发展的快车，实现其"出口倍增"目标。而消极对待亚洲发展，对美国并无好处，当然，美国提出要建立跨太平洋伙伴关系（TPP），但要看到，亚洲很多国家最大的制约是发展阶段的制约，很多国家都达不到的高标准，其他一些亚洲发展中国家可能也难以达到。美国在亚洲推进TPP，不容易也是这个方面。

从战略上看，在亚投行问题上，美国释放的信号可能至关重要。美国对抗中国和其他新兴经济体对全球经济治理的改革诉求，导致的最大后果，可能是进一步撕裂全球经济治理体系和规则，甚至全球化的趋势也会受到干扰，这将给世界带来深远的影响。

三、"一带一路"向世界贡献理念和智慧

不得不承认，亚投行只是个小舞台，规模不是很大，定位也比较专业，其外溢效应，更多是在给国际经济治理改革提供动力上。与亚投行相比，中国倡导并在国家层面积极推动的"一带一路"战略则更加恢宏。

很多观察家往往从"一带一路"战略对中国发展和外交的战略意义来进行解读。这毋庸置疑，"一带一路"蕴含巨大机遇，怎么强调都不过分。但笔者认为，仅把眼光放在国内或者放在经济效益上，多少还是降低了"一带一路"战略的格调。很多外媒则从"中国版马歇尔计划"和中国挑战美国主导的国际秩序来对"一带一路"进行解读，更是失之偏颇。

当然，不可否认，"一带一路"战略有中国当政者对当前国际政治经济形势，特别是对美国"亚洲再平衡"战略进行回应的因素。理论上，在亚洲建立普惠的亚太自贸区（FTAAP），对亚太地区各国有最大好处，但美国"重返亚太"后却执意搞太平洋伙伴关系（TPP）。虽然在表面上表示欢迎中国参加TPP谈判，但实际上却是努力把中国排除在外，这反映在TPP标准不透明，对不同的谈判国家标准不一并严格保密上。

因此，在因果关系上，正是美国咄咄逼人的TPP，激发了中国当政者的灵感和创意，提出了"一带一路"战略。正如很多人敏锐指出的那样，"一带一路"不好搞，甚至很多中国人也觉得很难搞，但这并不妨碍这一宏大战略所独具的对整个世界的重大意义。

那么，"一带一路"将给世界带来什么呢？笔者认为有以下四个方面：

第一，将继续有力地推动全球化进程。过去几十年间，席卷各国的全球化浪潮，使得全球政治、经济、文化快速融合，即使无需任何统计资料，我们也能够真切地感受到这种融合带给我们的巨大变化和好处。而从更大的视角来看，迅猛发展的全球化，深刻地改变了世界政治经济格局，主要是新兴经济体国家日益崛起。在过去的100年中，新兴经济体在世界经济中的比重大约为20%，而现在是30%，正在朝向40%的比例迈进，预计20年内，新兴经济体在世界经济中的份额可能会超过发达国家。

但是，2008年发端于美国的金融危机，燃起了很多西方国家的恐惧，它们认为，全球化让以中国为代表的新兴经济体也受益很多，于是出现了"反思"全球化，甚至逆全球化的观念与行动。突出表现在贸易问题上，发达国家收紧了对新兴经济体的贸易标准，甚至祭出了贸易保护主义大旗，也正是因此，以WTO为代表的多边贸易谈判举步维艰。而世界经济中出现的最新表象之一，就是出现了发达国家与新兴经济体国家的"脱钩"与走势分化，发达国家的经济增长没有像过去那样大力带动新兴经济体的增长。

在这种环境下，习近平主席提出了"一带一路"战略，中国打出了"捍卫全球化"的鲜艳旗帜。可以说，尽管面临地缘政治骚动，面临着反全球化观念的冲击，但中国没有选择独善其身，而是坚决地把由历史文化纽带相连的各国凝聚起来。"一带一路"涵盖60多个国家，加强这些国家的经贸交往与合作，无疑将极大地夯实全球化的战略基础，继续有力地推动全球化进程。

第二，将创造新的全球经济增长引擎。在这方面，我们可以看看欧洲的经验。过去几百年，欧洲大陆常常烽烟四起，两次世界大战均起源于欧洲，给欧洲人民带来了巨大的伤痛。怀抱着建立欧洲合众国的伟大理想，欧洲富有远见的政治家们提出了欧元和欧元区的设计蓝图。1999年欧元诞生，是世界政治经济中的大事件，从此欧洲告别了战火，迎来了和平与繁荣。

欧元诞生以来，维持了欧元区内价格稳定，加快了区域内资本流动，促进了欧元区的经济发展。在国际贸易中，随着欧元的采用，企业要打交道的不再是十多种不同的货币，而只是一种货币，大大降低了交易成本和货币汇率波动损失，有力地推动了国际贸易的发展。

繁荣富裕的欧元区，有利于各国继续发展对欧贸易，给大家都带来了极大好处。同时，一个和平稳定的欧洲对维护世界和平至关重要。随着欧洲一体化程度的加深，欧洲地区还将会保持长久和平，进而促进世界和平，给各国发展均创造了重要战略机遇。目前欧洲作为一个重要的经济板块，经济体量世界第一，是全球经济增长的稳定引擎。尽管发生了债务危机，但笔者相信欧洲还会走向更加紧密的一体化。

而"一带一路"，一头是活跃的东亚经济圈，一头是发达的欧洲经济圈，在中间的腹地地带，各国也都蕴含着繁荣的种子，潜力巨大。如果"一带一路"进展顺利，就会形成一个规模巨大的新经济地带，无论是人口规模、经济总量还是发展潜力，都是目前存在的各经济板块所无法比拟的，届时其将成为全球经济增长的"定海神针"。建设"一带一路"将会继续推动全球经济实现快速增长，而发展是解决贫困问题的钥匙，只有实现不断发展，才能够最有效地减少贫困，提升人民福祉。

第三，将缔造更加和平安全的世界。欧洲的经验表明，政治经济上的紧密合作，将带来长久的和平与安全。"一带一路"国家间利益关系错综复杂，传统安全和非传统安全形势都很严峻。建设"一带一路"不可回避的重要问题和安排之一，就是如何构建可持续的区域安全机制，这也是相关国家的现实需要，更是"一带一路"国家间开展更紧密经贸合作的迫切需要。

当然，经济上的利益交融，本身就是重要的自动安全机制。但另一方面，仍然需要在经贸合作的基础上，构建新的安全机制。习近平主席在"亚信会议"上提出了中国的"新安全观"，提倡坚持共同安全、合作安全、综合安全、可持续安全，这很可能成为"一带一路"安全机制建设的重要共识。

完全有理由相信，中国的新安全观，比传统的"军事联盟"安全观更有利于保障地区安全。因为军事联盟机制，往往是几个国家利用武力对付外来威胁而形成的一种正式联合，是基于战争需要而产生的一种合作模式。军事联盟机制排斥他国共同参与地区安全事务，其所追求的安全利益是单方面的绝对安全，不但无法实现平等包容、合作共赢，而且一旦有了假想敌的"战争"意识，离战争也就不远了。

因此，"一带一路"战略，离不开建立良好的共同、合作、综合、可持续的安全机制，离不开处理与主要大国的安全关系，还会促进重要海上和陆路通道安全的公共品供给，这些都将给区域和全球带来一个更加安全的未来。

作者为中国国际经济交流中心副研究员

打破东北亚安全困境：加快建设多边机制

王俊生

> 中国在东北亚地区的战略，短期内仍然会是"维护稳定"为主，主要原因在于该地区的安全困境短期内难以消失。和周边的东南亚、南亚、中亚这三个次区域相比，中国在东北亚地区安全上主要落后指标在于多边机制建设和多层面沟通上。要尽快重启六方会谈。六方会谈的意义不仅仅是为了促使朝鲜弃核，也是该地区多边机制的雏形。

一、东北亚安全与中国周边安全

在中国周边安全中，东北亚地区尤其重要。1. 中国的政治中心、经济中心都处于这一地区。人口也集中在这一地区；2. 美、日、俄等大国利益交汇和力量博弈在该地区也最为突出，这包括战略利益、政治利益、经济利益等；3. 两岸关系、朝鲜半岛、钓鱼岛等这些事关中国核心利益的问题也处于该地区。

正是因为该地区在中国周边安全中的特别重要性，中国政府对该地区也高度重视。习近平执政后第一个访问的国家俄罗斯就处于该地区。习近平主席2014年7月3日至4日对韩国的单独访问，和2014年8月21至22日对蒙古国的单独访问，也都处于该地区。

当前，中国在该地区的战略主要是追求和平与稳定的环境（"维稳"）为主，这个战略相对于其他次区域——也即东南亚、南亚、中亚，是相当保守与消极的战略。这主要原因就是由于该地区存在严重的安全困境。

二、东北亚安全困境的形成原因

东北亚相关各国均高度强调安全诉求，该地区安全困境也远远大于其他地区。究其原因首先由于该地区中、美、日、俄大国林立，而且亚太地区的几大热点问题——朝鲜半岛、钓鱼岛、两岸关系问题等，都处于这一地区。使得各国安全利益不仅牵一发而动全身，而且深刻影响到国际格局的变化走向。该地区大国小国对彼此的安全动向均高度关注并极为敏感。

其次，该地区的无政府状态远较其他地区突出，并与安全困境形成恶性循环，互为制约。"东北亚极低的一体化，才是整个东亚地区一体化和东亚经济圈整体竞争力的根本制约瓶颈，而东北亚一体化的制约瓶颈又根本在于安全困境问题。"[1]对于该地区多边机制建设，"东北亚国家力量格局和安全体系没有进一步改变的情况下，权力结构能够给该地区提供的多边安全合作空间十分有限，制度主导的自由主义仍然无法说明制度化程度很低的东北亚如何才能建立起安全制度对权力的有效制约"？[2]笔者也曾论证过目前在东北亚地区实际上并不存在多边安全机制建立的条件。[3]

再者，该地区部分国家间有效沟通效率不高甚至严重缺失。美日韩与朝鲜仍没有建立外交关系，双方无论是政治外交对话还是民间对话都极为缺乏，更不用说沟通的高效与准确。这不仅导致美日韩的对朝政策常常处于无效状态，也致使朝鲜屡屡错判外部形势，对外政策曾出现重大失误。尽管日本前驻华大使宫本雄二指出的"中日之间的问题有七成是基于误解和理解不足"[4]不免有夸大之词，但中日间受制

[1] 冯昆，《东北亚区域安全：困境、价值与前瞻》，《东北师大学报》（哲学社会科学版）2007 年第 2 期，第 47 页。

[2] 张东宁，《东北亚国家安全体系：从双边困境到多边合作的安全路径分析》，《东北亚论坛》2010 年第 2 期，第 62 页。

[3] 王俊生，《东北亚多边机制：进展与出路》，《世界经济与政治》2012 年第 12 期，第 53-75 页。

[4] 冯昭奎，《复交 40 年：中日关系中的美国因素》，《日本学刊》2012 年第 5 期，第 59 页。

于历史与领土争端，明显存在严重的对话缺失问题。日韩虽然同属美国盟友，但由于历史问题与领土争端，两国高层对话动辄就出现停滞。中韩则由于美国因素和朝鲜因素，两国对彼此"战略对手"的错误意向也时常出现，严重制约了对彼此意图的准确把握。

对于有关国家引导的安全困境，一方面美国霸权是该地区诸多安全困境形成的根本原因。[1]近年来，为了所谓的"担心中国挑战现状"、遏制中国崛起，并继续主导东北亚事务，美国强化了同日、韩的军事同盟，美日韩三边军事机制也得到实质性进展。为此，美国推动和利用朝鲜半岛和钓鱼岛问题的适度紧张。另一方面，日本安倍政府为了国内修宪扩军，不断通过"中国威胁论"、钓鱼岛、历史等问题刺激周边有关国家，旨在利用外部安全局势的紧张服务于国内政治目标[2]。

再有，该地区诸多安全困境与中国崛起越来越显示出部分程度的强关联性。尽管中国外交决策与国家整体发展战略越来越透明、越来越具有可预期性，但源于实力增长带来的安全困境不仅没得到自然舒缓，反而有所增强。中美在遏制与反遏制的矛盾上进一步加剧。日本很大程度上源于对中国崛起的不适应，接连挑起事端，两国关系处于建交来的低谷，仍然看不到出路。韩国所谓的"要利用与美国和日本的关系管理中国崛起"的声音在韩国战略界也颇有市场。中国本身并没有随着经济发展的巨大成功与国家实力的迅速增强而感到更加安全，反而周边矛盾出现频发期，根源就在于其他国家并非仅仅从中国的意图上判断中国走向，而更多是对中国实力增长表现出的不适应。

最后，该地区存在广泛的战略与安全利益冲突。区域内各大国战略利益存在较大冲突，"中美日俄四国间战略利益的结构性矛盾决定了它们在各自安全战略定位与选择上构成潜在冲突"[3]。美国的所谓"管理中国崛起"实为遏制中国，这与中国存在强烈战略分歧。美俄在争夺该地区影响力上存在竞争。中国不仅与日本存在地

---

[1] 黄凤志，《东北亚地区安全困境的多维透视》，《北华大学学报》（社会科学版）2006 年第 3 期，第 43 页。

[2] 朱听昌，《中国地缘安全环境中的"安全困境"问题解析》，《国际展望》2012 年第 3 期，第 47 页。

[3] 黄凤志、吕平，《中国东北亚地缘政治安全探析》，《现代国际关系》2011 年第 6 期，第 37 页。

区领导权之争，两国还存在历史与领土争端。日本与俄罗斯也存在领土争端。其他中小国家上，韩朝之间存在激烈敌对关系，双方与日本还存在领土与历史争端。朝鲜和美国存在冷战对峙。

三、中国未来在该地区的战略与具体政策选择

根据中国新的周边外交的需要，以及习近平政府迄今为止的外交特征，中国未来在该地区的战略，短期内仍然会是"维护稳定"为主，主要原因在于该地区的安全困境短期内难以消失。特别是以下因素的制约：1. 该地区美国因素最为突出。在中国周边中，美国的军事存在主要集中在该地区；2. 中日角力已成为结构性矛盾；3. 朝鲜半岛局势走向扑朔迷离，高度不确定性严重制约了中国在该地区追求更高的战略目标。但是中国中长期将向"经营稳定"转变。

在具体政策上，从国际范围内营造周边安全战略主要从五个方面入手：制度机制建设、多层面沟通、塑造经济等共同利益、相互妥协、管理安全利益冲突等。和中国周边其他三个次区域相比可见，在东北亚地区安全上主要落后指标在于多边机制建设和多层面沟通上。

就多边机制建设而言，东南亚国家早在1961年就成立了东南亚联盟；南亚有关国家1985年举行第一届首脑会议，宣布南亚区域合作联盟正式成立；中亚于1996年4月成立"上海五国"会晤机制，2001年6月签署《上海合作组织成立宣言》。东盟不仅致力于该地区经济一体化，也致力于安全一体化，并于1994年召开首届东盟地区论坛（ARF）。上海合作组织的主要目标在于维护和加强地区和平、安全与稳定，共同打击恐怖主义、分裂主义和极端主义。南亚区域合作联盟主要致力于农业、乡村发展、电讯、气象、科技与体育、邮政、交通、卫生与人口、文化与艺术等9个领域的合作，迄今取得的最大合作成果是"南亚特惠贸易安排（SAPTA）协定"的签署和实施。就多边机制建设缓解安全困境而言，东南亚显然领先于中亚，中亚领先于南亚。

在多层面沟通上，东南亚、南亚、中亚三个次区域内的国家均实现了外交关系正常化。中亚地区目前已建立起包括国家元首、总理、总检察长、安全会议秘书、外交部部长等会晤机制。东南亚国家不仅建立起成熟的首脑会议、外长会议、常务委员会、秘书处、专门委员会以及民间和半官方机构，还建立起经济部长会议以及其他部长会议，并定期举办东南亚运动会和东南亚足球锦标赛。南亚地区有成员国首脑会议、由各国外长组成的部长理事会、由各国外交秘书组成的常务委员会等。就多层面沟通而言，东南亚领先于中亚，中亚领先于南亚。

因此，中国未来在东北亚安全上的具体政策主要从两个方面入手：一方面将继续巩固和加强在塑造经济等共同利益、相互妥协、管理安全利益冲突等方面的努力；另一方面将会把"短板"尽量补上，也即是要加强多边机制建设和多层面沟通上。

具体而言，在塑造共同利益上，这方面在2014年习近平访问俄罗斯、韩国、蒙古国都有新的成果。中国在这方面有巨大的优势，下一步要继续推动，比如中日韩经济合作等。

相互妥协上，对于中国这么一个崛起中的大国来说对外妥协会越来越困难。但是在目前的情况下，该地区相关结构性问题必须通过相互妥协来进行解决。从大国崛起的经验与该地区的现实来看，一定程度的战略忍耐也是中国成功走向崛起的必经之路。这就需要：1. 国内政策统筹，舆论引导。在这方面，国家安全委员会的功能需要落实与加强；2. 与相关国家建立危机管理机制，避免危机扩大与失控。

在两个"短板"上，对于制度、机制建设，要看到该地区暂时并不具备建立多边安全机制的条件，因此：1. 该地区国家普遍参与的正式或非正式机制，中国应该进一步重视。比如，香格里拉对话、东亚峰会等。中国要有信心，以其实力与影响，参与能更好维护利益；2. 要尽快重启六方会谈。六方会谈的意义不仅仅是为了促使朝鲜弃核，也是该地区多边机制的雏形。

至于多边对话，中国与有关国家的显示出"两头强、中间弱"的特点，也即政府高层对话比较积极、普通民众交流（如旅游）也比较积极，但是智库对话显得不够。1．应该加强与有关国家之间的智库对话；2．各种三边或者多边智库对话也应积极推动。

作者为中国社科院亚太与全球战略研究院副研究员

中国对朝鲜"战略缓冲区"的矛盾与困境

梁云祥

> 如果仅仅从安全和实际的经济利益考虑，朝鲜对中国没有什么价值，反而常常是一个负面因素，即常常给中国的国家安全和国际形象带来负面影响。但历史上中国抗美援朝，至今中朝之间仍有友好互助同盟条约，如果现在任由美国改变朝鲜政权，那么可能整个抗美援朝的历史都需要反思。这在政治上会给中国政府带来很大的被动。所以中国不可能完全放弃朝鲜。中国需要像朝鲜这样给美国找麻烦的国家存在，这样可以适度减少美国对中国的政治压力。然而，在美日韩等国家来看，正是因为有中国的存在，即反对对朝实现严厉制裁和对朝鲜动武，朝鲜才敢不断地行走在战争边缘，不断地挑战国际社会。

朝鲜作为中国对美战略的一部分，即作为中国对美的战略缓冲区，是否存在，这其实涉及了中国的外交总体战略。正因为缺乏一个总体的战略，所以我们看到在面对朝鲜问题时中国外交的一些矛盾，或者说常常处于某种困境。比如在朝鲜问题上，现在就显得有些尴尬。在毛泽东时代，就是直接支持朝鲜，甚至可以为了朝鲜和美国打仗，这一政策不管对与错，当然还可以讨论，但是至少是清晰的，但是现在的朝鲜政策则比较模糊，既不支持朝鲜，比如坚决反对朝鲜拥有核武器，支持联合国安理会对朝鲜的制裁等，但是又明显地和美、日、韩的立场不同，反对严厉制裁朝鲜，尤其反对改变朝鲜政权等，在外界看起来中国似乎又在支持朝鲜，或者至少是因为有中国的存在及其对朝政策，才使得朝鲜能够不担心政权被颠覆，从而一而再再而三地进行核试验和挑战国际社会。在其他国家看起来，中国是可以影响朝鲜的最主要国家，但是其实朝鲜并不听中国的话，也丝毫不考虑中国的感受和利益，反而常常使中国处于非常矛盾和尴尬的境地。

在这种情形之下，要回答朝鲜是否是中国的战略缓冲地区这个问题，首先需要定位中美关系，也就是说如果中国与美国敌对关系是存在的，才有可能去谈中美两国是直接冲突还是需要一个缓冲地区的问题。如果现在也能够像20世纪七八十年代那时中美关系相对较好时候一样，两国有着相近或相同的战略利益和安全利益，那么我们选择和美国一样共同对付朝鲜就可以了，因为即使朝鲜政权改变和美国势力的增长也并不一定就是中国的利益损失。但是在如何看待美国的问题上，我们又是有矛盾的，比如说既要大谈中美新型大国关系，尤其和美国人在一起的时候，我们就说不想挑战美国主导的现有国际秩序，我们最多是对现有国际秩序的一些补充和修改；但是与此同时在国内私下谈到美国的时候，总是有一种声音在不断地强调"美国亡我之心不死"，在对待中国的问题上总是存在着各种"阴谋论"，当然中美之间也确实存在一些摩擦，比如说南海地区的争端等。这样给人们的印象是，我们同美国的关系并不好，我们在崛起过程中面临的主要对手就是美国，所以美国如何遏制我们，以及我们如何突破这一遏制，就成了中国外交考虑的主要问题。因此，首先需要定位中美关系，我们同美国究竟是一种合作的关系，还是最终要挑战美国以及和它摊牌。也就是说，首先要问我们自己究竟要做什么，如果我们仍然愿意生活在美国主导的国际秩序之下，那中美之间其实没有太大的竞争和冲突，当然也不需要所谓的战略缓冲，美国即使通过某种武力手段改变了朝鲜政权，对中国来说也没有多大利益损失，但是如果我们认为在中国崛起的过程中不可避免地要同美国发生竞争与冲突，那么这时候就有了所谓战略缓冲的问题，即在我们还没有能力同美国直接迎头相撞但是又不愿意接受美国主导国际政治秩序的情况下，中国就需要像朝鲜这样的战略缓冲国家或地区。长期以来，我们一直认为朝鲜就是中美之间的一个战略缓冲区，即正是因为有朝鲜的存在，所以美国不能直接对中国的安全构成威胁，60多年前的抗美援朝就是在这种观念的指导下进行的。其实，所谓战略缓冲可以有两种区分，一个是技术上的概念，一个是政治上的概念，过去我们为什么要支持朝鲜对抗美国呢，除去朝鲜是同中国具有相同社会主义意识形态的国家之外，在安全上也可以避免美国对中国的直接军事接触，美国即使想要进攻中国，也必须首先跨越朝鲜这一所谓的缓冲地区。但是在今天的高科技时代，技术意义上的缓冲区概念已经没有存在的价值，如果美国真想打，一个导弹就过来了，再有10个朝鲜都缓冲不了。但是既然如此，中国为什么还仍然难以完全放弃朝鲜呢？也就是说朝鲜作为政治意义上的缓冲地区的作用仍然存在。虽然朝鲜并不听中国的话，也常常给中国找很多麻烦，但是不管怎么说朝鲜是一个社会主义国家，在目前全球社会主义国家纷纷改弦更辙的情况下，中国并不愿意看到同样作为社会主义国家的朝鲜政权出现问题。而且历史上中国抗美援朝，至今中朝之间仍有友好互助同盟条约，如果现在中国任由美国改变朝鲜政权，那么可能整个抗美援朝的历史都需要重新反思。这样在政治上会给中国政府带来很大的被动，所以中国不可能完全放弃朝鲜，也就是说在政治上，朝鲜确实可以成为中国的一个缓冲区，中国既需要作为社会主义国家的朝鲜政权的存在，又需要有更多像朝鲜这样能够不断给美国找麻烦同时又对美国构成一些挑战的国家存在，这样至少就可以适度减少美国对中国的政治压力，甚至有可能成为中国同美国进行讨价还价的一张外交牌来使用。

正是因为存在这种所谓缓冲区理念的不同，所以中国的外交才显得很犹豫或者说处于某种困境。如果仅仅从安全和实际的经济利益考虑，朝鲜对中国而言没有什么价值，反而常常是一个负面影响因素，即常常给中国的国家安全和国际形象带来负面影响，因此就可能会得出结论，干脆和美国站在一起，以各种手段严厉制裁朝鲜直至其改变政策或者其政权改变，但是如果从政治上考虑又需要朝鲜的存在，从中美对抗的宏观战略来考虑，那么甚至更需要朝鲜的存在来牵制美国。目前，我们完全站在美国一边去对付朝鲜，似乎有点不情愿，但是如果像60多年前那样完全站在朝鲜一边，显然更不是中国的利益。所以，在谈朝鲜的缓冲区作用时，首先要将中美关系定位清楚。

第二个问题，即中国是否支持朝鲜半岛统一。在朝鲜半岛统一的问题上，没有哪一个国家会公开说不支持统一，中国同样也会在原则上表示愿意看到南北双方经过和平对话最终实现统一，但是并没有明确表示支持哪一方统一半岛。目前来看，中国对朝鲜半岛的基本政策是坚决反对朝鲜拥有核武器的同时，也坚决反对半岛出现任何动乱，更反对在半岛发生战争，因为一打仗，必然会出现大批难民问题以及还有核武器流失和核泄露的问题等。但是，在美日韩等国家来看，中国反对生乱生战的政策在一定程度上保护了朝鲜，即正是因为有中国的存在即坚决反对对朝实现严厉制裁和对朝鲜动武，朝鲜才敢不断地行走在战争边缘，不断地挑战国际社会。

作者为北京大学国际关系学院教授

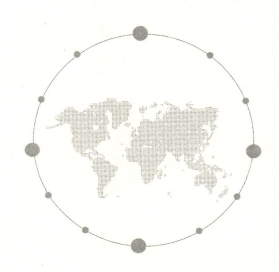

第四章

未来10年中美关系走向何方

变革的竞争

李稻葵

> 中美真正的竞争不在南海、不在人民币国际化、不在TPP，而在于谁能通过制度变革、根本解决国内问题。现代市场经济已经广为接受，成为中国政治经济思维的主流思想，但是必须要建立一套体制来精准调控。这一点德国是老师。当今中国社会的法律基础极其薄弱，舆论、道德、政治、人情都在阻碍着法律制度的运行。这就使得社会丧失了一个基本的"锚"。这一点美国是老师。执政精英必须有崇高的理想，这才能在社会上建立起公信，也才能从根本上保持其不腐败。这一点新加坡是老师。

当今世界，各主要文明体都面临着乱象与危机。本质上讲，世界上各主要文明体在进行一场竞赛，看谁能首先通过变革走出当前的困境。这一场竞赛的胜者将会是未来几十年乃至本世纪世界文明的领导者。中美尤其如此。中美真正的竞争不在南海、不在人民币国际化、不在TPP，而在于谁能通过制度变革、根本解决国内问题。美国当前乱象纷繁：总统大选异常嘈杂，街头和校园的群体性抗争不断发生。其基本原因是过去30多年来全球化发展对美国社会的冲击。美国必须建立一系列基本的、高效的社会福利制度，以此来稳定在全球化进程中失意的社会群体。这就必然要求在全球化进程中受益的一群人，尤其是华尔街，贡献更多的税收。美国联邦政府75%的税源来自个人所得税，但是个人所得税恰恰是美国收入差距拉大的一个重要来源，而不是缓解社会收入差距的稳定器。华尔街大佬的主要收入来源于资本增值，其税率仅为15%。与之相对，劳动所得的个人所得税税率动辄25%～30%，甚至更高，这显然是引发社会民众广泛不满的直接原因。在崇尚高度自由和独立精神的美国社会，一方面有天才型的企业家，如比尔·盖茨和乔布斯等；另一方面，却是流落街头、失去亲情呵护和社会安抚的低收入人群。这部分低收入人群往往得不到正式的工作，因为他们长期酗酒、吸毒，难以逾越大部分用工企业所设置的验血要求。政府必须承担起安抚医治这部分社会弱势群体的责任。美国的根本优势在于，法治深入人心。竞选的选情再闹、民众的抗议再广，一旦司法机构介入，社会各界基本是认同法院的判断，这是美国经济社会改革的基石。

欧洲的情况与美国几乎相反，那就是超额福利，政府财政支出一般占到GDP的40%左右，而政府开支的一半是用于社会福利。欧洲的主体，除德国之外，需要进行大规模的社会福利体制改革。德国之所以今日经济在全球经济一片低迷中仍然坚如磐石，根本原因是上个世纪90年代左派总理施罗德所推行的、右派所推崇的一揽子式的社会福利改革。

大规模的社会变革一般需要"形左实右"或者"形右实左"。美国今天需要一个以极右派面目出现的（如特朗普）总统，上台以后大刀阔斧地采取左派的改革方式，扶持弱势群体，完善基本社会保障，缓解社会矛盾。而欧洲大陆则需要当年德国式的左派政府上台，上台以后借助于广泛的民意大力推进右派式改革，这就是当年施罗德政府之所以成功的政治逻辑。

反观中国自己，也是矛盾重重，必须直面问题、创新思路，必须提出有别于改革开放前后30年的新思路。这套新思路至少应该包括以下三个方面。

第一，精准调控的现代市场经济。这一点德国是老师。现代市场经济已经广为接受，成为中国政治经济思维的主流思想，但是必须要建立一套体制来精准调控。在这方面，德国、新加坡的经验尤其值得借鉴。举例说来，在医疗制度方面，既要让药厂、医生、医院等主体的积极性被市场机制所调动，又不能完全让市场信马由缰，必须由政府精准地提出一套政策提供普惠性的基本医疗。再比如说房地产市场，其行为基础应该是市场经济，从开发商到物业管理、住户、二手房交易等，但政府的调控必须到位——既要保证中低收入家庭的基本住房需求，又要防止房价的大起大落。

第二，法制理念和体制必须生根发芽。这一点美国是老师。在美国任何重大的社会抗争，从白人阻止黑人上学，到黑人在地方法院遭遇不合理判决后的骚乱；从占领华尔街运动到戈尔与小布什的总统竞选之争，只要上升到法律层面并有司法系统介入，绝大多数民众都能接受。当今中国社会的法律基础极其薄弱，舆论、道德、政治、人情都在阻碍着法律制度的运行。这就使得社会丧失了一个基本的"锚"。香港社会在过去两年中发生的悲剧，恰恰是因为法制的普世观的丧失，明显犯法的行为和个人无法得到惩治。第三必须建立一群有理想的、受约束、被激励的执政精英。在此，新加坡是老师。执政精英必须有崇高的理想，这才能在社会上建立起公信，也才能从根本上保持其不腐败。同时有理想的执政精英必须受到约束和激励，必须让其业绩与其得到个人利益相匹配。光靠"讲理想"是不可能长期可持续地集聚起一群执政精英；反过来，光靠制度约束和激励也不可能维持一群有理想执政群体。有理想、受约束、被激励并不矛盾。

如果中国的改革能在以上三个方面取得实质性进展，中国将没有任何悬念地实现经济社会等各个方面的现代化，中国综合国力也将在全世界名列前茅。中华文明的号召力也将在全世界范围内再上台阶。中国的国际地位将会随之上升。中美当今竞争的格局将会彻底地改变。

作者为清华大学中国与世界经济研究中心主任，《中国与世界经济观察》主编

中国调整周边外交战略制衡美国

李 文

中国周边外交战略不再谋求依靠发展经贸而回避主权争端的做法，而是根据时代发展潮流和国家根本利益，在国际社会争取与我国综合国力和国际影响相一致的地位。我国主动倡议与美国共建以"不冲突、不对抗，相互尊重、合作共赢"为基本特征新型大国关系。中国周边地区在全球范围内汇集和聚焦多种重大关系，是世界主要大国谋求自身利益的重要场所。

无论从地理方位、自然环境，还是从相互关系看，周边对我国都具有极为重要的战略意义，是我国走向大国之路的"战略依托带"。

一、中升美降，中进美退

中国周边地区国际关系架构与形势的变化，突出表现在美国的战略重点由改变中国，转向应对中国的崛起与挑战，以维护其在亚太地区的主导地位和利益。通过"亚洲再平衡战略"，加大对中国周边的投入，主动构建应对中国的网络。日本、菲律宾等国家为将自身利益最大化，积极响应美国的号召，形成对付中国的"准共识"，催生复杂的"准结盟"势力。

在"中美博弈更加激烈，双方势均力敌，甚至中国略处下风"的历史表象背后，掩盖了双方之间只是"软对立"而非"硬对硬"，以及"中升美降、中进美退"的本质和趋势。美国对中国"再平衡"，其用意无非在于证明自己还是当今世界，尤其是亚太地区的"老大"。

乌克兰危机加剧之后，尽管美国和欧盟坚决反对，克里米亚还是经过全民公决加入俄罗斯；美国对俄罗斯的无能为力，进一步显现了世界霸权地位的动摇。

二、北热南暖，西温东冷

中俄关系发展亮点纷呈。习近平主席首次出访就选择俄罗斯，双方在朝鲜半岛局势、叙利亚、伊朗核等重大问题上密切协调配合，发挥了关键作用。中俄关系已成为当前中国层次最高、基础最牢、内涵最丰富、最具地区和全球影响力的战略伙伴关系。

中国与东南亚国家的关系多层面、全方位地获得快速发展。中国愿同东盟国家发展好海洋合作伙伴关系，共同建设21世纪"海上丝绸之路"。"海上丝绸之路"主要体现在新理念和新共识，包括探讨签署中国—东盟国家睦邻友好合作条约、加强安全领域交流与合作、筹建亚洲基础设施投资银行、加强基础文化建设、优先发展海上互联互通等。

打造中国—东盟自贸区升级版，是中国新一届领导班子就加强中国—东盟合作的又一重要表态。2020年，中国与东盟双边贸易额有望提升到1万亿美元。

中印关系出现明显转暖。中方视印度为战略合作伙伴，真心希望同印度一道，抓住机遇，排除干扰，携手合作，实现和平发展，推动中印战略合作伙伴关系迈上新台阶。

三、对外关系的基本理念和发展方向

中国周边外交战略不再谋求依靠发展经贸而回避主权争端的做法，而是根据时代发展潮流和国家根本利益，在国际社会争取与我国综合国力和国际影响相一致的地位。我国主动倡议与美国共建以"不冲突、不对抗，相互尊重、合作共赢"为基本特征新型大国关系。

　　加强与周边国家友好合作，建设命运共同体。继同俄罗斯、巴基斯坦之后，目前我国正在积极推动同东盟签订睦邻友好合作条约。李克强总理在亚太地区首次倡议建立东亚安全架构，既表明我国在地区安全问题上设置议题能力的提升，也表明我国将更加积极主动地承担地区安全责任。

　　　　　　　　作者为中国社会科学院亚太与全球战略研究院副院长

中国应避开美国锋芒推进"西进"战略

陈绍锋

> 在战术上，中国需要避开美国的锋芒，不能与美国或其盟友搞军备竞赛，不谋求在东亚把美国挤出去；但在经济议题上，我们可以大胆精进。在这点上，"西进"战略在战术上比"南进"战略更有成功的可能。如建立中国—中亚自由贸易区并打造西北能源通道；加快与欧盟建立自贸区；发展与印度的关系，与南亚建立自贸区；选择性发展与中东国家的经贸关系等。

　　思考中国的对外战略，特别是周边战略，我想一要根据我国长远的国家利益来确定中国的战略目标，二要厘清对手的利益关切次序，三要把握好我们自己的资源和工具。首先，关于战略目标的设定，中国的周边战略更应该服务于促进中国经济可持续发展的目标，利用现有国际体系的机制来促进我国的经济发展和转型，并为此争取和营造良好的外部环境，为实现中国和平崛起奠定基础。

　　其次，中国的最主要对手是美国，而美国的目标很明确：20世纪是美国世纪，21世纪还是美国世纪。围绕这一总目标，美国在亚太地区的首要目标也很明确，即防止出现一个能挑战和威胁美国霸权地位和战略利益的地区霸权国家，强化其在亚太地区的主导权。为此，美国公开介入地区领土纠纷，把兵力向亚太地区集中，频繁举行联合军演，并大力加强与盟国的关系，形成对中国合纵围堵之势。美国"重返亚太"战略本身即意味着其战略重心放在亚太，而非亚太的中国周边地区则并非其中心利益所在。在亚太地区，美日同盟是其亚太战略的基石，可以说，东北亚是美国关注的重中之重，而东南亚则相对是美国亚太战略的短板，在小布什时代尤为如此，奥巴马力图加以弥补强化。

美国"重返亚太"战略提出之时强调美国军力的重新部署及加强与盟国的军事合作关系，后来虽提出TPP欲图从经济和军事两方面来实施这一战略，但这一战略的重心实际上仍然是安全领域，主要针对的是中国军力的上升。安全领域中"零和博弈"的思维是中国与美国及周边国家的主色调，而在经济领域，"非零和博弈"占主导，且在经济领域要运用TPP达到孤立中国的目的也难以成功。故此安全议题依然是美国最重要的战略关切，而经济议题则次之。因此，在战术上，中国需要避开美国的锋芒，不能与美国或其盟友搞军备竞赛，不谋求在东亚把美国挤出去；但在经济议题上，我们可以大胆精进。在这点上，"西进"战略在战术上的确比"南进"战略更有成功的可能。

再次，尽管中国可能可以打很多牌，但不可否认的是，中国实施周边战略的优势仍然在经济牌。应对领土争端和美国的"亚太再平衡"，中国要么是实施对抗性的反制措施，要么是进行合作性的反制和平衡，即通过共同承担区域或者国际责任来达成。前者体现为美苏之间的争霸，后者的范例是英美之间实现了霸权的和平转移。对中国而言，实施周边战略的优势仍然在经济牌。在军事方面，一则我们没有这样的军事和盟友实力与美国对抗，二则一旦对领土争议国邻国诉诸战端，那不仅将坐实"中国威胁论"，而且将再次打断中国的现代化进程，阻断中国的崛起。

也有学者怀疑美国是否真的愿意为了几块"破石头"出兵帮其亚太盟国而跟中国发生军事对抗。这当然值得研究。可以预见的是，当美国面临这样的抉择时，其国内必定会有激烈的争论。但笔者认为，将中国的战略寄托在这样的赌局是可笑的。出不出兵事关美国的信誉，事关美国遍布全球的联盟体系，而联盟体系是维系美国全球霸权的基础，除非美国甘愿放弃其霸权，否则美国没有理由不进行干预。

而在经济方面，市场竞争、开放贸易和区域经济合作是现有体系广为接受和运用的机制，中国可以运用这些机制促进与周边国家的贸易往来和相互经济依赖，再借此增进政治互信，还可以增强中国在未来相关领土问题谈判中的筹码。

也有学者指出：中国过去对一些周边国家和地区的让利并没有换来它们与中国政治关系的改善，"去美国化"并没有在中国周边发生。首先，笔者同意打经济牌并不意味着在经贸合作中一味地让利让步，这样反而更容易引起对方的疑虑。其次，我们需要反思的是，中国是否真的希望在周边"去美国化"？"去美国化"是否完全符合中国的利益？第三，需要指出的是，中国作为一个大国，其崛起本身就足以令邻国畏惧，跟让不让利并没有关系；第四，同样我们还得思考，中国能让得起利，但这个"利"是如何来的呢？最后，如果中国的经济形态一直处于代加工阶段，用廉价品参与国际竞争，这样跟邻近国家有类似的经济形态，包括东南亚这些国家，那么周边国家是难以消除对中国的战略猜疑，也难以实现与邻为善。因此，在三期叠加的关键时期，即增长速度换挡期、结构调整阵痛期、前期刺激政策消化期，中国也需要进一步通过外在压力来推进国内产业升级。

根据上述分析，确立中国外交战略总的原则：其一，中国可以对美国亮出自己的底线，在坚持底线的基础上，需要管控危机。为了管控危机，要让美国充分认识到爆发冲突的危险性，必要的时候运用议题联系战略，迫使美国对其盟国的行为进行约束。其二，中国需要继续做强实力，坚持与我国力相称的国防建设。实际上，这与本文所强调的合作方式并不矛盾。尽管中国过去几年国防开支增长迅速，但美国并没有着力反对，只是要求中国增加军事透明度，中美两军的交流反而在近年来更为频繁。其三，中国外交需要各方向齐头并进，而不是偏重哪个方向和地区。在这三条原则基础上，进一步利用现有的国际机制夯实合作的基础。

当前，在中国周边存在不同类型的区域合作机制和平台，主要可以划分为安全机制和经济合作机制。如同形成国家间关系和区域局势的两根柱子，这两类机制相互影响，并且各存在一定的层次，实现的难度程度不一。理想的状态是这两根柱子均衡发展、相互加强，但也需考虑其中的成本和风险。

根据上述原则，既有的经济合作机制应当继续深化；没有经济合作机制或该机制很弱的区域，如上合组织，应该补齐或者得到强化；同样的，没有安全机制的区域如中国与东盟应该补齐。二者都没有的（如欧洲、中东和南亚），那么应该先从经济合作机制（自贸区）入手。当然，考虑到风险和成本，中国可以深化与海合会的经贸合作，但需慎重考虑不要过于卷入中东政治冲突。分区域考虑：

第一，深化当前存在的区域经济合作机制，特别是推动中国—东盟自贸区向更高层次的经济一体化。同时，巩固和加强与东盟的互信机制。在加强中国与东盟经济往来的同时，也应该开始思考和建设中国与东盟安全合作机制这根柱子，重视增强政治上的互信和发展安全方面的合作。在南海问题上，可以考虑与其他声索国建立一个合作管理的制度，内容包括开发石油和天然气、渔业管理、海事安全、海洋科学研究、和谐海洋秩序及保留和保护海洋环境；同时可以考虑通过多边谈判探索解决南海争端的可能性。尽管迄今中国仍然坚持通过与其他声索国的双边谈判来解决争端，但不管是否愿意承认，美国、东盟乃至其他大国在南海是客观的存在，而且有它们的利益关切，一味地反对多边谈判并无助于问题的解决，反而使中国陷入更大的被动。多边谈判并不一定使中国陷于劣势，毕竟东盟各成员国也不是铁板一块。

第二，倡导建设亚太经合组织成员国之间的超型自由贸易区，并推进RCEP以及与其他主要经济体的自贸区建设，借此消除TPP对我之不利影响。

第三，探索建立中国—中亚自由贸易区并打造西北能源通道。在安全局势得以稳定，发展问题日益成为本区域关注点的情势下，上合组织应将更多的工作重心转向经济合作。建立中国—中亚自由贸易区和打造西北能源通道有助于这一转型。中亚地区不仅自然资源丰富，而且是联系亚欧并促进两大洲开展经济合作往来的重要枢纽。中国和中亚地区在地缘的邻近性、民族的相通性、政策的开放性和经济的互补性等方面的特点，都为建立中国—中亚自由贸易区提供了现实的基础和条件。我国有必要充分利用西北地区以及西部邻近国家的能源资源优势，按照通道建设与基地建设并举、通道和基地建设与区域发展相互促进、能源通道与经贸通道相互衔接、境内资源与境外资源互补、中外能源合作促进各国共同发展、通道建设与环境保护并重的原则，发展西北能源通道。

第四，加快与欧盟建立自贸区。欧洲在地理上并不与我国相邻，在安全方面双方并没有直接的利益冲突。而中国需要欧洲在很多国际问题上对美国形成一定的制衡；美国与欧洲目前仍然保持对华的武器禁运政策，中国需要打破封锁，而欧洲更有可能成为突破口。为了满足我国的安全战略需求，中国可以从经济上入手，甚至可以在经济上做出一定的牺牲。为了促进经济增长，尽快走出危机，欧洲积极与区域外国家建立自贸区，特别是与美国和日本。而日本亦表示愿意加入美国主导的TPP。欧盟、美国和日本作为中国三大重要出口市场和海外投资来源地，自贸区所产生的贸易转移将对我国的出口造成很大的冲击。面对这种局势，中国应尽快采取主动，选择与欧盟开展自由贸易区谈判。从双边经贸关系紧密程度、我国自贸区开展战略以及当前世界各国双边一体化合作的进程来看，选择与欧盟开展自由贸易区谈判的政策选择和安排是合理的，其在实施上具备一定程度的可行性。

第五，软硬两手发展与印度的关系，与南亚建立自贸区。在软的方面，中国应该从安全和经济机制建设两方面着手，一是可以考虑加入南亚区域合作联盟，或与南亚国家建立自由贸易区，扩大双边的贸易和投资交流。为提高可操作性，可以先与部分南亚国家建立自由贸易区。二是针对领土问题的敏感性，可以考虑在双方存在领土争议的地区建立共管区或者互免签证的旅游区。在硬的方面，印度一直将南亚和印度洋视为自己独占的势力范围，中国可以利用南亚其他国家对印度的戒备心理靠近这些国家。中国通过贸易、援助、贷款和投资，更为积极主动地进入次大陆市场，并且借双边条约和合作改善与所有南亚国家的关系。中国还参与大型基础设施项目，深化与这些国家的合作。中国可以继续努力，争取与南盟建立自贸区。

第六，选择性发展与中东国家的经贸关系。鉴于中东地区的复杂性，以及与国内民族问题的相互牵扯，中国可以与不同的中东国家进行经贸往来，特别是除伊朗、叙利亚外的其他阿拉伯国家合作，可与海湾阿拉伯国家合作委员会推动自贸区的建设，但是，中国应规避在政治、安全问题上卷入太深。

第七，进一步发展次区域经济合作机制。次区域合作机制主要在我国一些边疆地区，并形成了东、南、西分布的格局。在东面有吉林与东北亚图们江次区域合作；在西南面有云南和广西与东南亚大湄公河次区域合作；在西北面有新疆与中亚国家次区域合作。在这些次区域合作中，属大湄公河次区域合作成效最为显著。未来应推动这些次区域合作形成具有本地区特色的产业集群；充分利用不同国家和地区经济发展阶段的多层次性以及产品结构的互补性，形成梯度发展模式，较发达区域可以拓展发展空间，转移夕阳产业，加速产业升级，实现可持续发展，较落后地区则可以通过承接产业转移，加快工业化进程。

作者为北京大学国际关系学院副教授

中国市场经济不能套用美国模式

景跃进

人类文明的继续发展必须建立在市场经济的基础上，对市场经济弊端的补救需要发挥政府的作用，但是政府本身也会导致新的问题。一方面带来了政府过多干涉、权钱交易、官本位及官僚主义等弊端，另一方面应当发挥其中所蕴含的政治潜能，以驾驭和规训市场经济。市场经济类型的多样性，诸如以美国为代表的自由主义模式，德国和北欧等国实行的社会市场模式，法国和日本的政府管理导向模式等。用美国模式来期待中国未来的市场经济显然是不合适的。

从全球角度看，20世纪人类社会在基本制度的选择方面存在着两个大的竞争：一是经济领域内，围绕着市场经济和计划经济的竞争；二是政治领域内，西方自由民主制与社会主义政治制度的竞争。这两种竞争不是抽象的东西，它们与我们的日常生活联系在一起。

市场经济和计划经济的历史之争，邓小平1992年给它画了一个句号。就此，计划经济体制退出了历史舞台，尽管作为一种政府调节经济活动的手段，计划还会以这种或那种方式存在，但是作为一种经济体制，它已经走到了生命的尽头。在制度优势的比较中，不同的国家/地区最终都选择了市场经济。在这个意义上，传统社会主义已不复存在，我们现在将自己定位在具有中国特色的社会主义。就此而言，说"历史的终结"也许有那么一点道理。

当然，所谓"历史的终结"并不意味着市场经济的"大同"。恰恰相反，市场经济与计划经济的对峙一旦消失，市场经济内部的差异性即刻显突了出来。我们发现，在计划经济与市场经济相对立的传统位置上，出现了新的功能替代物——政府与市场。如何处理这对关系，并无标准的模式，因为它深嵌于特定社会的文化传统与社会结构之中。比较政治经济学为我们揭示了市场经济类型的多样性，诸如以美国为代表的自由主义模式，德国和北欧等国实行的社会市场模式，法国和日本的政府管理导向模式等。这表明，市场经济并不存在放之四海而皆准的"标准版本"。考虑到中国的历史文化传统以及半个多世纪的社会主义实践，用美国模式来期待中国未来的市场经济显然是不合适的。这就提出了一系列新的问题，例如，正在建构的具有中国特色的社会主义市场经济，将是一种怎样的类型？中国将如何处置政府与市场的关系？在利用市场机制的同时，如何驾驭市场经济？如何在国家（政府）、市场和社会之间取得符合中国国情的平衡方式？这些议题都具有高度的开放性，至少目前是如此。在这个意义上，无论是全球层次，还是中国语境，原有历史的终结都意味着另一种历史的开始。至少2008年的金融危机表明，人类对于市场经济性质和功能的认识还远远没有终结。

与经济领域相比，政治制度方面的竞争呈现出一种颇为复杂的格局。世界范围的第三波民主化浪潮、前苏联和东欧社会主义国家的政权崩溃或转型，曾使不少人以为，西风不但压倒了东风，而且将吹遍全球，西方的自由民主制正在成为这个星球上人们的唯一选择。然而，风易转向，飘忽不定。一些经历了第三波民主化浪潮的国家/地区在治理绩效方面表现得并不理想，更别提那些陷入动乱泥淖的失败国家；政治转型后的许多前社会主义国家也是困难重重；在西方民主阵营中，那些饱受福利危机和金融危机严重打击的国家，也在世人面前展现出了通常被忽视的另一面相。相比之下，中国虽然一直面临着各种类型的巨大压力，但既有体制表现出了很强的适应性和调适能力，在改革开放过程中不断"与时俱进"，取得了举世瞩目的成就。应当承认，中国能够成为当今世界第二大经济实体，与我们发挥自身政治制度的优势，（同时）实行政治体制改革是分不开的。值得关注的是，中共十八大履职的新一代领导集体提出"中国梦"和国家治理现代化的目标，欲求在新的维度上进一步完善和发展既有体制。在这个意义上，政治制度之间的竞争，或者用更具包容性的话语来表达，人类社会在探索政治制度的道路上，历史远未终结。

简言之，在两场历史性的竞争赛中，中国成为一个非常奇特的案例。一方面，我们实现了从计划经济向市场经济的体制转型，融入了全球经济体系，成为既有国际经济秩序的一个能动的构成部分；另一方面，在政治领域虽然经历了（并还在经历）一个体制内演化的过程，发生了诸多重要的变化，但是中国共产党成功地维持了既有政治制度的基本框架。与发生巨变的前社会主义国家不同，中国发生的变化是政治和经济的"两轨分离"，其中一轨转型（经济制度），一轨维持（政治制度）。如果将中国改革开放的实践看作是社会科学的一个试验场，那么至少到目前为止，中国提供的试验结果超出了人们的普遍预期，也不符合西方主流理论的基本假设。

按主流理论的说法，自由民主与市场经济是一种天然的结合。实际上，这种结合究竟是逻辑的必然，还是历史演化的偶然产物还有待审慎的辨析。重要的是，这种结合曾被认为是解决市场经济弊端的一把金钥匙。然而，20世纪70年代开始且一直延续至今的福利国家危机，以及以2008年金融危机为代表的新古典自由主义实践遭遇的困境，让我们看到了问题的复杂性。一方面，如上所述，人类对市场经济的理解依然存在许多的未知领域，如何厘清市场活动的边界，如何克服市场经济的弊端，依然是一个需要不断探索和解决的难题。在某种意义上，今天的我们依然面临着当年马克思和波兰尼提出的问题；另一方面，作为弥补市场缺陷的一个重要工具，政府干预本身具有双重性，既可能产生好的作用，也可能带来严重的负面效果。从理论上说，政府的作用在于驾驭市场经济，将市场经济的弊端限制在可以容忍的范围之内，使之服务于人类社会的幸福生活，但实际上政府的干预并非如此理想，经验表明这种干预常常会走向事情的反面。我们既要在不易平衡的钢丝绳上把握政府与市场的关系，又要在未来发展的维度上处置好政治与经济的关系。在这一巨大的历史挑战下，中国会给出怎样的答卷？

预测未来是一项极具风险的事业。不少学者认为，双轨分离不是一种可持续的现象，用带有意识形态色彩的语言来说，"政左经右"的局面是无法长期维持的。与此相反，也有学者认为，中国正在走出一条具有自身特色的、不同于西方模式的发展道路。孰是孰非，孰优孰劣，还有待时间的检验。我的看法是，在目前的情况下，对未来秉持一种开放的心态比较合适，因为人类社会的实践尚未终结，我们必须为未来的多样性提供想象的空间，这意味着对主流话语进行认真反思的必要性。不管未来呈现何种状态，有几点也许是可以肯定的：（1）市场经济的问题不该采取替代性的方法来解决。马克思对市场经济弊端的批判依然有效，但对市场经济弊端的矫正办法必须另行寻找。人类文明的继续发展必须建立在市场经济的基础上，这一点不能动摇，这也是中国共产党人在新的时代背景下对马克思主义的一个发展；（2）对市场经济弊端的认识及其补救举措是一个历史性话题，经济危机和福利国家危机这一双重危机表明，对市场经济弊端的补救需要发挥政府的作用，但是政府本身也会导致新的问题。因此，简单地重复历史不能解决问题；（3）当代中国具有大政府和强国家的历史遗产，这一方面带来了政府过多干涉、权钱交易、官本位及官僚主义等弊端，另一方面也提醒我们，应当发挥其中所蕴含的政治潜能，以驾驭和规训市场经济。

如何处置政府与市场的关系以及政治与经济的关系是21世纪中国政治家和学术领域共同体面临的一大挑战。如果处置得当，中国不但可以建构出一种新型的市场经济类型，而且有可能走出一条具有中国特色的民主政治道路。

作者为清华大学人文社会科学院政治学系教授

东盟不会参与美国主导的反华联盟

韦 民

> 东盟成员国之间的历史和现实矛盾明显，在对外关系上也有不同的认知和政策，避免"选边站队"的中立策略事实上是防止区内分歧、甚至分裂的必然选择。大国相争，小国得利。它可以充分利用大国互疑提供的交易筹码和政治经济机会，争取更多的现实利益。我们不能排除少数东盟成员国会强化与美国的军事关系，但东盟整体上或大部分东盟国家加入美国主导的反华联盟的可能性不大。

在周边外交中，东南亚对中国崛起的意义毋庸置疑。在东亚格局中，东南亚是美国遏制中国的"短板"，同时也是我们破除围困中国战略构想的关键环节。我国对东盟战略的现实目标是预防其加入各种潜在的反华联盟。现实来看，东南亚正成为美日等国防范和遏制中国不可或缺的环节。塑造一个由其主导的周边反华联盟，是其对华战略的终极手段。中美对东南亚影响力的竞争，实质上是中美关系的现实反映，是中国崛起与遏制中国两种战略思路的博弈。中国对东盟地区的现实战略目标就是要制止这种联盟（无论其形式是什么）的形成。

那么，东盟会如美国所愿，加入美国促成的反华联盟、彻底堵住中国走向世界的通道吗？总体来看，不同的东盟国家对中美两国有着不同的认识和对策，我们不能排除少数东盟成员国会强化与美国的军事关系，但东盟整体上或大部分东盟国家加入美国主导的反华联盟的可能性不大。

第一，安全合作特性决定了东盟不是一个集体安全联盟。一方面，中立和不结盟是东盟合作的基本宗旨，改采联盟战略将会破坏该组织合作的基础。另一方面，东盟从来都不是一个区域性军事组织，双边军事合作是该联盟最基本的安全合作方式，维持区内国家间关系的稳定始终都是东盟合作的首要目标。作为一个实力有限、组织松散、共识决策的地区机制，以某个大国为防范目标的集体安全联盟是不现实的。以此来看，中国不会构成东盟安全合作的"假想敌"。

第二，强权与弱小国家的联盟构成先天不足。潜在的美国—东盟联盟是一个全球性大国与众多中小国家聚合体之间的联合，二者间的实力和地位严重不对等，权力分配也会因此失衡，基本上属于庇护和被庇护的关系样式。这样的联盟必将对劣势国家的自治权和外交自主权带来巨大的影响和冲击，严重弱化联盟的内在动力，并制约联盟的发展前景。

大国联盟的战略动机本质上还是基于本国利益。大国或超级大国与小国联盟是为了扩张军事、外交影响力，或者阻止其他国家获取这样的影响力。一个强国往往会迫使弱小盟国在利益和政策上按自己的意愿行事。究其原因，联盟中的利益分配实际上是权力分配的反映，政策的确定同样也是权力分配的反映。一个国家越强大，它在联盟内的负担就越大。相对于小国盟友，大国对联盟做出了更多更大的贡献，在安全联盟中承担的责任与贡献的比例显然也要大得多。这意味着它们获得了更大的支配权。小国在获得了更多免费搭车好处的同时，也不可避免要付出自主权流失的代价。

大小国家之间的联盟本质上也具有内在的不稳定性。一方面，小国在联盟中处于被动地位。小国与大国联盟的结果，是小国能够依靠大国的某些承诺获得某种程度的信心和安全感，但这往往只有象征性价值。在大国意图与小国利益相违背的时候，小国往往只有较小的选择空间。正是基于这一原因，马基雅维利曾经警告弱小国家，除非迫不得已不要与强国订立联盟。因此，为了保留更大的外交回旋余地，不孤注一掷，小国在选择联盟对象时非常谨慎。另一方面，在大国关系或体系变动的情况下，大国可能会降低对联盟的承诺和支持力度，进而影响小国的安全环境。

以此来看，美国—东盟反华联盟对前者有利，战略主动权牢牢掌控在美国人手上，东盟事实上成了美国遏制中国的战略工具和前沿阵地。在中美冲突的情况下，东盟就会丧失战略回旋余地，成为中美对抗的牺牲品。联盟没有达到维护国家和地区安全的目的，相反，弱势的东盟国家将面临巨大的战略不确定性和不可预知的战略后果。美对潜在盟友安全承诺的不确定性，在东南亚条约组织的实践和越南战争的结局中得到充分检验。理性的东盟中小国家不会不谨慎对待。

与此同时，对美国而言，与东盟的联盟关系也存在战略风险。在中国实力不断增强的背景下，一些东盟国家也可能借用美国力量为自身利益服务，在诸如南海争端这些问题上绑住美国，进而陷入惹火上身、为盟友利益而战且可能付出惨重代价的"联盟困局"。以此论之，美国—东盟反华联盟并无显著的内在动因和现实可能性。

第三，美国—东盟反华阵线具有特殊的构成条件。从历史视角审视，东盟国家借用外力共同反华有先例可循。这是特殊历史背景下的产物，具有特定的构成条件。冷战时期，老东盟国家几乎都站在美国一方，经济上依靠西方资本和市场，政治外交上奉行敌视中国的政策，东盟事实上是一个美国主导的反共仇华阵营。

归纳起来，冷战时期的美国—东盟反华阵线的形成具有几个显著的特点。其一，中美水火不容，相互对抗；其二，中国经济发展严重滞后，综合实力虚弱，周边弱小国家可以毫无忌惮地选择依靠区外强国；其三，中国经济封闭，与外部市场相分离，对东盟国家缺乏经济发展所必需的投资、技术和市场供给价值；其四，中国支持东盟国家的革命运动，因而恶化了与东盟国家的关系。由此可见，美国与东盟联合制华是特定历史背景下的特殊产物。

时代不一样了，这些反华阵线形成的前提条件几乎不再存在。在全球化的背景下，许多新的因素制约着这一潜在联盟的建构。该潜在反华联盟的建构必须综合考虑以下因素的巨大影响。首先，中国综合国力不断增强，是亚太格局中无法忽略的巨大力量；其次，中国的睦邻政策、东盟优先策略极大地提高了相互信任，并改善了相互关系；其三，中美对抗衍生的各种后果不可设想，对两国乃至世界各国都是破坏性的；其四，中美实力虽有差距，但在东南亚地区，中国占有地缘邻近的优势，这是美国和东盟不得不考虑的因素。

第四，东盟对外战略的实用性削弱了这一潜在联盟的内在动力。东盟是现有国际环境及其对外战略的既得利益者，因为其既有的大国平衡、社会建构战略可以最大限度地维护和促进该地区国家的利益。其一，它最大限度地维护了地区的主体性，作为一个新兴的地区组织，东盟在国际舞台上因此具有重要地位；其二，东南亚是一个多样性、差异性相当突出的地区，成员国间的历史和现实矛盾明显，在对外关系上也有不同的认知和政策，避免"选边站队"的中立策略事实上是防止区内分歧、甚至分裂的必然选择；其三，它可以充分利用大国互疑提供的交易筹码和政治经济机会，争取更多的现实利益。大国相争，小国得利。国际环境总体稳定，中小国家才有大量的战略回旋余地。因此，东盟没有理由轻易抛弃最有利于其利益的现有对外策略。

综合来看，在安全领域，存在数个成员国与美国单独发展军事关系的可能性，但东盟会继续维持中立策略，针对中国的安全联盟难以再现。

我国对东盟战略存在的误区和问题

冷战结束后，中国—东盟关系业已取得重大突破，双方共同度过了"黄金十年"，正在迎来"钻石十年"。然而，仍然存在许多制约该关系深度发展的问题。究其原因，这与该关系既古老又年轻，当前正处相互磨合的历史阶段密切相关。就我国而言，亟待思考和解决的问题主要有：

第一，过度偏重经济途径在国际关系中的作用。共同发展和经济合作是国际关系的基本环节，但它的影响力是有限度的，最终必然会受到政治安全关系的制约。稳定有序的国际关系是政治经济齐头并进的双轨模式。在与东盟关系中，较为单一的经贸关系必须逐渐转化为更为全面的合作关系。

第二，过度倾向政府层面的往来，忽视了东南亚一些国家政权更迭的预期和影响，也忽略了公共外交越来越显著的现实意义。

第三，在危机处理上过度求稳，力求面面俱到，没有创造一些威慑性的外交筹码，缺乏地区威信。

第四，在具体交往上，过于侧重当地华人，忽略了土著的感受及其政治影响力。

总之，中国崛起需要战略克制，但新的周边环境要求我们摆脱传统的外交套路。因循守旧和故步自封的周边外交模式，已经很难适应外部环境提出的严峻挑战。我们需要一套更明确有效的周边战略，为我国崛起创造尽可能持久的战略机遇期。在该战略框架中，维护和促进与东盟关系显然是思考的要点。

作者为北京大学国际关系学院副教授

美联储加息可能引爆我国经济危机

王天龙

随着美国经济复苏步伐加快，美联储十月份退出购债计划后转向加息。在当前国际政治、经济形势下，美联储加息将引发国际金融动荡甚至引发局部金融危机，增加全球经济复苏的不确定性，导致美元汇率走强，引发其他国家调整货币政策，进一步吸引国际资本回流美国，这会给我国的金融稳定、经济增长环境、人民币汇率、国内货币政策以及利用外资等方面带来严重影响，应该未雨绸缪，早定对策来规避潜在的风险。

随着美国经济复苏步伐加快，其货币政策走向成为关注焦点。美联储2015年7月份货币政策会议纪要以及主要官员在全球央行行长会议上的讲话信息表明，美国将于今年10月份退出购债计划，随后可能加息。在当前的国际政治、经济形势下，美联储货币政策转向将给全球经济和我国经济发展带来很大影响，应高度关注，早定对策。

一、美联储加息是必然趋势

美联储内部对加息甚至提前加息的讨论正在升温，辩论日益激烈。美联储主席耶伦在全球央行行长会议上的讲话，被普遍解读为其货币政策立场已经有所改变，不再像以前那样鸽派。国际货币基金组织（IMF）认为，美联储会在2015年中期开始加息。华尔街研究机构预计，美国联邦基金利率到2016年6月会升至2%，2016年年底将逼近3%。我们研究认为，尽管仍存争议，但美联储结束购债后转向加息是必然趋势，加息时点可能比预料的2015年年中还可能有所提前。主要有以下几方面原因：第一，美国经济复苏给其货币政策调整带来空间。根据美国经济分析局的数据，按不变价计算，2014年一季度美国经济同比增长1.89%，二季度同比增长2.43%，环比增长高达4%。美国经济形势好转，降低了非常规货币政策刺激经济的必要性。除经济形势外，美联储加息决策的重要考虑因素是就业和通胀。目前美国失业率为6.2%，通胀率为2%，达到和接近美国调整货币政策所设定的阈值。IMF、彼得森国际经济研究所预计，2014年美国经济将增长1.8%左右，失业率6%左右，通胀2%左右。2015年和2016年美国经济将增长3%左右，失业率或降至5.5%，通胀率约在2%左右。第二，美国迫切需要调整货币政策以维护美元地位。为应对金融危机影响，美联储通过量化宽松货币政策救市，但也给美元地位和美国经济带来复杂影响。一方面，量化宽松政策弱化了美联储资产负债表的财务结构，带来美元国际地位下降的客观结果，国际上呼吁建立新国际货币体系的呼声日益高涨。另一方面，充裕的美元流动性推高了相关资产价格，泡沫化程度上升，经济中的杠杆率不断提高，很多基础货币以商业银行超额准备金的形式存在，当经济加速复苏，金融部门扩张时，这些基础货币流出，将带来很大的通胀风险。第三，引导国际资本流动是美国的国家利益所在。美联储加息是刺激资本回流美国的主要举措。美元是主要的国际储备货币，通过引导国际资本流动，促使美元汇率向有利于美国的方向调整，是美重要国家利益，美联储也往往把弱势美元和启动加息周期搭配使用。目前诱发国际资本流动的利差在缩小，根据相关研究，0.5个百分点的利差就可以引起国际资本流动转向。美联储加息将刺激资本回流美国，对美元、美国经济和美国内结构调整形成有利支撑。在当前中东和乌克兰局势动荡、美俄对立的背景下，资本流动有利于美国实现其战略目的。

二、美联储加息对我国经济发展的影响

美联储货币政策转向，或将引发金融动荡，甚至爆发局部危机，增加全球经济

复苏的不确定性，给我国金融稳定、货币政策、人民币汇率以及利用外资等都带来十分重要的影响。

第一，金融动荡甚至局部危机将影响我国金融稳定。历史经验表明，美联储在长期低利率后加息，往往导致国际资本流动格局发生重大调整，引发局部金融危机。20世纪80年代的拉美危机和1997年亚洲金融危机均如此。2008年全球金融危机后，美联储通过量化宽松货币政策大量投放流动性，导致部分新兴经济体国家资产泡沫化，经济金融脆弱性上升。美联储加息将导致全球资本流向逆转，资本将不可避免从部分新兴经济体流出，导致其本币贬值，债务负担加重，进而引发危机。区域金融动荡甚至危机将波及我国金融稳定，或使我国房地产市场、地方债务、影子银行、部分实体经济债务结构和期限错配等潜在问题显性化。

第二，将使全球经济复苏不确定性增加从而影响我国经济发展环境。目前世界经济形势仍然严峻复杂，并且表现出明显的分化态势。美国凭借其国际经济、金融中心地位，迅速完成结构修复，经济率先实现强劲复苏，但由于美实行经济新战略，其对新兴经济体的拉动作用减弱。受欧洲主权债务危机影响，欧洲经济复苏仍然乏力。日本经济虽有所改善，但长期遗留的结构性问题未得到解决，实现强劲复苏仍任重道远。部分新兴经济体国家的经济金融脆弱性上升，结构调整将导致其进入经济增长的放缓周期。美联储货币政策转向，意味着近5年来支撑世界经济缓慢复苏的宽松货币环境发生改变，增加了世界经济复苏的不确定性。

第三，美元汇率走强将给人民币汇率带来压力。国际资本回流美国，将导致美元走强，美元汇率或进入上升通道，进一步改变国际资本的风险偏好。美元是国际汇率市场的基础定价货币，美元走强将直接导致全球汇率调整，加剧全球汇率波动。美联储加息后，中美利差缩小，我国将面临国际短期资本流出，对国内资产价格与人民币汇率形成冲击。人民币或将承受贬值压力，国际市场也可能形成人民币贬值预期，出现炒作套利交易问题。另一方面，随着新兴经济体资本出逃，我国市场也有可能成为资金的避风港，从而导致人民币汇率波动更加复杂。

第四，将引发其他国家政策调整从而加大我国货币政策选择的难度。美联储政策转向将对主要国家和地区的央行产生导向作用，其中欧洲央行和日本央行的政策选择尤为关键。美欧之间经济金融联系相对紧密，美联储加息给欧洲央行带来很大难题。欧元区经济正面临"通缩"，欧央行的政策调整可能比较谨慎。美日利率差别曾长期存在，美联储加息对日本经济和日本央行货币政策的影响相对较小。但在当前国际政治形势下，不能排除主要西方国家联手操纵利率汇率，实现其政治目的的可能性。若主要国家货币政策集体收紧，将导致资本异动加剧，使得我国央行通过外汇占款释放基础货币的格局发生改变，可能出现国内流动性趋紧，利率水平上升等现象，加大我国货币政策的难度。

第五，将导致资本回流美国影响我国吸引外商直接投资（FDI）。美联储加息将导致国际资本回流美国，随着美国经济复苏日益稳固，"再工业化"战略的推进以及由页岩气革命等带来的成本优势，未来全球流向美国等发达经济体的长期资本将进一步增加，会极大地分流全球的FDI。FDI是我国获取国际资金、技术、管理经验以及促进经济增长和就业的重要因素，国际资本回流美国和主要发达经济体，与我国资本外流叠加，形成不利循环，或将在很长时间内影响我国利用外资发展经济。

三、几点对策建议

目前我国经济增长相对平稳，财政金融形势比较稳固，外汇储备充裕，政策回旋余地较大，能够在很大程度上应对美联储加息带来的冲击。但也应未雨绸缪，早定对策以规避潜在的风险。

第一，加强对主要国家货币政策走向的研究。建议由相关部门或智库机构成立课题组，密切跟踪和研判主要国家货币政策走向及可能带来的影响，研究估算主要国家货币政策调整给我国带来的热钱异动规模及形势，研究、制定应对跨境资本流动的新管理制度和新办法，做好相关的应对方案。

第二，保持国内货币政策灵活稳健。面对跨境资金流入放缓甚至流出的情况，应在保持货币政策总体稳健的同时增加灵活性，相机抉择进行政策调整。关键在于保持基础货币投放渠道通畅和稳定，及时通过加大公开市场操作力度、调整存款准备金率、甚至调整利率等政策手段灵活调节市场流动性。盘活金融存量降低融资成本，加强对热钱的监管和打击，加强对境外资本在境内流动的管理，守住不发生系统性金融风险的底线。

第三，采取积极措施稳定经济增长。经济结构调整和转型是个渐进的过程，不可能一蹴而就，因此不应过度追求调整的速度。当前及今后一个时期，应把稳定经济增长速度作为重要的经济工作任务，这关系到我国全面建成小康社会、跨越中等收入陷阱等发展目标的实现。继续发挥好投资的关键作用，扩大有效投资，加快推进京津冀地区、长江经济带、环渤海地区、洞庭湖生态经济区、黄河故道等国家重要战略经济区的规划与建设步伐。进一步释放民间投资潜力。发挥好金融资源效力，支持实体经济发展。

第四，适时扩大人民币汇率波动幅度。在全球资本剧烈异动、热钱冲击人民币汇率的情况下，可考虑通过放宽人民币汇率波动幅度的办法，来释放相关压力和风险。目前我国银行间即期外汇市场人民币兑美元交易价浮动幅度已由1%扩大至2%，总体上稳妥合适。考虑到美联储将改变政策，可相机再渐进扩大人民币汇率波动幅度，在美加息之前，引导人民币汇率适度向下调整，应对未来人民币可能相对于其他货币升值的情况。

第五，加强金融贸易双边和多边合作。高度警惕美联储加息诱发其他国家发生危机给我国发展带来的风险，努力在区域金融稳定安排与制度建设方面发挥更加积极的作用。加快落实建立金砖国家开发银行的决策，尽早完成金砖国家应急储备安排等制度建设。积极开展基于人民币和外币互换的双边金融合作。通过双边和多边贸易合作，稳定和巩固我国对外贸易，应加快开展和落实与一些国家进行自由贸易协定谈判和协议签订工作。

作者为中国国际经济交流中心副研究员

人民币 PK 美元：亚投行的真正挑战

江 涌

中美之间的博弈一旦开始，就不可能总是停留在国际经济秩序的浅表性问题上，必然要触及美元霸权，美元在国际贸易与金融中的计价、支付、结算、储备中的主导角色，这是美国的核心利益，关键性挑战就是是否会触及美国的核心利益。如果未来亚投行用人民币投资与结算，那么必将会触及美国的核心利益，这才是问题的关键，是真正的挑战。

一、现行的国际经济秩序仍有"剩余价值"

二战后，美国利用压倒性经济优势，召集相关各国建立了布雷顿森林体系，以布雷顿森林体系为基础而不断加以调整，形成了不同于英国主导的殖民时代的国际经济秩序。布雷顿森林体系在维系不到30年后轰然崩溃，留下了系列遗迹，美国利用自己的影响力，领导相关国际力量修修补补，这就是今天仍然发挥作用的国际经济秩序。

布雷顿森林体系最突出的成就是确立了美元（取代英镑）成为世界货币，进而形成以美元为核心的国际金融体制。在现代经济金融化、金融全球化的大背景下，金融越来越成为一国经济的核心，国际金融成为世界经济的核心。然而，资本的高度流动性决定了金融的波动性，国际金融管理越来越成为世界经济的头等大事。IMF

是布雷顿森林体系的产物，用于维护国际汇率进而维护国际金融的稳定。尽管20世纪70年代，美元与黄金脱钩，布雷顿森林体系崩溃，但是该体系的遗产——美元作为世界货币保留着、维持着。作为世界货币，美元背后是一系列的支撑保障机制，包括国际清算银行（BIS）、环球同业银行金融电讯协会（SWIFT）等，尤其是IMF作为对应的管理机构一直存在着。正是这些与美元相应的系列保障机制，维系着世界经济在崎岖不平道路上颠簸运行。

中国作为一个发展中大国、一个新型大国，在不断扩大的对外开放过程中，部分享受了以美国为首的西方发达国家主导的现行的国际经济秩序——这一公共产品——所提供的便利，该秩序对于中国利用国际资源与国际市场发展本国经济、改善民生、促进国家综合国力提高有着重要意义。改革开放三十多年，中国经济实现了年均近10%的高速增长，2010年一跃成为世界第二经济大国，在发展外贸、积累外储、利用外资（FDI）、成品制造等诸多关键指标上成为世界第一大国，诸多"中国制造"稳居世界第一而且战果仍在不断扩大。显然，中国总体上是现行国际经济秩序的重要受益者，在获得巨大收益的同时也付出了极大的代价。以美国为首的西方发达国家主导的现行的国际经济秩序，对中国的经济增长客观上有贡献，迄今仍有"剩余价值"。鉴此，中国应当是现行国际经济秩序的遵循者，有种论调说中国是现行国际经济秩序的破坏者，是不合乎逻辑的，也是不合乎事实的。

二、现行国际经济秩序有很多需要改善的不足之处

以美元为核心的国际金融体系，越来越成为国际金融动荡的根源，成为美国不劳而获的强权工具。在布雷顿森林体系下，美国"管理"国际金融体系，努力保持美元币值稳定，进而保持汇率稳定，保持国际金融稳定，为世界经济的稳定增长做出了贡献。然而，布雷顿森林体系崩溃后，尤其是新世纪以来，汇率动荡使得国际金融动荡，成为国际投机资本（以美国华尔街为核心）的必然要求。IMF自成立以来，其角色与作用如美国一样由主体积极向主体消极转变，成为美国金融霸权的工

具，成为诸多金融危机的罪魁祸首。原世界银行首席经济学家斯蒂格利茨指出，东南亚金融危机很大程度上就是美国财政部和国际货币基金组织所推动的过度市场自由化的结果。

国际自由贸易体制正受到越来越多的侵蚀，侵蚀力量主要来自以美国为首的西方发达国家。2008年美国次贷危机引爆国际金融大危机。危机风暴生成后，正是美国率先高举起贸易保护主义大旗——美国国会通过法案要求购买国货。随着危机从美国次贷向欧洲债务延深，保护主义、排外情绪乃至极端民族主义在西方一浪高过一浪。

现行的不合理、不公正的国际经济秩序，对于广大发展中国家，消极面越来越大，积极面越来越少。即便是对于西方发达国家的广大人民而言，不合理、不公正的国际经济秩序，也不断损害者他们的利益。自20世纪80年代以来，发达国家社会中"前10%人群"（概而言之的资产阶级）占有的社会总资产的比重越来越高，由原来30%～35%上升到60%～70%；"最底层的50%人群"（即大致的无产阶级）在社会总资产中所占的比例从来没有超过5%，一直没有经济统计上的意义；二战后形成的中产阶级（处于前10%与后50%之间的"40%人群"）在社会总资产中所占有的比重不断下滑，生活品质不断降低，出现了所谓集体性坍塌，整个社会结构由"纺锤状"或变成了"M型"。有鉴于此，对于现行的国际经济秩序，除了西方发达国家垄断资产阶级以及发展中国家的买办资产阶级外，世界广大人民都是不满意的，需要改进，需要变革。

三、围绕国际经济新秩序的构建，中美博弈不可避免

多年来，中国不知疲倦、不顾环境、不问将来地埋头苦干，然后将质优价廉的商品源源不断地输送到美国，将赚取的外汇源源不断地交给美国，美国从中美相互依赖的关系中获得了无尽的好处，而中国呢？在所谓"美元陷阱"、"新型大国关系"中越陷越深，而且国家一些精英们似乎非常乐意享受这种分工。然而，这种奇

异的中美关系终于在2012年年底出现了历史的分水岭，中国幡然醒悟了，中国不再追随美国梦了。

中美博弈，中国有多大胜算？中国以"一带一路"的陆权优势，规避美国传统的海权优势，在"世界岛"的纵深——亚欧心脏地带投放力量。中美博弈是客观的，必然的，不是所谓"新型大国关系"、还有什么"夫妻关系"等肉麻的词汇所能掩饰的。博弈的本质就是斗争中合作，合作中斗争，既合作又斗争。历史来看，美国对所谓"世界老二"（先后有英国、苏联、日本）——最强劲的挑战者的打压不遗余力。美国战略东移，搞"亚太再平衡"，项庄舞剑意在沛公，美国遏制中国，中国必须反制，积极应战。

四、中国顺势应人，大胆假设，细致求证，谨慎实施，促进国际经济新秩序的构建

鉴于现行的国际经济秩序对中国仍有"剩余价值"，同时中国也不具备颠覆旧秩序、重建新秩序的能力，因此中国应当基本上遵守现行国际经济秩序，承认美国对维护现行秩序的贡献与积极意义。但是，鉴于现行国际经济秩序本质上的不公正不合理，因此中国应当努力与广大发展中国家一道，积极地渐进地调整现行国际经济秩序，使之逐渐向着公正合理的方向转变。

中国倡议建立亚投行，对世界银行、亚洲开发银行等旧有的机制起到一种拾遗补阙的作用，这只是第一步，对现行的国际经济秩序，算不上真正的挑战。真正挑战还要看未来亚投行其他的具体运作，如果拥有50%以上的份额与投票权的中国主动放弃否决权，那么这就是对现有世界运行规则的挑战，但是仍然算不上是关键性挑战，因为没有触及、损害美国的核心利益。中国参与世界规则的博弈和制定，倘若就是类似这样的规则制定，可以设想美国是可以忍受的，也许还会乐见其成。

问题是，博弈与挑战一旦开始，就不可能总是停留在国际经济秩序的浅表性

问题上，不可能总是无关痛痒的修修补补，必然要触及美元霸权。美元在国际贸易与金融中的计价、支付、结算、储备中的主导角色，这是美国的核心利益，关键性挑战就是是否会触及美国的核心利益。如果未来亚投行用人民币投资与结算，那么必将会触及美国的核心利益，这才是问题的关键，是真正的挑战。

作者为中国现代国际关系研究院国家战略研究中心研究员

危机管控水平决定未来十年中美关系走向

徐占忱

随着中国经济结构调整，中美双方在人民币汇率问题上的分歧会有所弱化，在高新技术产业、知识产权、技术转让方面的分歧会越来越突出。"合作加牵制"是美国下一个十年对华政策的基本面。未来10年，社会制度、意识形态和政治价值观差异会使双方政治、经贸和安全方面的分歧放大，阻碍双方共识的形成和矛盾的缓解。未来十年中美关系进入一个具有相当复杂性、微妙性和可变性的时期，两国关系中积极、有利、合作性因素在增长，消极、不利、竞争性因素也在增长，总体走势取决于两种力量消长变化和双方领导人的危机管控水平。

中美关系是具有全球性意义的双边关系之一。中美关系深受两国间结构性问题制约，美国维护霸权和中国崛起是中美间最大的结构性矛盾。美国认为中国崛起挑战其现有世界霸权地位，是双方间冲突的根本原因。目前中美两国间在广泛领域既有合作又有竞争。未来10年中美关系进入一个具有相当复杂性、微妙性和可变性的时期，两国关系中积极、有利、合作性因素在增长，消极、不利、竞争性因素也在增长，总体走势取决于两种力量消长变化和双方领导人的危机管控水平。

中美关系从整体上来看，涉及战略利益、地缘政治与地缘经济关系、国际规则博弈、经贸关系、科技与产业竞争、社会制度与意识形态分歧、各自国内政治环境与政治周期、两国民意和社会基础、双方危机管控等多方面。未来十年，中美双方"非敌非友、斗而不破"总体态势不会改变，双方在经贸领域和重大国际问题上的依赖程度会持续加深，双方在安全领域不信任和互疑也会加深，由经贸领域引发的"麻烦"会更多，但由于彼此对对方战略意图不清晰带来的国际关系和地缘政治上角力，可能会给中美关系发展带来更大的"麻烦"。随着双方领导人对两国关系危机管控能力的加强，尽管下个十年中美关系发展的"振幅"比以前增大，但中美关系发展成为全面战略对抗的可能性不大。

一、战略利益方面

国际体系转型大背景给中美竞争赋予了"大国兴衰"、"权力转移"、"老大对老二"的特殊含义。美国作为全球性大国具有全方位国际利益，未来十年乃至更长时期，美国"一超"地位还难以撼动，"美强中弱"的整体格局并不会改变。中国在全球经济地位的变化，使自己获得了一定的谈判筹码，但中国还不是一个全球性大国，中国没有意愿也没有能力挑战美国的国际领导地位。

美国尽管未必认同中国崛起对于美国是"零和游戏"，但受西方传统政治中"国强必霸"影响，对中国发展可能给其利益带来的影响高度警觉。"合作加牵制"是美国下一个10年对华政策的基本面，以"合作"维护美国利益，以"牵制"制造麻烦，其用意在于使中国发展速度降减滞缓。因此，未来10年，美国对华政策的"两面性"会更加突出，战略层面既公开表明欢迎一个强大繁荣的中国，又对中国崛起表现出强烈的担忧和不安；策略层面既信誓旦旦表示反对贸易保护主义，又通过实施反倾销、反补贴、知识产权保护、国家安全等对华贸易和投资不断地设卡设限，不断在各领域制造麻烦。

二、地缘政治与地缘经济方面

美国亚太地区战略调整，是美国对中国崛起的一个反应。美国把重返亚洲作为优先战略选项，高调实施战略东移，不仅是为了维护其巨大的经济利益，更体现其遏制中国崛起的战略意图。其目的在于利用地缘政治"冲击力"、地缘经济"吸引力"和区域内国家的"拉力"，打乱东亚地区以中国为重心的互动重组态势，冲淡中国在本地区的影响力和吸附力。

美国对中国周边分歧从原来的相对中立、不介入到介入和深度介入，已经导致亚洲地区地缘政治和安全中不稳定因素被大面积"激活"，目前这一地区已出现军事冲突风险积聚，未来10年不排除亚洲地区一些敏感领域和热点问题走向"激化"，军事摩擦的风险大大增加。美国在地缘经济上与中国进行话语权争夺。利用TPP对抗东亚"10＋1"、"10＋3"，稀释和冲淡东亚地区一体化进程，阻止周边国家向中国靠拢，确保自己在东亚的领导地位和核心作用。应该说，长期以来一些东亚国家在中美之间"两面下注"，在经济依赖中国、安全上依赖美国的机会主义行为，是美国"重返亚洲"战略得以顺利实施的一个重要促动因素。

中国周边国家希望长期分享中国经济增长带来的巨大红利，是中国破解困局的有利因素。中国提出建设丝绸之路经济带和21世纪海上丝绸之路，是重大战略性之举。但要真正将经济优势转变为政治、安全乃至战略优势，还有相当多的工作要做。美国"重返亚太"将使中美关系更加复杂、敏感和充满风险。美国战略重心转移不会改变中国现代化的进程，但对中国和平崛起实施的"搅局"作用不可小视。

三、国际规则与秩序方面

美国是现行国际体系的主导者和制定者，未来美国维护其单独主导世界事务的目标不会改变，美国力图将中国纳入由其主导的国际体系的目标也不会改变。美国单极化意图虽在此次国际金融危机中受挫，但要认同中国构建多极化世界、推动国际关系民主化的主张是相当难的。

中美两国在各自核心利益方面有很大不同。美国除经济发展、国土安全外，其很多核心利益在国外；维护国家主权、安全和领土完整，维护经济社会稳定和发展大局，是中国的核心利益，中国的核心利益都在国内。中美核心利益不同，会形成彼此对许多双边、多边国际问题看法、立场和主张不尽相同，有些问题上还直接对立。

　　未来10年，中美在国际气候变化谈判、国际货币基金组织、世界银行等多边国际合作平台上，都将面临规则、利益和话语权之争。在应对全球金融危机、气候变化、能源安全、粮食安全、反恐、核扩散等重大国际问题上，美国仍然希望中国负起更大的责任。中国愿意在重大国际问题上发挥建设性作用，但对于超出发展阶段和自身能力的责任无法承担，这必然会带来美国对中国的失望和不满，甚至认为中国已经有意开始挑战其霸主地位，未来10年这方面的博弈会越来越突出。

四、经贸关系方面

　　未来10年中美各自都面临经济结构深度调整，调整进展和成效与双边关系大局高度相关。美国要调整低储蓄、高碳的生产生活方式，调整其过度依赖金融部门的产业结构，推进经济结构再工业化，缓解国内居高不下的就业压力，有赖于中国市场。中国前30年成功跨越"低收入"陷阱，未来十年能否把体制机制和战略调整到一个新的结构层次，顺利跨越"中等收入陷阱"是一个严峻考验。中国推动经济由低成本要素推动向技术和管理创新推进阶段，需要吸收美国的先进技术和管理经验。

　　中美经贸关系体现比较优势原理，两国均从双边贸易和投资中获得巨大收益。但受各方对自身"相对所得"的认识差异，双方不可避免地在利益多寡分配上产生摩擦和冲突。中美双边贸易蕴藏着巨大的共同利益，从过去经验看，双方共同利益的提升往往会成为新一轮竞争和冲突的开始。受美国战略调整的影响，未来十年中美经贸关系在两国关系中具有的"压舱石"和"润滑剂"作用会有所减弱，双边经贸关系有可能成为两国关系摩擦的最多风险源，在一定时期甚至可能成为恶化双边关系的"导火索"。

五、科技与产业竞争方面

当前新的科技和产业革命带来国际间产业和技术竞争日趋激烈。过去一百多年美国一直是世界制造业的领导者，美国的工业化不是简单地回归传统制造业领域，而是在新科技革命条件下的一次高端化过程。美国处于全球产业链顶端，目前一些逆差产品的关键制造仍在美国本土，美国的技术创新和研发能力还处于领先地位。

未来十年跨中国"十二五"及"十三五"两年五年计划，中国科技创新能力和产业竞争力会有很大提高，在越来越多的领域，中美两国间产业分工会从原来的"垂直分工为主"向"垂直分工与水平分工"并行方向转变，就中美双边贸易不平衡、汇率问题、投资、知识产权保护、技术转让等众多分歧领域来说，可以预见，随着中国经济结构调整，双方在人民币汇率问题上的分歧会有所弱化，在高新技术产业、知识产权、技术转让方面的分歧会越来越突出。

六、社会制度与意识形态方面

中国历来主张国与国之间不以意识形态画线，中国也没有向世界传播自己社会制度、意识形态、政治价值的战略目标。中美两国社会制度、意识形态和政治价值观等方面根本不同，当然不意味着两国间一定存在着对立和冲突。但长期以来，美国对华政策具有强烈的意识形态倾向，其对中国社会制度、意识形态、政治价值观的不认同，是中美关系发展的一个不可小觑的障碍。美国过去曾将贸易最惠国待遇与人权问题挂钩。现在美国对中国市场经济地位、中国国有企业的看法上，背后都反映了两国在社会制度、意识形态、政治价值观存在深层差异、分歧甚至是对立。

中美社会制度、意识形态和政治价值分歧难以改变，美国有些人骨子里视中国为"政治异类"，带着歧视和偏见来看待中国发展问题的现象也难以改变。未来十年，这种分歧不会作为一个单独问题成为两国发展的障碍，但社会制度、意识形态和政治价值观差异会使双方政治、经贸和安全方面的分歧放大，阻碍双方共识的形成和矛盾的缓解。

七、各自国内政治环境和周期方面

美国对华战略历来存在合作与牵制两派的博弈，即对华"实用派"和"战略派"之争。"实用派"强调中美经济关系和经济合作的重要性，主张中美应当成为战略伙伴，实现合作共赢；"战略派"强调美中之间存在利益和价值观根本冲突。认为中美冲突虽可控，但除非其中一方发生根本性转变，否则，引起冲突的结构性矛盾无法化解。未来十年美国国内哪派占上风对中美关系影响甚大。

2012—2022年，美国有包括2016年和2020年在内的两次大选，中国有包括2017年中共"十九大"和2022年中共"二十大"两次领导人换届。"中国牌"是近几届美国大选两党都打一张牌，美国大选已形成中美关系的政治周期。2012年大选中，美国一些政客竞相把中国作为美国经济低迷的替罪羊加以攻击，对中美增进互信非常有害。

可以预见，未来10年两次美国大选期间，中美关系还难以摆脱"政治足球"的命运。依目前情况看，中国领导人换届对中美关系的直接影响不大，但中国未来领导人在产业升级、城镇化、科技创新、教育改革、人才政策等方面的推进和调整，会对中美关系产业间接影响。

八、民意与社会基础方面

中美实力相对消长引发心态微妙变化，美国从政府、学界、媒体到民间，都明显加深了对"中国崛起"威胁美国地位，"中国模式"挑战"美国模式"的紧张和焦虑。中国政治精英们也感到中国安全环境并未随着自身实力地位的提高而改善，对美国在中国周围强化"战略包围"感到紧张与不安。就美国社会总体来说，对中国只能说是持一种比较谨慎的友好态度，还缺乏全面客观的认识。尽管两国政府高层一再宣布自己的战略意图不是为了损害对方，但不足以化解两国社会中已经相对固化并持续加深的疑虑。未来10年，两国留学人员和各方面人员往来会日益增加。中美民众的互动了解会逐渐加深，但其对两国关系的作用和影响还不能估计过高。

九、双边关系危机管控方面

目前，中美关系在双方领导人的共同努力下，已确定为建设相互尊重、互利共赢的合作伙伴关系，两国领导人都认识到增信释疑、合作共赢的重要性。

中美高层交往的密度和广度都是空前的。双方已建立了涵盖外交、经贸、金融、科技、环境、执法、人文、安全等各种磋商机制60多个，这些对两国合作都发挥了重要的建设性作用。特别是中美战略和经济对话，已经成为中美关系的"稳定器"。作为史无前例的高层次对话机制，战略与经济对话有助于增进双方对对方的战略认知和关切认同，有效地避免双方由战略互疑走向战略对抗。未来10年，双方能否利用好对话平台，完善对话形式，优化对话内容，落实对话成果，提升对话效能，也成为影响中美关系发展的重要方面。

作者为中国国际经济交流中心战略研究部副部长

学习美国：摒去受害者心态

刘卫东

> 美国从不讳言自己的缺点和不足，也不怕别人的批评和指正，而这种精神本身就是值得我们借鉴的。

一、关于借鉴本身的思考

是否需要借鉴？答案当然是确定的，但首先需要防范三种心态。第一是暴发户心态，总是觉得我们现在已经很厉害了，世界老二了，老大也怕我们，把谁都不放在眼里，一些官员也表现出这种心态，在面对他国同行时颐指气使，这样的例子并不少见。第二个是畸形的爱国心，有些人出口必谈爱国，什么事情都和爱国扯上关系，他们的爱国就是决不接受任何对中国不足的批评，时刻要用没有底线的阿Q精神来满足虚幻的心理需求，打着爱国的帽子就可以为所欲为，其实这完全是在误国。第三是受害者心态或者说是"拳民"心态，总觉得别人要害自己，不管美国做什么事都是心怀不轨，都是"亡我之心不死"，从来不去思考对方正常以及善意的一面，也毫不理会对方的解释。不摆脱这三种心态，就无法虚心向对方学习。

借鉴什么？尽管中美政治制度、文化历史不同，在美国适用的东西在中国不一定都适用，但我们应该静下心来好好甄别，只要是利国利民的，就应该努力去学习，即使暂时没有条件也应该积极创造条件。

如何借鉴？归根结底还是要扬弃，美国好的我们就要尽量学；不好的，比如利益集团对政府的绑架，比如高消耗的生活方式，我们就要尽量避免去犯同样的错误，这同样也是一种借鉴。其核心原则是少一点中国特色，少一点美国例外，根据基本常识和普世的原则去做出判断。

二、原则上的借鉴

总的来看，中国的社会发展缺了两个历史阶段，一是欧洲的文艺复兴阶段，这一运动最终导致人权代替了神权，以人为本成为社会发展基本原则；二是资本主义阶段，我们从半封建半殖民地直接就进入到社会主义，资本主义的积累明显不足，个人主义没有得到科学合理的阐释和发扬。所以在借鉴的原则方面我希望以人为中心来谈一谈看法。

一是从人与人关系的角度来借鉴。20世纪对美国的社会发展产生重大影响的运动有三个，分别是老罗斯福时期的进步主义运动、小罗斯福时期的新政，以及约翰逊时期的伟大社会运动，这三个运动的主旨都是为了促进社会公正，向贫困开战，改善人权。这些方面恰恰也是当今的中国需要认真借鉴的。人权这个词在中国比较敏感，大街小巷广泛张贴宣传的社会主义价值观中没有这个词。中国政府对于人权的理解与西方不同，那么不妨把它改为公民权利，而促进公民的平等、削减特权显然应该成为其目标之一，温家宝总理强调要有人的尊严，也是着眼于改变社会上人和人之间不平等的现象。我们不妨先从小处做起，比如借鉴美国在保护消费者权益方面的努力，美国在20世纪60年代通过了儿童安全法、健康肉类法、健康家禽产品法、房地产销售公开法等，都是为了平衡消费者与大公司的利益，使得弱势的消费者能够得到更多的保护。

二是从人和自然关系的角度来借鉴。这主要指环境和野生动物保护。历史上美国的环境污染也非常严重，但在幡然悔悟之后义无反顾地全力投入进行治理，尤其是约翰逊时代出台了土地与水资源保护法、机动车尾气污染控制法、固体废弃物处置法、飞机噪音控制法、国家环境政策法、荒野保护法、濒临灭绝动物保护法等，基本实现了人与自然之间的和谐发展。美国的经验是政府主导、环保组织参与、全民动员三管齐下，最终收效明显。我们也提出了科学发展观，但缺少具体的落实和保障举措，对于非政府组织的参与有疑虑，这方面也应该解放思想，以全民利益为导向来重新进行规划。

三是人与国家关系的借鉴。一般来讲，个人关注富裕，国家注重强大，这里所谓人与国家的关系，就是想说明富民与强国之间的关系。我对美国经验的理解，就是先致富再强国。美国成长过程中对社会冲击最大的是内政，核心是财富的分配和政治参与问题，而对外称霸只是水到渠成的结果；美国历来关注创造财富，维持霸权的目的也主要是为了维护海外市场，有钱了才有资格谈强国；当然这是由其个人主义价值观决定了的，美国历来关注个人胜于国家。我们现在谈强国太多，关注个人致富藏富于民太少，有些本末倒置。

三、细节上的借鉴

可以理解，由于当前中国国情的限制，上文提及的一些原则还难以借鉴，但这并不能成为排外的理由。我们不妨从所有可以学习的细节之处以及不太敏感的领域着手，立即开始学习。比如对于令国人挠头的烧秸秆问题，美国就有非常好的经验值得我们借鉴。他们会在秋季派出一种专门处理落叶的车辆，把各家各户堆放的落叶用吸管吸进粉碎机，粉碎后储存在车后的容器中拉走统一处理，没有任何污染，效率极高且实现了废物利用。美国人还把枯枝断木打成手指大小的薄片，铺在树根部或者儿童活动器械周边的地上，既有利于水土保持防风固沙，又可以起到缓冲保护的作用。再如美国的物资循环利用系统，政府和社会共同努力，为二手货的再利用提供便利；还有美国的校车管理，我们应该从理念上去学习，而不是出了事后就草草照搬模样了事。从不涉及政治、争议较少的领域着手进行学习，可以改善民众的生活习惯，拓宽视野，提升认知层次，逐步增进整个社会的成熟度，为更好地学习打下基础。我还有个非常具体的想法，政府可以设置一个专门鼓励大众学习借鉴国外先进经验的平台，出国者不管在外面看到什么值得我们学习的细节，都可以记录下来投递到这个平台上，以季度或年为单位进行评奖，奖项名称可以是"取经奖"、"借鉴奖"，"师夷奖"等，既有助于鼓励发现自身不足取长补短，也能让国际社会看到中国的谦逊。

四、几点感受

最后我谈三点感受。第一，从我们跟美国的对比来看，应少一点资本主义，多一点社会主义。记得课本里讲马克思主义认为社会主义的本质特征是公有制，实际上就是公平分配社会财富，美国20世纪的社会改革基本都是朝着这个方向努力，而这恰恰是我们现在的短板，当前中国的生产力水平已经相当高，但财富分配不公引起的贫富差距才是导致社会矛盾激增的主要原因。因此我们应当好好反思自己的发展道路。

第二，少一点地方独裁，多一点中央集权。现在从中央的大政方针来说，很多东西都是得到百姓拥护的，可是到了地方就施行不下去，中央政府的行政强制力明显不足，当然中央决策也需要优化简化，该管的一定要管好，不该管的一定要放手，实现中央与地方的权利平衡。美国联邦与州的关系同样复杂，但利国利民的大政方针基本上没有在地方上受到严重阻碍，"上有政策下有对策"的现象非常少见。

第三，我们应该少喊一点口号，多一点具体的立法和实际的执法。有些领导一开口就是"要进一步提高、努力弘扬、着力加强"云云，究竟具体要怎么做，做成什么样子才行，做不成怎么办，从他们的讲话中都得不到答案。美国人喜欢就事论事，不谈宏观抽象的东西，谈什么事就把它具体化，落实起来也更容易。总之，美国就是一个通过不断学习来取得进步的国家，它从不讳言自己的缺点和不足，也不怕别人的批评，而这种精神本身就是值得我们借鉴的。

作者为中国社科院美国所政治室副主任

实力是中美建立"新型大国关系"的基础

余 闻

> 习近平提出的中美"新型大国关系"，暗含着要追求和美国平起平坐的意思，美国从中方的这一提法中感到了中国的"野心"，觉得中国要挑战自己的霸主宝座。中国的实力真正达到和美国平起平坐的地步，届时美国不想尊重和认可中国都不行。只有到那时，中美新型大国关系才会真正建立起来，但这个过程至少还要十几年时间，前提是中国自己不能出现大的颠覆性错误。

"中美新型大国关系"最早是习近平在2012年2月访美时向奥巴马提出来的，尔后就成为中国学界特别是研究中美关系的热门课题，就如同"一带一路"一样。但另一方面，人们看到，中美新型大国关系在美国似乎受到了冷遇，与中国谈中美关系言必称新型大国关系不同，美国战略界却很少讨论这一问题。

两国决策层对待该提法的态度也如学界一样。国家主席习近平2015年9月末对美国的首次国事访问很大程度上可以看作是对中方提出的"中美新型大国关系"的再确认，然而结果并不满意，从美方的表现来看，中美并不存在所谓新型大国关系，这只是中方的一厢情愿。

在中方发布的49项成果和共识成果清单中，排在第一的是中美新型大国关系。清单是这样表述的：（双方）同意继续努力构建基于相互尊重、合作共赢的中美新型大国关系，保持密切高层及各级别交往，进一步拓展双边、地区、全球层面的务实合作，以建设性方式管控分歧，使中美关系不断取得新的具体成果，更多更好地造福两国人民和世界人民。然而美方公布的成果清单则没有此项内容，甚至没有这一表述，很显然，中美对建立新型大国关系的态度不同，简单地说，中热美冷。出现这种情况，值得琢磨。

习近平2012年2月提出建立中美"新型大国关系"时，有着以此来定义和规范他执政后的中美关系的考量。公允地说，习近平提出这一命题有着为中美关系开辟一条新路，走出所谓国强必霸，崛起大国和守成大国通过战争来解决谁是霸主的"修昔底德陷阱"问题的意图，开创全球化背景下大国相处新模式，因此，这一命题显示了它一定的开放性、创造性和灵活性。怎奈美方从一开始就对这种提议不感兴趣，除了在外交场合附会几句外，基本没有回应，奥巴马在庄园峰会时，强调的也仅是"探讨构建在互利互尊基础上的国与国之间新的合作模式"，有意与"新型大国关系"的表述拉开距离。美国学界和智库更是对这一概念充满疑虑，甚至认为是中方的"陷阱"。对此，可从三个层面来分析：

首先，从"新型大国关系"的含义来看，很难得到美国认同。习近平对"中美新型大国关系"的概括是，不冲突、不对抗，相互尊重，合作共赢。按照中方的解释，"不冲突、不对抗"要求双方客观理性看待彼此战略意图，坚持做伙伴不做对手，通过对话合作、而非对抗冲突的方式，妥善处理矛盾和分歧。"相互尊重"要求双方相互倾听、相互理解，为相互信任、相互合作打下基石。"合作共赢"就是要摒弃零和思维，在追求自身利益时兼顾对方利益，在寻求自身发展时促进共同发展，不断深化利益交融格局。

不过对美方而言，"不对抗"也许能够做到，"不冲突"恐怕就困难，因为有矛盾就会有冲突。"合作共赢"在一些具体事情上也没问题，但"互相尊重"就很难。因为中国的"互相尊重"，指的是尊重各自选择的社会制度和发展道路，尊重彼此核心利益和重大关切，要奥巴马尊重被认为的中国是专制的社会主义制度，尊重中国的南海利益？恐怕缘木求鱼。因为一旦美国接受中国"相互尊重"的表述，其在国际关系中挥舞的"人权高于主权"、"人道主义干涉"等旗帜，就会丧失"道德高度"，而让中国单方受益。这也就是美国一些学者认为中美构建新型大国关系是中国一个"陷阱"的原因：中国希望利用美国的认同，让美国为中国所谓的"核心利益"背书。美国当然不可能这么做。

其次，这一命题是由中方提出来的，对于骄傲的美国来说，不可能接受一个由中方主导的两国关系的局面，无论以什么样的名号。尽管美国的外交充满了理想主义成分，为推销民主和美式价值观不惜兵戎相见，但美国又是一个非常现实的、崇尚实力外交的国家。现实主义长期主导美国的国际关系学说。因此，为了地缘政治利益，美国也可以和它眼中的专制国家结为盟友，以打击最主要的敌人。中美关系现在在美方看来是一种竞争关系，中国被视作为美国最主要的挑战者，那么，无论是出于理想主义还是现实主义的考量，美国都不会接受中方的定义，把两国关系的主导权让与中方。

应该看到，我们提出的新型大国关系，暗含着要追求和美国平起平坐的意思，至少美国是这么认为的，美国向来把自己视为例外国家，自诩为山巅之城，其政治制度、民主模式、国家体制、社会制度等，都是当今世界最完美的，因此，不可能容忍一个和自己平起平坐的力量存在。国际金融危机后，对中国看衰美国的声音，美国就曾提出警告，认为视美国走下坡路的想法是错误的，美国仍然是世界上最强大的国家，21世纪仍然是美国世纪。对美国这个心高气傲的国家来说，如果认可"中美新型大国关系"的表述，就等于把中国抬高到和自己一样的地步，就意味着美国真正衰落了，怎么可能？说到底，美国人是彻底的现实主义者，它只承认现实，只尊重实力。

另一方面，美国还从中方的这一提法中感到了中国的"野心"，觉得中国要挑战自己的霸主宝座，你尚未最终崛起，就有这种想法，再过几年，羽翼丰满后，那还了得，当美国嗅出了新型大国关系背后的这种味道，要美国承认新型大国关系，就难上加难了。

第三，中国近年的表现，对外秀肌肉的行为，也使得美国认为中国言行不一，不可信。在提出中美构建"新型大国关系"后，中国在周边地区采取了一连串在美国看来是强势的行为，如在东海设立防空识别区、在南海设置钻井平台，尤其是今年以来的填海造岛，使美国认为，中国说一套，做一套，恃强凌弱。尽管从中国看来，上述行为根本不是恃强凌弱，不过是在维护自己应得的权益，但美国不这么看待，它认为中国新型大国关系的说法不过是在欺骗美国而已。

因此，要美国认可和接受中国"新型大国关系"的提法，并按这一构想处理两国关系，至少目前看来是不可能的。充其量，中方把它作为两国共同奋斗的一个目标，而非中美关系的现实。任何把它视作一种现实而去处理中美关系的做法，都是错误的。

既如此，是否中方今后就应该放弃这一表述，转而采取其他更实际和客观的提法？也不是。提还是要提，但不是在两国的什么场合都言必称新型大国关系，应更多地把这个问题交给学者去研究和宣传。我赞成一些专家的看法，中方今后在中美高层会晤时，需要将"相互尊重"的含义给美方说透，即只有美国尊重并从主观上不挑战中国的基本政治制度和国内秩序，中国才可能尊重并不挑战美国在世界上的地位，两国才可能携起手来，共同建设并改革国际政治经济秩序。这种意义上的"相互尊重"，才是构建中美新型大国关系的核心目标和原则。即使美方出于国内政治和意识形态考虑，不愿公开宣称它尊重中国的政治制度和秩序，也应力图达成两国高层之间在这个问题上的默契，让对方放心。这将有利于缓解对彼此战略意图的误判。

当然，要达到这个效果，根本还是要发展自己的实力。意识形态上的分歧终究是次要的，美国"例外论"本质上是因为美国的强大，如果中国的实力真正达到和美国平起平坐的地步，届时美国不想尊重和认可中国都不行。只有到那时，中美新型大国关系才会真正建立起来。但这个过程至少还要十几年时间。前提是中国自己不能出现大的颠覆性错误。

作者为察哈尔学会研究员

建立令人尊敬的价值观是中国超越美国的基础

阎学通

> 中美之间的战略竞争并不仅仅局限于物质方面，而且包括价值观方面。中国只有在公平、正义、文明、富强四个方面都超越了美国，才能成为其他国家效仿的对象。只有使其产生令国际社会愿意效仿的效果，这种价值观才有可能被国际社会普遍接受。中国具备利用传统政治思想"仁、义、礼"来建设这种价值观的文化优势。

中国崛起能否改变现行的国际规范，在很大程度上取决于中国的价值观是否与美国不同，因为价值观是主导国建立新型国际规模的思想基础。有些人认为，即使中国在经济和军事实力上赶上美国，也无望在价值观方面超越美国。这些人认为，美国的"平等、民主、自由"价值观是人类最高层次的价值观，是不可超越的。1945年制定的《联合国宪章》以及后来建立的绝大多数国际规范，都是以"平等、民主、自由"的价值观为基础的。例如，《联合国宪章》的宗旨与原则中的第一条第二款是："发展国际间尊重人民平等权利及自决原则为根据之友好关系，并采取其他适当办法，以增强普遍和平。"然而，中国古代的王道思想中具有比"平等、民主、自由"更高层次的普世价值观。中国如果借鉴先秦政治思想中的"仁"（benevolence）、"义"（righteousness）、"礼"（rites）三个观念，将其与现代国际政治相结合，是有可能建立起"公平、正义、文明"的价值观的，并以这一更高层次的价值观为思想基础建立新的国际规范。

中美之间的战略竞争并不仅仅局限于物质方面，而且包括价值观方面。对于中国来讲，中华民族的复兴不仅需要增强物质力量，还需要为世界提供一种价值观，而且是高于美国价值观的价值观。公平、正义、文明是高于平等、民主、自由的普世价值观，中国具备利用传统政治思想"仁、义、礼"来建设这种价值观的文化优势。

以"公平、正义、文明"三要素构成的道义价值观，具有较强的普世性。首先，这三个概念的内涵与"平等、民主、自由"的概念并不对立，而是包含与超越的关系。其次，这三个概念与任何宗教文明都不发生冲突。第二次世界大战之后，宗教已经成为弱势群体的代表和保护者，公平、正义、文明这三个概念对宗教信众是有吸引力的。最后，这三个概念在国际社会已经有了许多实践基础。例如，发达国家每年拿出0.7％的GDP承担援助发展中国家的义务是公平原则的规范，不承认通过军事政变上台的政府体现的是正义原则的规范，禁止在战争中使用生化武器则是文明原则的规范。

近年来，中国经济建设的成就令许多国家羡慕，但却不令它们向往，其主要原因在于中国经济增长与政治腐败同步发展。中国需要在反腐败的基础上，将国家的发展方向从积累财富转向建设一个公平正义和文明富强的社会。中国只有在公平、正义、文明、富强四个方面都超越了美国，才能成为其他国家效仿的对象。

公平、正义、文明是高于平等、民主和自由的价值观，如果中国在传统仁、义、礼的基础上建立起这种价值观，就有可能建立起新型的国际规范。中国崛起成功是中国建立新国际规范的基础，如果中国不具备超级大国的实力，任何新的价值观都改变不了现有的国际规范。简言之，价值观是在超级大国实力的基础上发挥国际作用。

任何一种价值观之所以能够成为世界主流价值观，都是以倡导国自我践行该价值观并取得成就为前提的。平等、民主、自由的价值观之所以能在国际上流行，这与美国自身的国内实践直接相关。中国要建立一个比现有国际秩序更受国际社会欢迎的国际秩序，就需要在本国实践公平、正义、文明的价值观，并以此建立一个比美国更令人向往的社会。只有使其产生令国际社会愿意效仿的效果，这种价值观才有可能被国际社会普遍接受。中国领导人已经意识到中国以身作则对于建立新国际规范的重大作用。

建立和推行道义价值观是以本国的成功为必要条件的。中国今后的成功与否在于中国能否不断地改革，而不断改革靠的是政府领导改革的能力，因此如何长期保持中国政府持续不断的改革能力，特别是建立公平、正义、文明社会的改革能力，将事关公平、正义、文明的价值观能否成为国际社会的主流价值观。

作者为清华大学当代国际关系研究院院长

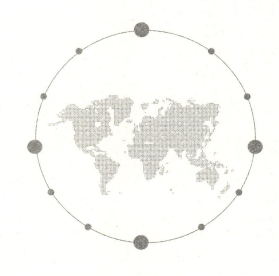

第五章

在 21 世纪重现丝绸之路

"一带一路"是中国向上的必由之路

何茂春

> 我们还在国内讨论"一带一路"的时候，"一带一路"64个国家已有420万中国人在那里谋生。谁控制了"一带一路"，控制了丝绸之路，谁就在世界的未来占有主动权。中国的敌人不是美国，是我们自己。我们能否真正强大，要靠我们自己进一步的改革开放。怎么改？出路在哪里？就在"一带一路"。

"中国还能不能上？"这个问题约等于"中国经济还会不会崛起"。21世纪世界如果有两件大事，其中一件肯定是中国经济的崛起，如果只有一件，那就是中国崛起，或与中国崛起有关。中国现在经济下行，但连中国的对手或者敌人都不会怀疑中国崛起。

对形势的判断，可以比着看。怎么个比较？一"比过去"，看困难是不是多了；二"比对手"，看他们的困难是不是比我们少；三"比办法"，看解决困难的办法比过去是多了还是少了。应当说，今天的形势还是好的。我们国家的形势应当说是要往前比，从万历皇帝到民国，再到今天这个时代，中国成了世界第二。北方威胁没有了，俄罗斯的威胁没有了，蒙古国的美国驻军也走了，中国外部的威胁少了。同过去比，今天的问题并没有增加；和对手比，我们的日子要好过一些。现在全世界都进入了经济新常态，都在缓慢复苏，美国踩油门也很难加速。"一带一路"64个国家我们都考察完了，其他也走了几十个国家。跟沿线其他国家比较起来，我们问题并没有比别人更多，或者更难。我们没有足够理由去悲观。当然，过分乐观当然没有必要。

中国还能不能上？只要把所有的积极性调动起来，是有很大的可能性。分析中国经济形势，第一个看存量，第二个看流量，还有看未来的潜能。光拿股市看，就不全面。国家硬实力的指标，人口、资源、财富的积累等，我们国家的这些硬指标，应该说有喜有忧。第二个是流量，包括GDP、股市、贸易、投资、消费、移民等指标，衡量中国经济流量也不能只拿一个晴雨表，要拿10来个晴雨表来测量，这样可能全面、客观一些。现在不管是楼市、股市和汇市的问题，都是法治和市场经济制度还不完善造成的。

经济下行，应该说还在预料当中。以"一带一路"为龙头，借"十三五规划"全面拉动中国经济，是完全有可能的。

中国跟美国这两个世界大国，现在都遇到了一个坎，仔细想一想：美国的敌人是谁？不是别人，是他自己；中国的敌人也不是美国，也是我们自己。我们能否真正强大，要靠我们自己进一步的改革开放，怎么改，出路在哪里？就在"一带一路"。

"一带一路"很多人怀疑有很多的风险，我走完"一带一路"，有几个想法：第一，"一带一路"有实有虚，往虚的说那是中国梦，是今后的强国梦。汉朝那么牛，汉朝不要广东，不要东北，要控制丝绸之路，控制了这条大通道，就控制了世界的生意买卖。唐朝那么牛，云南是独立的，吐蕃是独立的，东北也是独立的，但控制了"一带一路"。成吉思汗为什么先打"一带一路"？因为他知道控制了经济带以后，财富积累就有了相当的基础，而且可以顺势而为，从西部打中原。谁控制了"一带一路"，控制了丝绸之路，谁就在世界的未来占有主动权。

丝绸之路、"一带一路"是一个战略。很多人说是一个规划，是一个构想，这是怕"中国威胁论"。我们去这么多国家，所有国家都说"一带一路"是"战略"。"你们为啥说不是战略？"哈萨克人、马来西亚人说："我们喜欢这个'战略'，因为是和平的战略，是有利于大家的战略，是能给我们带来就业的战略，有什么必要回避？"

　　说说所谓"一带一路是最危险的地区"。今年阿富汗还有30家中国企业坚守，索马里1.2万个中国大小商铺，金三角地区中国人把几百平方公里的土地包下来做开发区，叙利亚、伊拉克还有1000多中国人坚守。就跟哥伦布这些人最早走出去一样，那些欧洲经济学家还在柏林算计剩余价值的时候，哥伦布们早就已经把真金白银赚到手了。我们还在国内讨论"一带一路"的时候，"一带一路"64个国家已有420万中国人在那里谋生。

　　"一带一路"就是升级版的改革开放，是一个升级版的对外贸易，是一个升级版的"中国走出去"。"一带一路"不是该不该做，而是要怎么做。那么，"一带一路"的问题和隐患在哪里？

　　第一个还是制度问题。这要开放倒逼改革。从制度来讲，我们的的确确与当今世界的理念差距在加大。比如政策调研制度，我们如果有严谨、科学的调研和基本民主，你听一听大家的意见，会避免很多的差错。比如工会制度，全世界没有国家的政府反对"一带一路"，但很多国家工会反对，我们的工会在沿线国家遭到了他们的工会形形色色的抵制。缅甸，甚至在最危险的索马里、叙利亚、伊拉克、阿富汗、金三角等这些地方，连这些国家的工会都比我们工会的制度进步得多。认为我们什么制度都是先进的，这是有问题的。

　　第二，要进一步解放思想。开放不光是贸易的自由化，还是一个经济管制的放松，国家需要全面的改革和一场思想解放运动。

　　第三是文化教育。我们国家一方面经济展示的非常强大，而文化教育却是非常的脆弱，而这恰恰是我们可持续发展的、能够让全世界尊敬的软实力。这个方面一定要有一个长远的文化教育战略。

　　我的全程考察"一带一路"的结论是：一带一路的机遇没有想象中的那么快、那么好，但风险也没有想象中的那么大、那么难。这是"中国向上"的必由之路，也是世界经济复苏的好倡议、好战略，是多赢的战略。

作者为清华大学国际问题研究院教授

一带一路：凭借经济实力改变世界规则

李稻葵

> 中国人均发展水平目前还很低，是美国的20%，按购买力平价，如果不出重大意外，中国人均收入到2020年大概是美国人的30%左右，2050年能到70%左右，届时经济总量是美国的2.8倍，完全迈入现代化国家的行列。经济规模大了，市场就大，对方必须改改规则，你不改规则，我就不开放市场。改变规则的基础是经济实力。

我的观察有三个。第一个观察，中国经济还有很大的增长潜力。我们对中国自身的发展要有一个客观的估计，这是国际战略的基础。

实力，主要是经济基础。我的判断，这两年是U型的底部，2014年、2015年是7%左右，过了这段时间，还可能往上一点。总体上讲中国还有很大的增长潜力，为什么？第一，储蓄率高，储蓄率很大一部分是企业的盈利，这是一大优势；第二，劳动力的教育水平比较高，与其他发展中国家比，中国百姓受教育水平较高，劳动力的素质高；第三，政治上能够保持稳定。

宏观上，尽管2014年资本账户有逆差，总的来说未来多年资本账户是盈余的，财政赤字很小，其实财政没有赤字，都是我们的财政体制以拨代计算出来的。还有市场经济制度深入人心，马路上卖菜的老百姓都接受市场经济制度。

中国人均发展水平目前还很低，按购买力平价，是美国的20%，加上以上若干因素，我们国家还能继续增长。如果不出重大意外，到2020年，中国人均收入大概是美国人的30%左右，2050年能到70%左右，今天的中国台湾、日本、韩国就是这个水平，完全迈入现代化的行列。这就不得了了，相当于经济总量是美国的2.8倍。

第二个观察，经济发展到今天这个阶段，必须在国际上有一点作为了，因为中国的企业要走出去。目前我们走出去的模式与发达国家的企业全球化不同。他们是全球克隆，比如，可口可乐有一个秘密的配方，有一个经营模式，到处复制。我们的企业走出去是去深山老林采药补身体的模式，我们缺营养，身体长得快，个子很高，但是身体不壮，所以必须走出去吃补品。缺技术，去德国买技术；缺品牌，到意大利北部并购品牌；缺公司治理机制，到国外股市上市，引进国际公司治理方式。经济要发展必须要走出去，走出去需要搞一点力所能及的国际动作。

第三个观察，规则的改变不是谈判出来的，是实力拼出来的，极端情况是打仗，正常情况下就是经济。我不开放我的市场，你必须改改规则，你不改规则，我就不开放。改变规则的基础是经济实力。当然，改变规则的经济实力需要长期的准备，这里面有个滞后期。美国19世纪末就超过了英国，到了1944年布雷顿森林会议才开始制定规则，制定规则之后美国国会还不认，推翻了，所以这个要有一个打持久战的思想准备。

搞"一带一路"是否必须要花我们自己的钱？这不一定，可以用国际上的钱，一起开发，类似于世界银行的玩法。世界银行是各个成员国的政府承诺借钱给世界银行，这个钱不是真借，需要的时候再去拿来用。世界银行拿到这个承诺，到国际市场去筹资，有了这个承诺，融资成本很低，融资之后，到各个地方去运作项目。我是支持"一带一路"，别用自己的钱，尽量到国际上去筹资，发行人民币计价的债，这样顺便把人民币推升为一个国际化的金融交易货币。

作者为清华大学中国与世界经济研究中心主任，《中国与世界经济观察》主编

中国实施"小多边"对外战略打造权势中心

叶海林

中国以"海上丝绸之路"以及"丝绸之路经济带"为代表的新型区域经济合作策略，越来越表现出建立"中国经济圈"的意图。谋求区域合作主导地位、坚持以中国为核心，由中国提供主要公共产品，建立差异性的参与体系，都体现出中国"小多边"外交的新思维。中国力图将自己的经济实力转换为政治影响力和权力，寻找盟友，建立自己的地区体系并实现海外利益的延伸。由渴望被接纳到试图主导，中国心态和行为的变化必然会改变其他国家对中国的反应。对中国试图建立"势力范围"的猜忌已经广泛出现。

中共十八大前后，中国对外合作战略出现了引人注目的调整，连续推出或修订了多个区域合作计划，如主要指向中亚的"丝绸之路经济带"、中国与巴基斯坦之间的"中巴经济走廊"、涵盖广泛的"海上丝绸之路"，以及此前数年便已经提出但中共十八大后内涵出现重大调整并上升为国家战略的"孟中印缅经济走廊"等。这些区域合作的共同点和差异性是什么，与中国整体对外战略又有着怎样的关联，就其本质而言，是策略性的调整，还是具有关键意义的战略转变，实施的前景如何，这些问题已经在政策研究界和学术界引起了人们的热烈讨论。本文试图从国家为主体，采用战略分析的视角，回答上述问题。

一、中国的"区域小多边合作策略"：构成与特征

所谓"区域小多边合作策略"，并不是一个已经被普遍接受的学术概念，也不是中国政府对一系列区域合作策略的官方表述，而是笔者对中国近期推出的区域合作策略的概括，指的是中国主导的以特定区域内的部分国家为合作对象的区域合作框架，重点在于实现与这些国家的互联互通以及贸易、投资自由化至少是便利化，以便将中国周边多个次区域内的部分对象优先纳入中国主导的区域合作框架中。

在笔者看来，中共十八大前后中国政府推出的多个区域合作概念或框架都符合"区域小多边合作策略"的特征，这些区域合作概念或框架分别是"丝绸之路经济带"、"孟中印缅经济走廊"、"海上丝绸之路"以及"中巴经济走廊"，其中起主导作用的是所谓"一带一路"，即"海上丝绸之路"与"丝绸之路经济带"。综合而言，上述四套合作设计框架，与此前中国的周边区域合作相比，存在如下明显差异：

1. 中国具有主导区域合作概念或框架的明显意图，试图建立以中国为核心的区域合作机制。中国开展大规模的区域经济合作已历20余年，以往的合作模式更加强调中国以新兴且平等的成员身份参与到既有的区域合作当中去，中国具有较强的被认可需求。在这一过程中，基于能力限制，中国通常不会试图发挥主导作用，即使在中国的经济实力已经超越自己的合作伙伴时——例如1997年亚洲金融危机之后中国与东盟的经济关系——中国也不愿意以"地区经济领袖"的地位自居，而是反复对内强调"韬光养晦"策略的持久性，对外则试图淡化中国经济增长本身必然带来的政治影响力和权力扩张问题。尽管多数情况下，这种低调行事的努力是徒劳的，然而中国依然乐此不疲，无疑是因为中国在利用"战略机遇期"，"办好自己的事情"的思维主导下，对"中国威胁论"十分敏感的缘故。

之所以中国的努力无法实现，最根本的原因，在于这种试图在实现经济力量增长的同时淡化政治后果的努力，实际上违反了国际关系的一般常识，因而很难被其他国家所认同。尽管"强者必霸"在当代国际关系语境下缺乏政治正确性，然而中国在经济总量和产业结构上已经大大超过自己大多数周边合作伙伴的当下，继续以

参与者、推动者而不是领导者的身份，开展区域合作，无疑是非常困难的。归根结底，所谓"中国威胁论"存在的基础并不是外部世界对中国的误解曲解，而是国际社会对力量不断增强的新成员的未来意图缺乏信任。靠自我辩护以及以往的良好行为记录是无法消除这种不信任的，更何况关于中国在区域合作问题上的行为记录是否一贯"良好"，本身就是可争议的。

与此同时，中国刻意保持的低调在经济上也并不是没有代价的，中国有时候不得不为了外交利益而在经济合作的原则和若干具体安排上做出让步。当然，这种经济上的让步不应该被视为一种妥协，而是非常普遍的对外策略，即使强大如美国，用经济利益"诱使"盟友对其保持忠诚也是屡试不爽的手段。然而问题在于，中国的经济让步很多时候并不是为了实现政治权力的扩张，而是为了缓解与周边国家因为经济利益以及其他矛盾产生的对立。这种努力实际上成为对权力的自我削弱，其逻辑矛盾，在于中国在经济现实利益与政治"长远"利益之间的摇摆。就国际关系的现实主义本质来说，区域合作以及其他国际事务由实力更强的一方所主导原本却是非常正常的。

中共十八大前后，中国的区域合作策略出现了调整，中国推出的四个区域合作设想或框架毫不掩饰中国的主导意图，"海上丝绸之路"以及"丝绸之路经济带"是以中国为起点的，而其他两个规模小一些、产生时间更久一些的合作框架，则基本上是以中国提供合作公共产品为前提的。

实际上，中国此前参与的区域合作框架，其活力和实际效果多数情况下，也是取决于中国的参与程度和意愿。但是，中国公开推动具有明显中国印记的区域合作框架仍然昭示了重要的策略调整以及背后的战略转变，即中国不再试图以隐藏实力的方式避免争议，中国的外交思路开始更加强调"奋发有为"。在这种战略调整背景下提出的周边合作设想，都是以中国为核心的，并且不讳言中国在其中的主导作用。

2. 合作对象具有一定的选择性，并不追求和区域内所有成员的普遍合作，强调合作的方向性，着眼于构建中国经济能力向周边特定区域的辐射。中国以往的区域合作，由于其着眼点是实现中国与周边区域经济上的融合，进入被国际市场所接纳，加之中国并不试图在合作中发挥主导作用，中国往往倾向于参与普遍性的区域合作框架，比如中国与东盟之间的自贸区，以及中国对南盟事务的参与，在东北亚地区，中国也愿意和政治与安全上存在巨大分歧的日本与韩国构建所谓"东北亚共同体"，中国与俄罗斯联手建立的"上海合作组织"亦是面向整个中亚地区的，不存在排他性的安排。

纵观中国与周边地区的合作框架，不难发现，中国固然是亚洲最大的国家和最强大的经济体，但在周边合作上却不是以同一的身份出现的，中国分别以东北亚成员、东南亚邻国、南亚邻国和中亚邻国的身份参与了不同的区域合作。中国的参与策略体现出中国不打算建立以自己为核心的地区经济体系，这是与中国的"韬光养晦"策略相一致的，但也引起了中国的区域合作努力在国内的地方化后果，合作基本上被具体框架或构想涉及的有关地方政府所主导，形成了东北地区和山东力主东北亚、新疆宁夏鼓吹中亚、云南广西推动东盟合作的格局。这看起来是符合现实的，毕竟这些省区作为中国与上述区域开展合作的门户，拥有更大的发言权无可厚非。然而，这也同时显示出中国并没有利用通往四面八方的区域合作框架，构建中国主导的经济体系的战略意图。

目前中国推动的区域合作框架，则具有明显的选择性和方向性。不论合作框架是针对某个特定的周边区域，还是延伸到多个不同的地缘政治意义上的集合区域，中国都在有选择地确定参与伙伴，在某一个特定区域内，只有一部分成员能够参与，这就是所谓的"小多边"，其与中国以往对区域内合作伙伴的开放型姿态是有差别的。

"海上丝绸之路"和"丝绸之路经济带"都不是普遍向周边区域开放的，至少在概念设计上，中国目前并不打算将菲律宾等和中国在南海问题上立场迥异冲突明显的国家涵盖在内，孟中印缅经济走廊则是指向了孟加拉湾这一特定区域，至于与中国关系最紧密的巴基斯坦，中国为其准备了"中巴经济走廊"。这些合作伙伴的选择，动机各有不同，有些主要是为了谋求地缘政治利益，有些则是瞄准特定的战略方向，共同点是建立从中国出发辐射到远端的区域合作框架，以便实现中国利益的延伸。

3. 更加重视与合作区域的连通，"互联互通"成为"区域小多边合作"的基础内容。重视发挥沿边省份积极性的同时，强调保持中央的协调和领导作用。在合作的具体手段上，中国更加强调国家层面的基础设施构建，而不仅是沿边特定区域的贸易便利化。中国具有强烈的动机，在自己与合作伙伴之间实现紧密的物理连接，如中南半岛高速铁路、中巴油气管道、中国中亚铁路等。实现"互联互通"是此轮中国推动区域合作非常引人注目的手段之一，而中国所主张的"互联互通"并不是实现中国沿边区域与合作伙伴之间跨越边境的连通，实际上中国主张的是将中国国内已经达到现代化水平甚至居于世界领先水平的交通网络向境外延伸，形成以中国为中心，沟通南亚与东北亚、连接中亚与东南亚的交通网络，进而形成一个规模庞大的亚洲大陆经济网络。

以往在中国的区域合作框架内，沿边地方政府发挥着至关重要的作用，甚至有时候在中国中央政府看来，某一合作框架就是为了解决中国某一相对不发达的省份的对外开放问题，具有局部和地方性质，尽管可以被冠以国家名义，然而并不会成为中央政府，特别是外交部门的政策手段。而目前中国所推动的区域合作框架，由于基础设施建设占了相当大的比重，不可能由地方省份负责，只能由中央财政提供支持。这一方面保证了中央对区域合作进程的主导，同时也会使有关地方获得比较明显的直接与间接收益。当然，也会产生众多地方政府对涉及项目走向、涵盖地带、利益分配等的争夺与游说活动，这是很正常的。风险在于可能会出现地方利益和中央对外战略设计之间的矛盾。

整体而言，不论是此前一段时间中国已经探索和实施的区域合作框架，还是刚刚启动甚至仍在讨论当中的合作概念，其实质都是在努力产生利益回报的同时，以经济手段帮助中国推行对外战略。然而，不同的合作理念本身就反映出了对外战略的调整，而这些理念的推行、框架的建立又会对中国对外战略的实施效果产生重要影响。

二、中国区域合作策略调整的战略动机

尽管目前中国几个区域小多边合作计划尚未得到全面执行，然而从中方的表态以及前期准备的实施过程判断，中国更新的区域合作策略主要希望在如下四个方面

取得收益。

1. 实现中国工业能力的海外输出。中国已经成为"世界工厂"，这是中国改革开放成果的最集中体现，然而由此产生的问题也是非常严重的，空气污染、能源原材料的透支和进口依赖度的加剧，日益严重的贸易摩擦，都与中国快速的工业扩张有关。这种无节制的工业化扩张显然是不可持续的，而要化解工业快速扩张带来的难题，一靠技术水平的提升，加速中国工业经济由产品供应向技术提供以及标准确定转变，另外一项重要的解决办法则是将国内的工业能力向海外市场转移，以便减轻环境和资源压力，规避贸易摩擦风险。将中国的工业能力就近向周边国家转移，还有助建立起中国与周边国家的产业链，使得工业水平较高的中国企业与海外次级供应商之间的关系更加紧密。同时，中国制造业提供的就业机会将促使中国贸易伙伴发育出更多的对华友好力量。

2. 建立中国与海外能源原材料供应商及销售市场的战略通道。不论中国企业在海外布局的进程如何顺利，中国继续作为世界主要工业生产基地的地位是不可改变的。多年以来，如何确保中国与自己海外能源原材料供应商及销售市场之间的交通联系，始终是中国政府高度重视的问题。所谓"马六甲困局"，主要是媒体概念，而不是现实的政治或安全概念，也必须承认中国在世界主要工业国家当中，其海外依存度与对世界市场连接性的确保能力之间存在的不相称，是非常典型的，由此导致的风险也显而易见。

规避风险只是中国大力推动以中国为中心的亚洲交通基础设施网络的动机之一，另一重要的战略考量则是努力推动便于中国资本流动的海外配置，包括在中国周边地区建立快捷交通系统，以便实现"X小时经济圈"。中国以巨大决心推动周边高速铁路网的建设，其动机，至少是动机之一便是如此。

3. 在周边建立示范效应，强化经济手段在对外战略中的应用价值。前文已经提到，中国以往的区域合作，以参与特定区域范围内整体性的合作框架为基本样式。这种无差别的区域合作姿态，显示出中国对区域合作的政策考量，出发点是获得经济回报，而不是将自己的经济影响力转化为政治权力。毫无疑问地，在同一区域内对所有经济伙伴同等程度的开发姿态，意味着在外交和经济关系中做出切割，也就因此丧失了运用经济上的差别手段影响同一区域内不同国家对中国政策的可能性。中国将东盟作为一个整体时，又怎么能指望菲律宾在制定对华政策时顾及无法分享中国经济增长的"红利"呢？

而当前有选择性的区域合作框架，则有助于在周边建立差异性的"中国体系"，使得对中国具有重大战略价值或对华更加友好的国家能更加容易地获得来自中国的经济回馈，从而形成以善意换取善意、以价值换取价值的正向循环。相较其此前中国无差别的区域合作框架，无疑是对经济手段在对外战略中的应用价值的提升。实际上，此前一段时间，中国不仅仅是在执行无差别的区域合作政策，在某些具体的双边框架下，甚至执行的是具有绥靖色彩的逆向交换政策，即重点安抚对华有疑虑甚至怀有恶意的周边国家，以防止这些国家进一步"倒向美国"。这种策略的动机可以理解，但实践结果是相当低效、无效甚至有害的。其有害的结果之一便是在中国周边，出现了对华越不友好，越受中国重视的诡异现象。

需要注意的是，对华具有战略价值和对华友好并不是同一概念，就像对华怀有恶意和对华存在威胁不是同一概念一样。在中国目前推行的小多边区域合作框架中，有些国家对华友好，但战略价值比较有限，如柬埔寨和老挝；有些国家对华态度一般，但具有重要区域战略价值，如印度尼西亚和印度；也有些国家对华友好且具有重大战略价值，如巴基斯坦、哈萨克斯坦等国。但无论出于何种情况，中国与这些国家的密切合作都属于正向激励，有利于中国在周边地区聚集支持力量。对这些国家的合作，即使在经济利益上做出一定程度的让步，其性质也不是"安抚"捣乱者，而是"回馈"友好者。这是大国在周边建立自己主导的区域秩序所必需的外部感知信号。"安抚"策略对于既存的地区强国稳定自己的周边秩序是否未尝不可以讨论，但对于新兴的、必然要改变传统秩序的大国来说，则百害而无一利。

4．促进边疆地区开发，缩小东西差距。本轮中国区域合作框架所涉及的国内区域，集中在西南和西北地区，即新疆、西藏、云南、广西等沿边省区以及四川、贵州、宁夏、青海等西部内陆省区。这些地区长期经济发展迟缓的重要原因在于接入国际市场的难度。中国多年前开始执行西部大开发战略，但主要体现为中央财政向西部地区的倾斜，以及中央主导的基础设施兴建计划，财政投入巨大，效果却不甚明显。究其原因，在于这些地方作为东部省份的能源、原材料及劳动力供应地的地位并没有因此而发生改变。如果要实现改变，西部地区的工业化进程是不可或缺的，不能在西部实现工业化，即使修建再现代的交通体系，也只会有利于西部经济要素向东部的加速流动，实际上并不有利于西部大开发战略的实施。在西部实现工业化，必然提出的要求之一便是提供销售市场，而西部地区本身市场容量有限的情况下，加强与周边地区的物理连接，以便扩展海外市场是至关重要的应对之道。

综上，不难看出，中国的区域合作策略已经不仅仅是着眼于实现融入国际市场的目标，而更主要的是建立自己主导的区域经济秩序，并在此基础上，建立自己主导的地区政治秩序。中国以"一带一路"为代表的新型区域经济合作策略，越来越表现出建立"中国经济圈"的意图。中国区域合作策略的转变是与中国对外战略思维模式的转变相适应的，谋求区域合作主导地位、坚持以中国为核心，由中国提供主要公共产品，建立差异性的参与体系，都体现出中国变"外交为经济建设服务"为"对外经济行为为对外战略服务"的新思维。中国力图将自己的经济实力转换为政治影响力和权力，寻找盟友，建立自己的地区体系并实现海外利益的延伸。中国在努力维持崛起的和平性质和经济导向的同时，越来越重视实力的运用，而不是专注于积累实力。这种调整，即使不是战略转变，也是至关重要的策略转化。

三、"区域小多边合作"策略需要应对的挑战与风险

中国推进"区域小多边合作"，目前仍在政策研讨过程中，尚未形成统一的制度架构，多个组成部分的海外反响也不尽相同。在研究和探索阶段，确定策略的意图固然是重要的，评估其存在的困难和可能遇到的风险也同样重要。在中国推行"区域小多边合作"过程中，至少有如下风险需要仔细评估并确定合适的应对策略。

1. 小多边合作策略的地方或部门利益与国家战略差异。尽管在中共十八大

之后，中国以经济手段促进对外战略，而不是外交服务于经济建设的思路更加明确，然而，任何对外策略都是需要实施主体的。中国的小多边合作策略虽然体现的是国家的整体对外思维，却主要由各沿边省区来具体执行。这一过程中，如何协调地方利益与国家战略的差异，确保国家战略意图在实施过程中不受到地方或部门利益的干扰是至关重要的问题。此外，考虑到此轮对外合作策略的实施重点区域基本上处于中西部欠发达的沿边地区，本身并不具备强大的经济吸引力和政策自持空间，其发展权益也必须得到中央政府的重视。中央政府很难要求沿边地方为了国家对外战略的实施而对区域合作机制和政策进行迅速而精准的调整。这种潜在的矛盾将是长期性的。

　　同时，还要看到，小多边区域合作本身也需要建立合作的政策预期。既然中国打算建立中国主导的区域经济秩序，就需要中国提供一定的利益优惠，以便强化周边国家参加中国主导的区域合作构想的意愿，这种优惠或便利虽然不同于已经被证明失效的"安抚"策略，但依然需要政府制定或协调非中性的制度或政策安排，以便促进中国经济要素的海外流动。这种政策导向在具体实施过程中如何保证公平性原则，并且避免成为部分企业或利益集团的牟利工具，同样需要审慎的效益评估。

　　无论如何，企业的逐利行为不能成为国家战略的阻碍，更不能被人为提高为国家战略本身。企业作为对外经济活动的基本参与者，是按照市场竞争条件下获得利益最大化的原则行事的，这一点可以理解，但中国企业必须改变因为对外国市场环境的陌生以及对获得海外利益的渴望，导致大量的短期行为以及过于咄咄逼人的态度的现状。一段时间以来，中国企业的行为和中国政府的战略及政策，至少是预期之一产生了矛盾。而这种矛盾不但会引起中国政府与商业界，主要是大型国有企业之间的意见分歧，也会使中国政府在面对地区合作伙伴关于中国过于"重商主义"的指责时陷入尴尬境地，例证之一便是中国与缅甸之间的密松水电站风波。类似的教训，中国在推行小多边合作策略是必须加以避免。

　　2. 小多边合作策略的外部反应。中国的小多边策略就其战略意图而言，是要建立以中国为主导的区域经济以及政治秩序，这一意图既不可能改变，也无法长期隐藏。实际上，国际学术界和政策研究界已经开始讨论中国"一带一路"的战略动机以及可能影响了。中国建立自己主导的地区秩序是中国崛起的必然过程，也是中国此前三十年努力融入国际体系的后续结果，然而，这二者之间还是存在着巨大差别的。

由渴望被接纳到试图主导，中国心态和行为的变化必然会改变其他国家对中国的反应。实际上，对中国试图建立"势力范围"的猜忌已经广泛出现。不但美国作为地区乃至国际秩序的制定者和维护者做出了政策调整，尽管在中东迭遭挫折，然而美国始终强调其"亚太再平衡"的战略转变不可逆转；此外，区域内强国以及和中国存在矛盾的其他国家也充满警惕。这就是何以中国截至目前未曾在海外寻求任何形式的军事长期存在，所有的海外工程都属于民用项目，但中国企业的海外投资行为还是不断被冠以国家战略实施者的原因。人们很少从商业视角看到中国的投资和建设项目，一方面固然是出自过度解读，而另一方面，也与中国国内媒体和政策界对"战略意义"的痴迷有关。此外，中国有关项目的推动者为了争取更大的社会理解以及更加重要的政府支持，往往倾向于将自己的投资项目"升华"为"国家战略"，由此引起的外部消极反应却甚少有人关注。

中国越是要获取主导型，越要关注自己政策的外部溢出效应，做到精确衡量政策成本。当然，这绝不意味着中国应该顾及区域外大国以及区域内未参加合作框架的其他国家的反应，而放缓"一带一路"等区域合作构想的建设过程，只不过，需要明确，中国主导的区域合作进程势必遭到某些国家的反对，而在很多情况下，试图说服这些国家是不现实的，实际上也是没有必要的。中国建立"中国经济圈"必然会遭到周边一些国家的反对，但这是中国必须承受的代价。中国所要避免的，仅仅是过度宣传所导致的外部恐惧泛滥，以及为反对中国合作策略的宣传提供证据。

3. 小多边合作策略的合作对象风险与问题。如果说小多边合作策略的外部环境风险是中国必须承担的代价，中国合作对象本身存在的风险却是中国必须仔细应对并且在政策制定过程中就考虑进去的。

首先，中国必须认识到，推动小多边合作策略，意味着中国在对象国投入更大的力量，建立更多的基础设施，以及转移更多的工业能力，这将使中国的角色从贸易伙伴转变为全方位的经济伙伴，实现全方位高程度的经济介入。中国的形象将从中国产品的具体形象与中国文化的远端想象之间的结合，转变为具体的中国利益存在，包括中国的商务人员和中国的项目设施。这实际上是中国利益在合作伙伴实现本地化的过程，不可避免地，本地化利益也就意味着本地化矛盾的出现。一是中国利益与当地利益之间的矛盾，二是中国经济存在如何在当地不同的利益集团当中寻求平衡。这两个问题如今在中国的海外经济活动中渐趋显现，以中国企业的国际公关能力，显然不足以应对本地化发起的挑战。中国政府，从中央到地方必须为中国企业的海外活动，特别是国家级重点项目提供充分的本地化培训。实际上，不能将这种支持看成是"走出去"的成本，它更是沿边地区发挥区域合作主导作用的具体体现，依托地理和文化优势，提供设计区域合作对象的本地化知识和本地化解决方案也是沿边地区的新兴经济增长点之一。

此外，中国在与对象国合作时，还必须在"中国经济圈"构想和对象国的工业化需求之间取得平衡。大多数中国潜在的合作对象工业水平都远低于中国，制定合作计划，特别是确定交通基础设施的技术标准时，是以满足中国经济要素的海外配置需求为出发点，还是以满足对象国的经济发展需求为出发点，这不但是一个技术标准问题，更是一个策略意图问题。在这一方面，中国应该努力克制在国内已经过滥的高技术高标准冲动，从讲求实效考虑长远的角度，仔细评估境内外交通基础设施建设的标准。

作者为中国社会科学院亚太与全球战略院《南亚研究》编辑部主任
华东师范大学国际关系与地区发展研究院地区安全研究中心主任

中国可借"一带一路"破解美国 TPP

王义桅

> "一带一路"并非我单向推，终点站是欧洲，以中欧新型全面战略伙伴关系，与欧洲国家合作共同经营中亚、中东、西亚北非市场。中欧俄合作将破解美国旨在通过 TPP、TTIP等更高标准全球化排斥中国的企图，重塑全球地缘政治及全球化版图。"一带一路"是中国从"融入全球化"到"开创全球化"转变的标志。

"一带一路"：中国塑造欧亚一体化

近50年来，中国通过武斗——朝鲜战争、文斗——中苏论战，确立了独立自主的和平发展道路，但是中国始终不是世界潮流的开启者。"一带一路"是中国从"融入全球化"到"开创全球化"转变的标志。

近年来，欧盟提出从里斯本到海参崴的欧亚一体化战略构想。俄罗斯也提出欧亚经济联盟战略。"一带一路"比这些更大、更切实、更包容。为此，中欧、中俄关系更具战略，中欧俄合作将破解美国旨在通过TPP、TTIP等更高标准全球化排斥中国的企图。欧亚大陆被英国地缘政治学家麦金德誉为"世界岛"，其一体化建设将产生让美国回归"孤岛"（布热津斯基《大棋局》）的战略效应，和让亚欧大陆重回人类文明中心的地缘效应，重塑全球地缘政治及全球化版图。中国模式和丝路精神的推广，也将极大增加中国的软实力。

发展"一带一路"面临海上安全风险、国家猜忌，以及"三股势力"挑战。如何确保安全的发展与发展的安全？这就要将中国的和平发展理念外延。"一带一路"也切实回答中国崛起后给世界带来什么——发展的机遇与安全的责任。中国是世界贸易大国中仅有的非美国盟国，长期坚持独立自主的和平外交政策，没有海外盟友与军事基地，只能通过租赁、特许经营权、合建港口等方式解决海上通道安全及未来航母补给站等问题。

然而，打铁还要自身硬。"一带一路"最大的风险在于国内能力与认识未到位，出现"一窝蜂上"的情形和山寨丝路计划现象，从产能过剩到丝路过剩；一些做法是将国内那套发展模式推广至丝路沿途国家，甚至出现中国成为"国际发改委＋财政部"的冲动；习惯走上层路线，可能遭遇来自不稳定国家和地区的草根革命冲击，将来中国可能陷入疲于应对海外利益维护、海外法人安全的挑战，崛起进程夭折。

不可忽视的是，"一带一路"是需要十年以上时间推进的伟大工程，面临不少地缘政治风险，这些风险还可能随着时间的推移具有种种不确定性，必须未雨绸缪，妥善应对。

"一带一路"的战略风险

基础设施都是战略性投资，互联互通需长期经营。"一带一路"改写世界政治经济格局版图的战略，至少需要10年谋划、经营，战略风险是多重的：

1. 中国的战略扩张

包括战略投入与战略补给两大风险。"一带一路"沿岸、沿途国家对美国霸权的失落，可能转而将希望寄托在中国身上，邀请中国战略介入中东、中亚、西亚北非等地，对中国战略诱惑不小；丝绸之路经济带要确保基础设施建设和维护，而战略资产易投不易守，这些都可能使中国陷入保罗·肯尼迪在《大国的兴衰》中警告的"过度扩张"的危险。丝路基金采用国际融资手段，也可能陷入杠杆化风险。如果这些投资都是我央行托底，会出现又一个四万亿问题。

2．美国的战略围堵

"一带一路"是需要几代人持续不断的艰苦努力才能建成的伟大事业，如何处理好与美国主导的现行国际体系及全球化关系？对其面临的风险与挑战，绝不可低估。美国还看不懂"一带一路"构想的意义，或不看好其前景，认定那是个"Illusion"（假象），目前忙于应对两大中国挑战：一是以"亚洲新安全观"为风向，试图动摇美国亚太联盟体系；二是在现行基于规则的国际体系外另起炉灶，比如搞金砖银行、亚洲基础设施投资银行等。但美国一旦醒悟过来，认定"一带一路"计划可能成功，并且对其主导的全球化进程产生重大挑战，一定会怂恿盟国和沿途国家进行反对或破坏。美国在加速推进"亚太再平衡"战略的同时，可能重拾新丝绸之路计划并加以改造，从海陆两路进行搅局。

美国可能的破坏包括：一是美国的联盟体系破坏"一带一路"建设：与沙特的特殊关系怂恿"三股势力"搅局？二是为维护海上霸权，不断强化印太战略，加强亚太、印度洋军力，重点利用东亚海洋领土争端，挑唆声索国制造事端，企图"以邻制华"、"困龙浅滩"、遏阻中国"海洋崛起"。三是策动沿途国家（尤其是缅甸、越南、中亚国家）的颜色革命。四是加紧通过利益集团代言人对我施加影响，策划推动"五独"势力的合流，推动台湾加入TPP。五是与日本一道利用亚行阻止AIIB，败坏"一带一路"声誉。

3．俄罗斯的战略猜疑

历史上，丝绸之路的兴衰与俄罗斯、奥斯曼帝国的兴衰密切相连。"一带一路"的关键挑战海上是美国，陆上是俄罗斯。欧亚经济联盟2015年1月1日起正式投入运营，其成员国包括俄罗斯、白俄罗斯和哈萨克斯坦。该组织还将吸纳新成员，亚美尼亚近期即将加入，吉尔吉斯则拟在今年5月加入。不排除塔吉克斯坦和乌兹别克斯坦在未来加入的可能性。如果算上吉尔吉斯，将有三个联盟成员国与中国接壤。其中哈、吉均为中国"丝绸之路经济带"上的重要国家。普京曾表示，经济联盟将成为独联体地区的一个经济引擎，成为一个新的世界经济中心。因此，俄罗斯对丝绸之路经济带可能带来的麻烦不只是以其主导的地区合作组织分化有关国家，更在于欧亚经济联盟的不接轨，不是按照市场经济规律办事，与"一带一路"理念、体制不兼容——铁轨的不兼容还是技术层面的，观念上的不兼容更麻烦。

4．印度的战略不合作

印度著名中国问题专家谢刚称，印度未表态支持"一带一路"理由有三：一是成本巨大（要8万亿美元大规模投入），印度不愿投入，担心无法获益。二是所经地区争议、动荡，比如经过克什米尔地区，孟中印缅经济走廊经过缅甸不稳定地区，中巴经济走廊经过"不稳定弧"等。三是担心被中国包围，尤其是从海上、陆上恶化印度安全环境，担心美国的介入影响其独立自主性等。中国应效仿中日21世纪委员会建立与印度的二轨机制，由戴秉国及梅农领衔，争取印度支持。

5．日本的战略搅局

作为美国的盟国和中国的战略竞争者，日本一定不会坐视"一带一路"成功，可能成为美国联盟"使绊战略"的排头兵。日本在丝路沿途国家经营多年，"一带一路"动其奶酪，可能采取如下措施破坏：一是在中南半岛、孟加拉湾搞互联互通与我唱反调；二是利用其FDI优势搅局；三是通过非政府组织破坏我项目；四是利用亚行基建项目与我竞争。

6．地缘政治风险

美俄战略对抗影响"一带一路"沿途、沿岸地区稳定，相关国家可能成为美俄代理人对抗的牺牲品，尤其是乌克兰危机走势、伊朗与美国的关系、沙特对伊斯兰极端势力的影响，滋生种种地缘政治风险。此外，国际恐怖主义、宗教极端主义、民族分离主义"三股势力"再度抬头；东亚海洋领土争端加剧，中国在海洋安全面临的严峻现实威胁对建设"海上丝绸之路"颇为不利；气候变化，极端天气、水资源冲突等也可能将中国搅进去。

"丝路"上的高危国家

1．阿富汗：联合政府面临治理挑战，内部各民族间权力斗争激烈。由于国际军事力量减少，塔利班正加速瞄准阿安全力量，并在南部和东部省份取得控制权，它也有可能对北部的大型政治和安全目标进行攻击。

2. 巴基斯坦：也与反恐有关。伊斯兰军事力量有可能为报FATA之仇，对城区和国家安全力量发起攻势，尤其是在信德省和俾路支省，同时有组织犯罪（集团犯罪）、绑架勒索等活动会有所增加。尽管他们一般不会直接对外来投资项目进行攻击。

3. 朝鲜：主要是政权稳定性问题。

4. 泰国：有可能推行改革；红衫军；皇室继位将与精英权力斗争混成一团。

5. 希腊：债务及引发的政治经济动荡；民众抗议活动和暴力事件的频率高；类似的还有波兰和西班牙等国家。

6. 乌克兰：改革（反腐）；议会可能因为对改革意见不一而解散；东部地区由亲俄军事力量控制，可能有武装冲突。

应对风险："两容"、"两分"、"一抓"

"一带一路"沿途、沿岸64个国家中，目前表态支持的有50多个，但是无条件支持的并不多。多数国家指望"一带一路"给他们带来多多的收益，并未准备好投入，一些国家甚至公开恐吓"支持不足而捣乱有余"，可能配合外界干扰"一带一路"建设。政局不稳或对华关系紧张，更导致立场的逆转。基础设施投资都是战略性、长期性的，有赖于沿途国家的政局稳定、对华关系稳定。要防止可能的颜色革命干扰和对华挑拨。

如何确保一带一路的安全？换言之，如何将利益共同体变成利益+安全共同体？中国如何与有关国家合作，提供安全公共产品？

如何应对有关风险？确立两容、两分、一抓思路：

所谓"两容"，一是与当地已有合作架构的兼容，尽量不另起炉灶；二是与域外力量的包容，不是排挤俄美欧日等域外势力。美国的比较优势是军事联盟体系，中国的比较优势是人、技术、经验和地缘，可以参照北约与欧盟的合作模式——北约提供欧洲的硬安全、欧盟提供软安全，避免重复、竞争——实现中美新型大国关系在"一带一路"的兼容。历史上，英国无法承担全球霸权体系，主动请美国帮忙；不久的将来，美国可能对中国提出类似请求。中国要做好准备。

所谓"两分"，就是分好工、分好责，不能全包。金融投资不能央行托底，安全风险不能解放军托底，必须让当地利益攸关方和社会力量对接上，把我要维护安全变成他们要维护安全，把我风险变成他们的风险。

所谓"一抓"，就是抓住欧洲。"一带一路"并非我单向推，终点站是欧洲，需要西头来主动对接。尤其是要借助欧洲运筹好中美俄大三角关系，调停乌克兰危机。以中欧新型全面战略伙伴关系，推动中欧海洋合作、第三方合作、网络合作，共同致力于政策、交通、贸易、货币、民心等"五通"，管控好"一带一路"风险。推动欧盟加入"海上合作组织"；与欧洲国家合作共同经营中亚、中东、西亚北非市场。

此外，推动地方与沿途、沿岸、沿线国家"结对子"。丝路沿线省区的政府承担国内、国际两大功能，为此应调整其工作理念，改变工作作风，帮助其寻找"一带一路"沿途国家、地区结成战略合作伙伴——全球伙伴网络要接地气，夯实"一带一路"安全的社会基础。另外可考虑创设安全外交机制。将丝路分区、分段，以支点国家外交实现区、片联动，先近后远、先点后面，有序推进，按领域建立安全网。与此同时，加强丝路公共外交，也是化解"一带一路"风险，消除"丝路威胁论"的必要举措。比如，可倡设"丝路论坛"，提出包容、开放、可持续的"丝路安全观"。发布"一带一路"白皮书，向国内外派宣讲团，阐释其意图、策略，给当地带来的好处，强调联合国开发计划署（UNDP）的前期贡献，将"一带一路"纳入联合国千年发展目标和包容性发展、可持续发展大框架，践行十八大报告提出的"五位一体"理念，妥善处理好丝路威胁论。以智库联盟形式发表《丝路治理报告》，提升"第五个现代化"——治理能力与治理体系现代化——的国际话语权。

作者为中国人民大学国际关系学院教授

中国"丝绸之路"战略面临政治安全风险

肖 斌

中亚国家对中国的依赖低于中国对中亚国家的依赖，深化经贸关系虽有助于我国与中亚国家形成利益共同体，但这并不能直接转化成彼此政治互信和安全互信。例如哈萨克斯坦担心对中国国债比例过高会影响其经济安全，一些乌兹别克斯坦的学者并不赞同中国对新疆的宗教政策，吉尔吉斯斯坦反华情绪也存在着增长的可能等。"丝绸之路"战略构想是以中亚地区的相对和平稳定的环境为前提条件的，在外部环境发生变化且有潜在风险的条件下，该战略的进一步推进也可能将面临更多的困难和风险。

受国际环境和中国自身发展需要的影响，以习近平为核心的新一届中国政府提出了建设"丝绸之路经济带"战略构想。该战略构想一经提出，就引起国内外学者的高度关注。中国学者对"丝绸之路经济带"战略构想的看法总体有三种观点：一是"丝绸之路经济带"战略构想适应了国内国外两个大局的需要，不仅能为中国的崛起赢得更大、更广阔的战略空间，也将为中国的不断崛起提供新动力、新支点；二是"丝绸之路经济带"战略构想的提出不合时宜，因为中国既没有推动该战略的良好的内外环境，也缺少必需的能力；三是"丝绸之路经济带"战略构想既然已提出且必需推进，那么中国就需要做好相应的战略准备，为制定具体的战略规划奠定基础。与中国国内大唱赞歌的舆论环境不同，与"丝绸之路经济带"战略密切相关的俄罗斯和美国学者对"丝绸之路经济带"战略的反应褒贬不一，正反两方意见虽互有攻守，但基于各自国家利益之上，俄罗斯和美国学者对中国"丝绸之路经济带"战略的负面意见稍占上风。一些俄罗斯学者认为，"丝绸之路经济带"战略与俄国关税同盟对立，可能会对其正在中亚地区推进的欧亚经济联盟产生负面影响。甚至有的俄国学者认为，"丝绸之路经济带"战略是一项谋求把俄罗斯和美国排挤出中亚的计划。一些美国学者把"丝绸之路经济带"战略描述成中国在东亚和中亚地区的"马歇尔计划"，认为其从内容上与美国的"新丝路计划"、欧盟的"新中亚伙伴战略"、俄罗斯的"欧亚联盟"矛盾，未来将可能加剧西方国家与中国在东亚和中亚地区的经济竞争。

无论中外学者如何解读"丝绸之路经济带"战略，但作为一项国际合作倡议或国家寻求国际合作扩大的行为，我们都需要把其放于国际关系的现实状态中来考虑。这是因为，国家产生国际合作意愿且做出合作选择的必要条件不是其对未来收益的预期，而是国家对现状的偏好。那么我们就需要从国际关系的现实主义理论出发，讨论影响中国推进"丝绸之路经济带"战略的若干问题。

第一，大国关系的变化深刻影响着我国推动"丝绸之路经济带"战略构想的外部环境。冷战结束后，国际政治（权力）格局形成了以美国单极霸权为特征的权力分布形态。虽然大国之间存在一定摩擦，但中国和俄罗斯都没有直接挑战过美国单极霸权的地位。也许可把我国提出的"丝绸之路经济带"战略看成是对美国"重返亚太战略"较为温和回应或抗争，制衡美国在中国周边地区施加的压力，改善、巩固和提高中国与周边国家的关系。即便如此，在中国提出"丝绸之路经济带"战略构想之时，大国关系总体上相对稳定。然而，随着克里米亚危机的深入发展，国际政治（权力）格局虽未发生质的改变，但权力关系却出现了较大的不稳定性。美国及其欧洲盟友采取了一系列措施来制裁俄罗斯，这从长期上可能会给俄罗斯经济增长带来负面影响。经济增长是国家实力最重要的物质基础之一，经济增长的下滑也就预示着俄罗斯国家实力会随之下降。那么，俄罗斯国家实力衰落会有什么样的影响呢？俄罗斯是当前中亚安全秩序的重要主导国，其实力的衰退可能会使中亚地区的安全秩序得不到有力保障。事实上，这种担心也并非是空穴来风，2003年格鲁吉亚的"玫瑰革命"、2004年乌克兰的"橙色革命"、2005年吉尔吉斯斯坦的"郁金香革命"和乌兹别克斯坦的安集延骚乱事件、2008年的俄格冲突（俄罗斯—格鲁吉亚），以及2014年的克里米亚危机都发生在俄罗斯经济增长下滑的情况下。在"丝绸之路经济带"战略构想中，中亚地区是该构想的核心地带。显然，战略的提出是以中亚地区的相对和平稳定的环境为前提条件的。而目前大国关系的变化，将可能导致"丝绸之路经济带"战略原有的外部环境发生变化。在外部环境发生变化且有潜在风险的条件下，"丝绸之路经济带"战略的进一步推进也可能将面临更多的困难和风险。

第二，相关国家对我国"丝绸之路经济带"的合作意愿度因其发展水平差异而各不相同。合作意愿度的不相等，可能将增加合作成本，从而降低合作的效力和弱化合作的稳定性。目前，我国的"丝绸之路经济带"战略处于准备阶段，还未明确合作形式的制度化水平。尽管中亚国家对我国"丝绸之路经济带"战略预期总体持欢迎态度，但因国家发展水平不一，中亚国家利益诉求差异很大，这直接影响着它们对我国"丝绸之路经济带"的合作意愿度。以经济发展水平为例，根据《2014年经济自由度指数》统计，是年世界平均经济自由度水平是60.3，中亚国家的平均水平是53.1，其中哈萨克斯坦的最高为63.7，土库曼斯坦的最低为42.4。如果仅以中亚国家市场开放水平来看，吉尔吉斯斯坦的市场化开放水平最高，乌兹别克斯坦的市场开放水平则最低。

需要说明的是，即使中亚国家认为我国"丝绸之路经济带"战略能给其带来一定的收益，出于政治或其他原因，中亚国家的合作意愿度水平也未必就会明显提高。因为一个国家有可能将潜在经济收益让度另一国家以期换取政治好处。例如，中吉乌铁路项目的变故等。此外，随着我国"丝绸之路经济带"战略构想的推进和参加国的增多，相关国家（包括中亚国家）还有可能出现搭便车行为，也将可能在合作过程中产生合作意愿度缺失或者不足。

第三，理性认识"丝绸之路经济带"战略在发展我国周边关系中的作用。周边对我国具有极为重要的战略意义，而我国与中亚国家的关系则是十分重要的一组周边关系。据中国商务部统计，2013年我国与中亚国家进出口贸易总额为502.7亿美元，与2003年同期相比增加了12倍；与中亚国家都建立了战略伙伴关系，其中哈萨克斯坦是全面战略伙伴关系。这是20多年来我国与中亚国家关系发展的主要亮点。针对周边关系的需要，我国提出了"丝绸之路经济带"战略构想，在该战略构想还没有做进一步的规划之前。在国内众多舆论的引领和造势下，部分学者盲从于舆论，对我国提出的"丝绸之路经济带"战略构想失去了理性的判断，过度解读该战略的作用，认为"丝绸之路经济带"战略在深化我国与中亚国家的经贸关系同时，势必会提高中亚地区的和平稳定。中国中西部省市都以搭上"丝绸之路经济带"战略为对外发展目标，邀请国内外专家学者召开各种国际国内研讨会。从中央到地方，中国各级政府希望通过国际合作的扩大寻求发展的动机无可厚非，但罔顾国际关系的基本规律很可能与实现预期目标有较大的差距。因为经贸合作深化并不能避免冲突，相反还有可能增加冲突的机会。首先，中国从中亚国家进口的产品较为单一，中亚国家对中国的依赖低于中国对中亚国家的依赖，一旦中亚国家出现较强的贸易保护主义，中国将缺乏反制工具，很难有效降低对自己的负面效应。随着中国与中亚国家经贸关系的加深，中国将面临贸易壁垒、外汇管理、知识产权等问题的考验。其次，深化经贸关系虽有助于我国与中亚国家形成利益共同体，但这并不能直接转化成彼此政治互信和安全互信。目前的一些信息正体现出这一点，例如哈萨克斯坦担心对中国国债比例过高会影响其经济安全，一些乌兹别克斯坦的学者并不赞同中国对新疆的宗教政策，吉尔吉斯斯坦反华情绪也存在着增长的可能等。

综上所述，大国关系、相关国家的合作意愿度和理性认识等是影响我国"丝绸之路经济带"战略构想推进的基本因素。重视和挖掘这些基本因素，将会对我国"丝绸之路经济带"战略的有效推进起到更多的正面作用。

作者为中国社会科学院俄罗斯东欧中亚研究所研究员

警惕"一带一路"或成为"中国的麻烦，美国的机会"

薛 力

> 中国推出"一带一路"战略的目的之一，是平衡美国"亚太再平衡"的战略。"一带一路"战略与"亚太再平衡"战略构成竞争关系。中国周边国家中，或者是美国的盟友（如韩国、日本、菲律宾、泰国），或者虽然不是美国的盟友但觉得没有更好的选择而在安全问题上向美国靠拢（如越南、新加坡、蒙古）。中国在过去的一段时期内的对外行动，以及现在在领海争端中的某些行为，都加重了周边国家的安全顾虑。中国如果处理得好，有可能把"美国的亚太"转化为"中国的周边"。而如果处理不好，"一带一路"或成为"中国的麻烦，美国的机会"。但是，"一带一路"战略是中国从"有世界影响的地区大国"转变为"综合性的世界大国"的一种路径。中国没有更好选择。

"一带一路"是新一届中国政府中长期战略，至少会统领未来8～10年对外工作。中央已经确定的战略，没有必要再讨论必要性与可行性，学者所应做的，就是提供一些建设性建议，把事情做好。就此，我提出三点看法。

一、如何判断美国"亚太再平衡"战略的性质

中国推出"一带一路"战略的目的之一，是平衡美国"亚太再平衡"的战略。因此如何判定"亚太再平衡"的性质，就比较重要。如果"亚太再平衡"战略是一

种遏制中国的战略，中国只能选择一种对抗性的崛起：尽量孤立美国，扩大盟国，慢慢把美国挤开。如果美国不是基于遏制中国，而是美国传统的地区平衡战略的体现，是英国人在欧洲玩了几百年的大陆平衡政策的亚太版，那么，中美两国的战略既有竞争的一面，也有合作的一面。对于中国来说，就不是想方设法推开美国，而是寻找共同利益融合点，然后实现对外拓展的战略目标。

"实现力量平衡"是英美战略思维的精髓，其核心是：扶助弱国一方以实现某一地区的力量平衡，防止地区大国进一步坐大而采取冒险行动。除了大陆平衡政策外，英国在殖民地经常采用的"把少数民族扶持为统治阶层"也是这种战略思维的体现。二战后的美国，则把这一战略当作"区域战略原则"：在欧洲支持西欧对抗苏联及其东欧盟国，在中东支持以色列对抗阿拉伯国家，在南亚支持巴基斯坦对抗印度，在东亚通过一系列双边同盟（美日、美韩、美菲、美泰）对抗社会主义国家（如中苏同盟、苏越同盟、中朝同盟）。现在，则表现为在东海问题上支持日本，在南海问题上支持东盟声索国。

美国的"亚太再平衡"有一个发展过程，刚开始的提法是"重返亚洲"，然后是"亚太再平衡"，而后在2013年发展为"印太再平衡"。美国提出印太亚洲（India Pacific Asia）或印亚太（India–Asia–Pacific）的概念，就是发现单单靠亚太国家的力量还不足以平衡崛起的中国，需要把以印度为代表的南亚国家拉入进来。印太战略旨在平衡中国，而非遏制中国。换句话说，美国认为，中国可以发展，但是必须在美国领导的国际体系内玩，而且认为中国可以追求自己的利益但不能用非和平或者胁迫的方式来实现。

美国要西化中国是肯定的，但美国现在没有能力在短期内实现这个目标。信奉实用主义哲学的美国人不会把这个当作当务之急来处理，而是会采用更为务实的方式：对中国又接触又防范，防止中国"脱离"美国领导下的世界体系与机制这个"轨道"。

二、周边国家的支持

"一带一路"是中国提出的，并没有征求过周边国家的意见。这很正常。但是，如果要把这一战略及其目标变成现实，没有"一带一路"沿线国家的支持，是不可能实现的。中国已经成为全球120多个国家的最大贸易伙伴，70多个国家的最大出口市场。"一带一路"涉及60多个国家，目前有30多个表态支持，这是一个好消息，但从口头支持到实际项目运作，再到最后的共赢，中间有很多不确定的因素。其中最主要的是周边国家对快速发展的中国不放心、不信任，不单单是"经济靠中国、安全靠美国"，实际上经济上也担心依赖中国太多，甚至担心环境污染与文化传统受到冲击。

二战以后的历史事实是，中国周边国家中，或者是美国的盟友（如韩国、日本、菲律宾、泰国），或者虽然不是美国的盟友但觉得没有更好的选择而在安全问题上向美国靠拢（如越南、新加坡、蒙古）。中国一段时期内的对外行动，以及现在在领海争端中的某些行为，都加重了周边国家的安全顾虑：中国在更强大后是否会采取非和平手段实现自己的主权主张呢？列举两个微妙的例子。菲律宾在20世纪90年代把美国驻军赶走了，现在则邀请美军实质性返回，重要的原因就是害怕中国。日本追求正常国家的地位，目标之一是减少对美国的安全依赖，可为了实现这个目的，民族主义色彩浓厚的安倍却不得不先强化日美的同盟关系。其部分原因就是担心中国在钓鱼岛等问题上改变现状。2014年5～7月间持续了两个多月的"981钻井平台"事件，则加剧了东盟声索国对中国的担心，东盟外长首次就这个问题发表声明，美国更是首次公开批评中国。此外，东盟已经把南海问题当作影响地区安全的首要关切，要求尽早制定"南海行为准则"，试图以此约束中国。

怎么样减少这些国家对中国崛起的担忧，是中国实现"一带一路"战略的最大挑战。根本消除这种担忧是不可能的，崛起国的对外政策本身具有不确定性，周边国家对中国的担心是必然的。但中国可以通过一些办法减少他们的担心。事实上，从2014年7月中旬以后，中国的政策是淡化南海争端，强化合作的一面，以便布局

"一带一路"。这与后来"亚信"与APEC的成功举办有很大的关联。从中可以看出，中国已经可以在相当程度上调控东亚地区的安全形势。

如果说建立全面的集体安全体系还需假以时日，功能领域的安全合作似乎可以先行先试，如建立南海共同休渔制度，多边联合军事演习。美国将多国联合军事演习作为实现集体安全的一个手段、一种军事外交政策，取得相当的效果，值得中国借鉴。中国在南海共同休渔区制度上的立场还不如东盟声索国积极，这方面似乎具有改进的空间。

经济方面，中国在推进"一带一路"的过程中，主打经济牌，通过投资建厂、合作兴建基础设施等方式，让沿线国分享中国经济增长的果实。但其中的中小国家则有自身的顾虑，担心对中国的经济依赖程度太高，担心成为新版的"香蕉共和国"，担心中国人的大量涌入，担心增加官员的腐败。这些问题在发达国家当年在对外投资的过程中并不存在或者影响不大，中国现在则不得不面对。

另一个挑战是，一些沿线国担心大型项目对生态环境的副作用，沿线小国担心大规模投资将改变自己的文化传统与生活方式。这些问题在中国国内也处于摸索解决的阶段，却被要求在对外投资中先行解决。这虽然困难，却难以回避。

三、中国的经济与政治风险规避

中国现在推进"一带一路"的做法大致上是"以经济合作带动安全、文化等合作"，以投资减少外汇储备、通过修建基础设施与第二产业来消化过剩产能。我的初步研究体会是，这两个目的都不容易实现。

外汇储备是虚拟的政府收入与对外的国民财富，管理外汇储备的三个原则是安全性、流动性与赢利性，其中安全性是第一位的。中国把大部分的外汇储备用于购买美国、日本、欧洲的政府与机构债券，主要原因也在于此。而"一带一路"沿线国家多数属于比较落后的地区，投资环境不如中国与发达国家，投资回报率没有保证，甚至可能变成坏账。把来自于外汇储备的投资变成坏账，显然违反了外汇管理三原则，不能不特别注意。

关于消化过剩产能的目标，也有疑问。以典型的钢铁业为例，假使沿线国的铁路建设规模铺开后达到中国的程度，每年消耗的钢铁也只有2000多万吨，而2014年过剩产能是2.74亿吨，也就是说，只占中国2014年过剩产生的7%，对于消化过剩产能而言，不过是杯水车薪。

巨额外汇储备主要源于中国不合理经济结构，以及近年来实施的一些不合理的经济政策。而严重的产能过剩则与仓促出台的四万亿人民币刺激措施密切相关。中国是超大型经济体，解决严重产能过剩与巨量外汇储备的出路不在国外，而是在国内。把希望寄托在经济欠发达的沿线国是不现实的，应预防把"一带一路"变成"烂尾楼工程带"。

实施"一带一路"战略的政治风险也不能忽视。全面带动60多个沿线国的经济超出了中国国家的能力，也不是中国的责任。中国所能做的，是在仔细研究、调查的基础上，确定一些政治稳定、经济有潜力、愿意与中国合作的支点国家，从而串起"一带一路"。中国的国家实力已经比较强大，但在实施这一战略的过程中，要选择重点，量力而行，避免成为"沿线国的发改委加财政部"。

总之，"一带一路"战略与"亚太再平衡"战略构成竞争关系，将从不同方面分别检验中国与美国的国家能力。中国如果处理得好，有可能把"美国的亚太"转化为"中国的周边"。而如果处理不好，"一带一路"或成为"中国的麻烦，美国的机会"。但是，"一带一路"战略是中国从"有世界影响的地区大国"转变为"综合性的世界大国"的一种路径。中国没有更好选择，只能直面应对，并争取最好的结局。规划已经制定，细节将决定成败。

作者为中国社科院世经政所战略研究室主任

我国应增加对"一带一路"油气储备的投资

王海滨

> 近几年来，世界油气价格大跌，中国应该积极建设与"一带一路"油气出口国的命运共同体，提高与"一带一路"国家间油气合作的黏性和韧性。包括设立更多合资油气公司，共建战略石油和天然气储备，支持我国油气公司去"一带一路"沿线国家投资建厂，允许"一带一路"国家的公司购买我国更多油气公司（包括炼化企业）的股份，等等。

近几年来，世界油气业里发生了一些重大变化。最表面的变化是油气价格大跌。更深层次的变化包括，国际油气生产格局出现重要调整，美国油气生产"王者归来"，推动北美成为"新中东"，并使世界其他油气产区的重要性相对下降。全球供应中心由一个恢复为两个，这使油气生产和运输的安全程度提高，油气供应中断的风险降低，某些油气产区政局动荡和武装冲突对国际油气供应安全的冲击程度减弱。形势变了，政策也需要有调整。在新的世界油气大势下，我国的对外油气政策应该如何调整、更新和发展呢？推进"一带一路"建设将长期是我国经济和外交工作的重点。在"一带一路"沿线国家中，有较多是传统油气生产和出口国，在油气新形势里，我国应该如何处理与它们的能源关系呢？

"一带一路"油气生产国在全球油气业中的重要性下降

"一带一路"油气生产国主要包括沙特阿拉伯（以下简称"沙特"）、伊朗等中东国家，哈萨克斯坦、土库曼斯坦等中亚国家，以及俄罗斯。中东—中亚—俄罗斯新月形地带（MiddleEast–CentralAsia–Russia,MECAR）目前仍是世界两大油气生产地带之一，但受到美国等其他地区油气增产的影响，该地带在世界能源业中的地位已经下降。其衰落表现在MECAR国家在全球油气产量中的占比下降，它们保障其油气生产和出口的能力减弱，国际油气价格中的地缘政治风险溢价（geopolitical risk premium）缩水。

1. "一带一路"油气生产国在全球油气产量中的占比下降

19世纪70年代里海西岸的巴库（Baku）发现了油田，这是苏联地区最早发现的油田。1908年伊朗西南部发现了大油田，这是中东最早发现的油田[1]。之后，"一带一路"沿线国家在世界油气储、产量所占比例逐渐扩大，地位逐渐上升。1948年，美国第一次由石油净出口国转为净进口国[2]，之后，世界油气业的重心全面转移到了"一带一路"沿线。苏联和沙特与美国争夺世界石油产量的头把交椅，前两者轮流成为世界头号石油出口国。苏联的天然气产量长期稳居世界首位，并通过"亚马尔—欧洲"等管道向欧洲国家大量出口，并在很大程度上垄断了后者的天然气供应。

前些年"一带一路"油气生产国在世界油气业中举足轻重的地位还反映在国际油气业中的重要竞争基本发生在"一带一路"油气生产国之间，而非它们和其他国家之间，这是因为其他国家无法对它们在国际油气行业中的地位形成挑战。

然而，近年来页岩油气革命导致的美国油气产量连年大增，撼动了"一带一

---

[1] Daniel Yergin, The Prize: The Epic Quest for Oil, Money & Power（New York: Simon & Schuster, 1992）, pp. 57-58, 146-147.

[2] Daniel Yergin, The Prize: The Epic Quest for Oil, Money & Power（New York: Simon & Schuster, 1992）, p. 410.

路"沿线国家在世界油气业中的地位，包括它们在全球油气产量中的占比下滑、出口市场缩小等。

2. "一带一路"油气生产国保障其油气生产和出口的能力减弱

美国油气产量的增长造成"一带一路"油气生产国的经济困难，进而削弱了它们稳定地出口油气以及保证其可靠投资环境的能力。近几年，由于全球经济复苏总体缓慢，尤其是中国等新兴经济体国家经济增速放缓，全球油气需求增长减慢。此时，美国油气的大幅增产使油气价格承受的压力更加沉重。比如，2014年，美国石油产量从1006.9万桶/日增长至1164.4万桶/日，增量达157.5万桶/日，而当年全球石油消费量仅从9124.3万桶/日增长至9208.6万桶/日，增量仅为84.3万桶/日。美国石油产量增量是全球石油消费增量的1.87倍。同年，美国天然气产量由6891亿立方米增长至7283亿立方米，增量为392亿立方米，当年世界天然气消费量从3.381万亿立方米增长至3.393万亿立方米，仅增长120亿立方米。美国天然气产量增量是全球天然气消费增量的3.27倍[1]。显然，美国油气产量的可观增长使本已供应过剩的世界油气市场承担了更大的过剩压力。

在供应过剩愈演愈烈的压力下，油气价格开始转头下跌。国际原油价格在2014年6月开始大跌，并带动亚洲、欧洲等地区的天然气价格下跌。油气价格的下跌使"一带一路"沿线国家的油气出口收入下降。而部分"一带一路"国家的出口收入、财政收入和GDP严重依赖于油气出口收入。比如，俄罗斯的油气出口收入约占其出口总收入的2/3，其财政收入的1/2[2]，而沙特的石油出口收入约占其出口总收入的85%[3]。对它们来说，近几年的油气价格大跌是一次灾难。

多数"一带一路"油气生产国在遭"灾"后，出口额大降，财政状况恶化，经

---

[1] BP, "Statistical Review of World Energy 2015", http://www.bp.com/en/global/corporate/energy-economics/statistical-review-of-world-energy.html, accessed on March 23, 2016.

[2] "Russia", https://www.eia.gov/beta/international/analysis.cfm?iso=RUS, July 28, 2015, accessed on December 15, 2015.

[3] "Saudi Arabia", http://www.eia.gov/beta/international/analysis.cfm?iso=SAU, September 10, 2014, accessed on March 13, 2016.

济压力沉重。部分国家的货币因被抛售而贬值，部分国家为了摆脱危机主动让其货币贬值。贬值的结果是它们的汇率风险增大，其境内的油气等资产的价值缩水。这让投资于其油气行业的外国投资者容易遭受汇兑损失，这反过来会影响投资者的积极性。此外，"一带一路"油气生产国出口收入减少、财政收入缩水后，其油气公司的投资能力会下降，国内油气产能原地踏步或下降，这进而会影响到它们稳定地出口油气、占领国际油气市场份额的能力。稳定油气市场的能力曾长期是沙特、俄罗斯等"一带一路"国家在世界政治中说话硬气的重要来源，这种能力因美国页岩油气革命而被侵蚀，并使它们在国际社会的地位下降。

3. 国际油价中的地缘政治溢价缩水

长期以来，"一带一路"国家在世界油气业中举足轻重的地位还反映在它们的政治变化常常拨动着世界油气市场的神经。在"一带一路"油气国家中，俄罗斯和中亚的政局相对稳定，中东则长期是风云变幻、波谲云诡的地区，其地缘政治危机多次导致国际油气价格的剧烈波动，国际油气价格中出现明显的地缘政治溢价，而这从一个角度折射了它们在国际油气市场的分量。最近几年来，中东地缘政治冲突爆发后，国际油气市场的反应比过去迟钝了很多，油气价格的波动幅度明显缩小，这些反映了中东油气出口国在国际油气市场中地位的衰微。

之所以近几年国际油气市场对中东地缘政治冲突不如过去敏感，是因为随着美国等非"一带一路"国家油气产量的崛起，世界油气生产的风险越来越多地被分散了。如今，即使"一带一路"国家的油气生产出现严重中断，或者它们的重要油气出口通道被阻断，买家也有比过去更多的机会从其他地区买到油气，因此国际油气市场对中东等地的地缘政治危机总体上不再像过去那么恐慌，油气价格（包括期货价格）中的地缘政治溢价下降。

4. 中东—中亚—俄罗斯国家相互间的油气竞争加剧

美国页岩油气革命的爆发是近几年世界油气价格大跌的重要原因。不过，它不是唯一原因。另一个重要原因是出于各种考虑，主要"一带一路"油气国家在供应已严重过剩的大背景下仍坚持不减产甚或积极增产，并相互间争夺市场份额，这使供过于求更加严重，并使自身在与油气进口国之间的博弈中处于更加不利的地位。

伊朗原油回归最有可能使"一带一路"国家之间的油气内斗升级。伊朗是世界第一大天然气储藏国和第四大石油储藏国。油气资源虽然丰富，但最近40年来，伊朗的油气产量离其正常水平相距甚远。1974年，伊朗处于巴列维国王统治之下，当年石油产量高达606万桶/日，之后至今，伊朗内政、外交进入动荡期，先后经历了伊斯兰革命、巴列维国王出逃、霍梅尼上台、两伊战争、核武疑云、美欧对伊朗实施严厉制裁等大事件。结果，40年来，伊朗油气业不仅没有进步，反而明显退步，表现在：产量大幅减少，石油产量受到的影响相对明显，2014年伊朗石油产量为361.4万桶/日，比40年前下降40%；油气生产设施老旧，因遭受经济制裁而得不到维护；油气田的勘探和开发推进缓慢，油气出口严重受阻。

2013年鲁哈尼（Hassan Rouhani）当选伊朗总统后，伊朗与美国的关系出现转机，尤其是双方越来越强烈地希望缓和它们在伊朗核危机问题的冲突。之后美、伊等国家举行了多轮伊核谈判，最终在2015年7月14日达成一致，伊朗同意以弃核换解禁。2016年1月16日，联合国确认伊朗履行了弃核承诺。之后，联合国、美国和欧盟先后解除了与核问题有关的制裁，包括美国和欧盟针对伊朗的石油、金融、保险、船运等方面的制裁。伊朗油气业在挣扎多年后终于获得发展良机。

可是在世界油气本已严重过剩的现阶段，伊朗产量和出口量的大幅回升必然意味着世界其他油气生产和出口国家的挑战。1月16日解禁后，伊朗石油出口量果然快速增加[1]。仅仅一个月后，伊朗原油出口量就增加了50万桶/日[2]。另一方面，在解禁前后，各国油气公司纷纷回到伊朗，希望在今后伊朗油气大发展所带来的红利中分得一杯羹。由于有较多外国公司的助力，3月1日，伊朗石油部长赞加内（Bijan

---

[1]　迄今伊朗天然气产量绝大部分用于国内消费，出口较小。因此，在这里及下文，笔者将侧重分析伊朗原油的生产和出口状况。

[2]　匿名："伊朗：自解除国际制裁后，目前的原油日出口量已增加50万桶"，at http://oil.in-en.com/html/oil-2455609.shtml,2016年2月22日，2016年3月28日访问。

Namdar Zanganeh）表示伊朗有信心在2016年年底实现产量同比增加150万桶/日[1]。如果实现，仅仅伊朗一国产量的增量估计就将超过2016年石油消费增量（估计将约为120万桶/日[2]），而这无疑将使国际油价承受巨大压力。

伊朗在加剧世界油气市场过剩，并让其他油气出口国更加苦恼的同时，它自己其实也很难受。前几年国际原油平均价格在100美元/桶之上时，伊朗石油出口量因受制于美欧制裁而不增反减，伊朗错过了赚取石油暴利的黄金时期。目前伊朗石油终于解禁时，国际油价却早从高峰坠落，跌至每桶约30美元的低谷，接近2003年来的最低水平。在这样的大背景下，无论增产还是不增产，都有坏处。如果快速恢复油气生产和出口，虽然可以避免其油气出口收入的大幅减少，却因为其出口大增很可能会继续拉低国际油价，所以伊朗无法确保出口规模的增加能带来比过去更多的出口收入，而在低价时大量出口宝贵的油气资源，这是否明智，或将在伊朗国内引发争议。另一方面，如果伊朗不大量增产，而国际油气价格继续下跌，那就意味着伊朗油气出口总收入的跌落，以及伊朗国民经济所承受压力的增加。

其他"一带一路"油气出口国基本都被低油价裹挟，并陷入"囚徒困境"中，各自只能增产并努力占据更大的市场份额，而无法从集体理性出发，共同减产以使市场供求关系渐趋平衡。因为意识到伊朗油气出口量很可能会报复性增长，而美国的页岩油气生产灵活性很强，伊朗之外的"一带一路"油气出口国对共同减产的成效并没有把握。再加上，由于它们中的大多数，经济严重依赖油气出口，不能冒犯傻的危险。对每一个油气出口国来说，最理想的情形是，别的出口国大幅减少出口量，或者挑起剧烈的地缘政治冲突，而导致国际油气价格大涨，自己坐享其成。如果这种理想状态出现的可能性不大，那么每个油气出口国就别无选择，只能自求多

---

[1] 路透社："OPEC 暂时观察伊朗及俄罗斯产量情况，6月不太可能减产"。

[2] Energy Information Administration, "Short-Term Energy Outlook", at http://www.eia.gov/forecasts/steo/, March 8, 2016, accessed on March 10, 2016; International Energy Agency, "Oil Market Report", at https://www.iea.org/oilmarketreport/omrpublic/, March 11, 2016, accessed on March 14, 2016; OPEC, "Monthly Oil Market Report", at http://www.opec.org/opec_web/en/publications/338.htm, March 14, 2016, accessed on March 18, 2016.

福，即增加油气产量和出口量，与别的国家争夺客户，以在乱世中保障本国油气出口收入、国内经济和社会局面的相对稳定。

5. 把握良机，夯实与"一带一路"油气出口国可持续伙伴关系的基础

近几年来，尤其是2014年至今，世界油气市场发生了巨大变化，油气价格暴跌，供应严重过剩，市场由卖方市场滑向买方市场。形势变了，我们的政策自然也需要调整，那么，在世界能源新形势下，中国应该如何更新与能源出口国的油气关系呢？

首先，在新的油气形势下，我国宜充分利用世界油气供求关系缓和的机会，提升与能源出口国能源合作的质量。过去，世界油气供不应求，卖方掌控话语权。作为买方，我国在与油气资源国商谈合作时，选择空间常常受到限制。如今买方终于占了上风，作为进口大国，现阶段我国在处理与能源出口国的关系时，可以也应该追求提高合作质量，争取获得比过去更多的合理权益。而这方面的工作原则是拿捏好对能源出口国工作的尺度，有进有退，有急有缓，有所为有所不为。

其次，利用机会，通过做好对外能源合作的文章，提高我国在世界油气市场中的话语权，包括产品定价权。我国已经是世界第一大石油净进口国，还将较快超越美国，成为全球最大原油净进口国，此外，我国已经是世界第四大天然气净进口国。这些本应已经让我国在世界油气市场中拥有较大话语权。但事实是，迄今我国在市场中的话语权还很微弱，包括基本只能被动接受价格。其成因既在国内，也在国外。相应的对策也应该是全方位的，其中应该包括在发展对外能源合作时，我国各石油公司——尤其是各国有大石油公司——之间应该相互配合，紧密合作，而不是相互拆台，自乱阵脚，让能源出口国从中渔利。

再次，加强与"一带一路"沿线能源出口国在油气行业下游的合作。近年来的油气价格暴跌，意味着下游的化工、加油加气等业务利润空间的扩大。尽管我国与沙特等"一带一路"沿线能源出口国在石油化工方面的合作已经启动，但规模还很小。现阶段石油和天然气化工的附加值高，不过中国和"一带一路"沿线能源出口国总体上各自面临着资金、技术等短板，如果双方加强合作，取长补

短，应可以合力在世界化工品市场的激烈竞争中博得更有力的地位。另外，随着"一带一路"沿线能源出口国家经济的发展，人们驾车出行的欲望将增加，这就需要建设更多的炼油厂、加油加气站。部分"一带一路"国家可能缺乏足够的资金和技术，中国石油公司如果能得到这些方面的投资机会，可实现一举三得：加深和"一带一路"沿线能源出口国的能源联系、改善东道国的民生、推进与"一带一路"国家的"互联互通"。

最后，需要左右下注，采取有力措施，对冲市场风险。油气市场形势的周期性很强。现在油气供过于求，价格惨跌，不代表今后价格不会大涨。作为一种战略性商品，石油和天然气有它们的特殊性。不过，它们也具有商品的共性：价格下跌后，商品的供应量会减少，同时需求量会增加，供求关系会逐渐重新趋紧，并推高价格。基于此认识，我方应该从长远着眼，高瞻远瞩，积极建设中国与"一带一路"油气出口国的命运共同体，奠定与"一带一路"油气国家长期互利共赢的基础，通过牢固的合作机制提高与"一带一路"国家间油气合作的黏性和韧性。可以采取的措施包括：设立更多合资油气公司，共建战略石油和天然气储备，支持我国油气公司去"一带一路"沿线国家投资建厂，允许"一带一路"国家的公司购买我国更多油气公司（包括炼化企业）的股份，等等。

作者为中国中化集团石油有限公司高级经济师

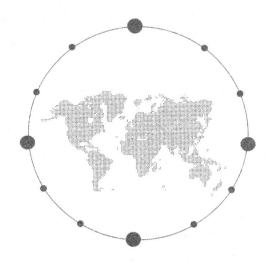

第六章

"中国时刻" 离我们还有多远

"中国时刻"开启：中国有能力改变国际规则

丁一凡

> 中国不可能完全重建一个跟现行由美国创建的国际秩序完全不一样的新秩序，中国没有这个能力，也没有威望。但是，中国也不能无所作为，中国可以从现有国际体系的边缘入手，逐渐改良它，慢慢把中国主导的东西做大。中国最近两年提出了"丝绸之路经济带"、"21世纪海上丝绸之路"的对外发展战略，倡导建立了金砖国家的新开发银行、亚洲基础设施投资银行等国际机构，正说明中国有能力做这个事。

中国最近两年提出了"丝绸之路经济带"、"21世纪海上丝绸之路"的对外发展战略，为此建立了"丝绸之路"基金会，倡导建立了金砖国家的新开发银行、亚洲基础设施投资银行。这些倡议与发展战略当然让现存国际体系的制定者们有些担忧，感到中国在挑战现行的国际体系。

中国为什么要倡议建立新的国际机构呢？那是因为中国有能力做这个事，而且现在世界上有这种需求。

一、中国有能力把基础设施建设的能力扩展到海外

从2008年的国际金融危机爆发以后，世界出现了很大的变化，中国必须根据这个变化调整自己的经济发展。从本世纪初以来，中国经济发展迅速，很大程度上依靠加

入世界贸易组织后给我们带来的出口迅速增长。在国际金融危机爆发前，中国连续多年国际贸易盈余占GDP的比重超过10%。但危机后，中国的进出口增长迅速下滑，最近几年中国的外贸盈余占GDP的比重只有2%左右。中国过去出口的传统市场是北美、欧洲和日本等发达国家。然而危机后，这些国家的市场需求大幅下降。虽然最近两年，中国对发达国家的出口出现了恢复性增长，但很难恢复到原来的水平。

当出口不能拉动中国经济增长时，中国就面临着严重的产能过剩威胁。中国社科院做的调查表明，中国在基本工业材料的生产方面，可以说全面过剩。这个时候，按照传统市场规律，产能过剩会导致银行体系的信贷出问题，然后一定要危机了。如何才能解决中国巨大的产能过剩这个问题？如果不把这些巨大的产能用掉，中国无法顺利完成经济结构的转型。

但是，如果超出中国经济本身去看问题，我们会发现，其实在中国过剩的产能，正是其他国家需要的产能，发展中国家普遍来说缺少经济增长需要的良好基础设施。而建设基础设施不仅需要强大的基础工业做后盾，能生产出足够的钢筋、水泥、玻璃等，还需要有生产建筑机械的能力。大部分发展中国家都没有这些能力。因此，中国向发展中国家出口这些产能是它们急需的。但发展中国家与发达国家有一个很大的差别，那就是向发达国家出口非常简单，因为它们有钱，手里有硬通货。你卖给他东西，一手交钱，一手交货。而向发展中国家出口，需要开拓新的市场。发展中国家的购买力有限，经济发展水平有限，中国只有替它们想办法，帮助它们发展，未来它们购买力提高后，才能大量进口中国的出口产品。这就是为什么中国近些年来对外投资增长迅猛，而且对发展中国家的投资增长很快的理由。通过这些年对发展中国家的投资，中国的出口结构已经发生了重要变化。从最近商务部公布的数据上可以看出，我们对新型经济体和发展中国家经济体的出口增长，远远快于发达经济体的出口增长。这说明我们的对外发展战略变化产生了效果。我们推行"一带一路"的发展计划，帮助人家投资基础设施建设，一定会带动中国的工业产品和机器设备出口，否则它们做不成，完成不了那些基础设施建设计划。中国的工业产品和机器设备出口增加，国际贸易出口就增加了。中国的"过剩产能"成为帮助其他国家发展的重要资源，既帮助了中国的经济转型，也帮助了其他国家完善基础设施，奠定未来发展的基础。这才是一种完美的双赢游戏。

世界银行和国际货币基金组织按购买力平价法计算各国的经济总量，并得出结论说中国经济在2014年年底超过了美国经济，变成世界第一大经济体。美国人当然不乐意，还在谈论中国经济要到2020年之后若干年才能按汇率计算超过美国。其实这个按汇率计算的GDP没有太大的可比性，不太说明问题。要看中国有没有能力实现"一带一路"的计划，就要看中国的工农业产出的能力，看我们的机器设备的生产能力，等等。而在这些领域，中国其实早已经超过美国了。2010年，中国的工农业产出超过美国。这两年增长又很快，超出美国一大块。我们不仅有生产能力，还有财政能力。中国有充足的外汇储备，还有一定的财政支付能力，当然可以推动大规模的海外基础设施建设。当然这些东西不是中国全部出钱，但因为我们有这样的财政能力，使这些投资容易得到落实。

中国的建设能力往往被中国人自己忽视了。最近，有人在英国报纸上评论说，中国的基础设施能力无与伦比，有能力通过亚投行把这种能力推向世界。他说，全世界最大的12座桥梁中，前3座都在中国。中国有全世界最长的高速公路，有全世界最长的高速铁路。这些都说明，中国有着巨大的基础设施建设能力，不仅可以满足中国经济发展的需要，也可以帮助周边国家大大地改善它们的基础设施建设。

二、国际环境对中国"走出去"有利

中国在这个时候提出"一带一路"的对外发展战略，受到了大多数国家的欢迎。目前，整体的国际环境对于中国企业"走出去"搞这种投资是比较友好的。其中有什么道理？

发展中国家最缺的就是资本，因为它们的储蓄不足，投资一直都是要靠外来资本。在发展中国家中，中国是个例外。我们在讲我们自己是发展中经济体时，我们以为我们跟其他发展中国家差不多。其实，除了发展水平外，中国从来就跟其他发展中国家不一样。中国是个有足够储蓄的国家，在中国人均收入水平很低的情况时，中国人的储蓄水平就很高。但是，中国过去外汇储备不够，中国政府手里能用的"硬通货"不多，所以"出口创汇"曾经是中国鼓励出口的口号。中国有很高的储蓄率，才能为中国的工业化提供资本。但其他发展中国家就不是这样，它们没有多少储蓄，没有多少资本，必须从发达国家引进资本。在非洲、拉美，甚至在一些亚洲国家，工资是不可能发月薪的。如果每月发一次工资，人们前十天就吃光了，到了月底就只能勒紧裤腰带过日子了。所以，发展中国家一个很大的问题是没有资本，一直要靠外来资本的输入，靠债务来维持它们的经济增长。在这种背景下，当国际经济危机发生后，国际资本的流入中断了，这些发展中国家的经济萎缩比发达国家还惨。那怎么办？中国成了唯一的希望，中国资本是能代替欧美资本帮助这些国家发展的很大希望。最近一些年来，中国企业在亚洲、非洲、拉丁美洲的投资迅速增长，给这些发展中国家的经济增长做出了巨大贡献，也获得了丰厚的经济收益。

这时候，中国提出了创建亚洲基础设施银行（亚投行）的建议，得到了57个国家的积极响应，超出中国自己的预期。其实，亚投行的成功证明，现在世界上有这种需求。从2008年的国际金融危机爆发后，世界经济中一直缺少增长的元素。虽然大家都同意要加强自由贸易，反对贸易保守主义回潮，但仅凭贸易增长是无法让经济恢复增长势头的。必须增加投资。如果市场疲软，私营企业不愿扩大投资时，政府必须提供更多的公共需求。政府引导的基础设施投资就是扩大公共需求，而且可以为将来的经济增长奠定更坚实的基础。因此，当中国提出加大丝绸之路沿线国家的基础设施投资的倡议后，有没有钱的国家都愿意跟着干。中国建议成立一个新的国际发展银行，许多国家拿不出多少钱，但只要创建了这个银行，就等于搭建了一个融资的平台。现在国际资本市场上并不缺资本，但缺少好的投资项目。有了"一带一路"的投资项目，再有了亚投行这个融资平台，中国的对外发展战略就蓄势待发了。应该说，中国倡导的事情是符合历史潮流的，符合大部分国家的需求，所以得到了大多数国家的热情支持。

三、中国涉嫌动了国际体系中霸主的奶酪

中国做的这些事情虽然得到了大多数亚、非，甚至欧洲国家的支持，但也确实引起了世界体系中霸主的担心。当今的国际体系中，美国自认为是霸主，别人也承认它是霸主。在一个有霸主的国际体系中，任何倡议都得来自霸主。其他人提出什么倡议，也得事先征求霸主的意见，得到霸主的首肯。中国提出"一带一路"的倡议，是出于中国的需求，出于世界其他地方的需求，并没有看美国的眼色行事。美国就认为中国在挑战它建立的国际体系，因而一开始不想让中国的倡议成功。所以，美国跟它的那些亚洲、欧洲的盟友说，你们别去掺和中国的倡议。中国的倡议既不考虑环境保护因素，又不考虑促进民主的事，作为新的国际机构水平太低。结果，美国的那些亚洲、欧洲的盟友们都没听它的，都去积极配合中国的倡议了。这事说明什么？说明美国控制这个国际体系的能力在下降。美国越是意识到它的控制能力在下降，对这个事越是担心。美国越控制不住形势的发展时，越会防范中国。这就是美国政治学家米尔斯·海默说的那套逻辑。国际体系里边有一个霸主，而它最不喜欢看到的就是有人出来挑战它的体系。

美国人担心中国的倡议成功，就在这个上面做了许多动作。可以从以下几个方面看出来美国的做法：

一是在地缘政治上，拉拢中国的邻国跟中国抗衡。所以，美国跟印度搞军事演习，跟越南人搞合作，跟日本人搞军事合作，跟澳大利亚搞同盟，等等。某种程度上，美国就是要在地缘政治上孤立中国，围堵中国。虽然美国不承认它的战略是围堵中国，但明眼人看得出，它在中国的周边干的，就是在地缘政治把中国围起来。

二是在经济上，搞排他性的贸易集团，想把中国排挤出去。无论美国在亚太地区谈的TPP，还是美国与欧盟谈的TTIP，虽然打着旗号是"建设高级的自由贸易区"，但目的都是为了把中国及其他新兴经济体排挤出去。但是它搞得太狠了点，既不邀请中国参加，也不邀请印度、巴西、南非、俄罗斯这几个"金砖国家"参加。美国认为，中国是在现行的国际贸易体系和国际经济体系成长起来的，因此证

明这个国际贸易体系和国际经济体系对中国有利。不仅对中国有利，而且对所有的新兴发展经济体都有利。它们谈的TPP和TTIP犯了一个大忌，就是把这些发展快的发展中大国都排除在外。那么，中国只有跟发展中国家合作了。先是跟几个"金砖国家"合作，创建了一个"新开发银行"；再与其他国家合作，创建一个亚洲基础设施投资银行。

三是在军事上恐吓中国，想玩"不战而屈人之兵"之计。进入21世纪后，美国拼命发展海空军一体化的打击能力，在舆论上拼命吹嘘这个事如何重要，如何威力之大，什么人都阻挡不了。这个东西就是为了吓唬中国的，而且某种程度也是为了对付中国。从朝鲜战争后，美国人得出一个教训是，"永远别跟中国陆军打仗"。所以，美国针对中国的军事部署就是发展海上和空中的打击力量。美国人认为，如果在地上我打不过你，就玩别的，从空中和海上打击你。最后，逼迫你屈服。

四是从政治上玩普世价值观，无论是与中国的双边谈判还是在国际上的多边外交，美国都要把普世价值观抬得高高的。对它来讲，强调普世价值观可以起到一石多鸟的作用。一方面，可以重塑它的道德高地。一方面，不断与中国争执普世价值观，可以在中国内部制造很多麻烦，引起中国舆论的分裂。另一方面，强调普世价值观可以为美国颠覆中国的合作对手创造条件。美国在世界各地搞颜色革命，煽动街头政治，打的就是推广普世价值观的旗帜。美国最早以普世价值为名对外推广民主就在拉丁美洲，从20世纪80年代后半期到90年代初，他们在拉美搞街头政治得了手，先后推翻了几个拉美国家的军政府，实在不行就派兵直接干预（比如推翻巴拿马的诺列加政权）。80年代中期，许多拉美国家陷入债务危机，而当时拉美国家军人当政，提出要重新谈判债务。为了逼拉美国家还债，美国设计了街头政治革命，逼迫拉美国家的军人下台。谁答应还我债，我就让谁上台。未来，跟中国合作的那些国家政府都面临着颜色革命的威胁。

四、中国对国际秩序可以起建设性的作用

面对复杂的国际环境，中国应该采取什么对策呢？理论上讲，"一带一路"的工程经过许多不太稳定的国家，会遇到各种"文化冲突"、"经济合算"等风险。但是，遇到的最大风险肯定来自霸主国家设置的风险。别的风险都比较容易克服。

中国不可能完全重建一个跟美国创建的这个秩序完全不一样的国际秩序。现在，中国没有这个能力，也没有威望。要重建一个国际秩序，需要特定的历史背景，需要一定的时间。19世纪末，美国在经济上全面超过欧洲列强，成为世界最大的经济体，最强的实体。无论从军事上还是从制造能力上，美国都已经是全球最强的大国。但是，即使美国已经这么强大，在第一次世界大战结束以后，在凡尔赛和谈过程中间美国仍然扮演了一个不太重要的角色。当时，美国总统威尔逊野心勃勃跑到欧洲，想重塑世界秩序。但在整个凡尔赛和谈过程中，舆论根本不怎么注意威尔逊。舆论根本不关注美国总统说了什么，关注的还是英、法、德的领导人说了什么，做了什么决定。美国在世界舞台上真正的崛起，能够真正决定国际秩序是在二次世界大战以后，也就是到了20世纪中叶了。从这个角度看，并不是说中国的经济总量超过美国，中国就有能力重塑国际秩序了。

但是，中国也不能无所作为。第一次世界大战以后，美国因为在凡尔赛和会上并未受到应有的重视，所以又缩了回去，搞光荣孤立。但是，美国在战争时积累的产能过剩越来越明显。当时，因为世界上的主要经济体都搞金本位，战争时大量的欧洲黄金又都流向美国避难，美国因黄金太多，发行的货币就过多。过剩产能加上货币发行过剩，引起了房地产泡沫和股市泡沫。后来股市泡沫破裂，演化成20世纪30年代巨大的金融危机，引起了各国间"以邻为壑"的竞争，最终以战争收尾。从这段历史中可以得出的教训是，面临产能过剩时，蜷缩起来是找不到解决问题的办法的，只有想办法输出产能，才能解决产能过剩的难题。如果输出产能给同时给别人带来幸福，何乐而不为？

中国不能推翻现存的国际秩序。李克强总理借助英国《金融时报》的口说，我

们所做的不是推翻现在的国际秩序，也不是代替现有的国际体系，而是补充。现在的国际体系许多事情做不了，完成不了，那么我们愿意进行补充。这应该是我们做事的出发点。我们的做法是一种"费边主义"的做法，从现行国际体系的边缘入手，慢慢地推动改革。现在的国际体系确实有很多做不了的事情，特别是在投资的问题上没有资本。国际社会必须要满足新兴经济体对投资的需求，中国的倡议针对这种需求，所以它是一种补充。如果中国的倡议成功，会推动现有国际体制的改革。如果"一带一路"的建设项目成功，中国搞的费边主义就成功了。中国可以慢慢地、不断从现有国际体系的边缘入手，逐渐改良它，同时慢慢把中国主导的东西做大。

但是，中国的对外投资战略要想成功，一个很大的问题就是要注意细节，注意把细节落实好。并不是所有宏伟的计划一定会成功。有很多事情，虽然出发点很好，设计很好，但是往往因为不注意细节，最后不一定成功。在这个问题上，已经有一些迹象说明，我们的企业在"走出去"的过程中，犯了一些得意忘形的错误。有些中国企业去非洲投资，完全按照自己在中国市场上的做法去做，就是"有钱，任性"。结果，因为这些企业不尊重当地的政治领导人，不遵守当地的法律和规则，最后被别人停工了。有些中国企业到国外投资，企业的领导人就觉得自己是"救世主"，给别人带去了资本和就业，促进了经济增长，因此怎么干都行。这种想法肯定行不通。中国政府对"走出去"的企业领导们一定要培训，一定要让他们明白，他们是在别人的领土上投资，在别人的市场上经营，赚的是别人的钱，一定要学会尊重别人，多替别人着想。否则，是会被别人赶出来的。

中国的"一带一路"计划在实施过程中一定会遇到困难，因为美国霸主认为，我们动了它的奶酪。所以，美国会想办法给中国的计划制造无数的困难。但在国际体系中间，只要中国坚持建设性地给别人提供帮助，总会得到大多数国家的支持。

作者为国务院发展研究中心世界发展研究所副所长

迎接"中国时刻"：渐进式改变国际规则是国内发展的诉求

李稻葵

> 中国经济社会发展到了今天这个阶段，许多国内的政治、社会等重大问题，必须在境外寻求解决方案。这就要求中国必须走出去，尽自己所能逐步改变有关的国际经济运行机制。"一带一路"战略和亚投行，就是将中国的建设经验、资金以及产能，布局到相关国家中去，这是中国作为一个文明的大陆型古国向西方投射自己影响力的伟大创举。

中国到底有没有实力改变国际经济的规则？中国应不应该发力出击，改变国际经济规则？这是当前国人热切关心的重大话题。

我的观察是，中国经济社会发展到了今天这个阶段，许多国内的政治、社会等重大问题，必须在境外寻求解决方案。这就要求中国必须走出去，尽自己所能逐步改变有关的国际经济运行机制。作为世界经济总量第二、国际贸易总量第一、国民储蓄第一、吸引外资和对外投资的中国，应该说已经积聚了一定的能量，能够探索地、渐进式地改变一些国际规则了。"一带一路"、亚投行、金砖国家开发银行等就是在这方面做出的有益尝试。

一、中国国内经济和社会的发展已经超越国界，许多问题必须在境外寻求解决方案。首先，中国经济的规模已经稳居世界第二，是日本的两倍。中国已经成为国际贸易世界第一大国。因此我们看到：大量自然资源必须从境外获得，而这一趋势还将继续发展；国内山西、东北等地目前仍然在从事煤炭生产，大量的钢铁企业聚集在内地如河北和唐山等地，带来了巨大环境污染问题，引发了全社会的不满。怎么办？我们必须从全球化的办法改变这些高污染的炼焦和煤炭工业，并要求我们在沿海建立最现代化的冶金生产基地，把内地的煤炭和冶金等重化工业转移到沿海，它们所需要的原材料包括焦炭（生产焦炭往往是高污染的）都从境外获得。

二、经过30多年的快速发展，以重化工业为代表的一大批行业出现了严重的产能过剩。如何解决产能过剩？一种办法是消灭产能，这显然是极其痛苦而且在很多时候也是不行的；另一种办法是不断刺激经济，靠人为拉动需求的方法来消化过剩产能，这显然也是不可能长期持续的，因为经济的发展有自身规律，不可能长期依赖于刺激性政策；第三也是唯一可行性方案，那就是拓宽海外市场，让过剩的重化工业的产能推动周边国家以及其他贸易伙伴的工业化进程。这就是"一带一路"的部分用意。

三、中国已经成为全球最大的外汇储备国，拥有大量的金融资源，而这部分金融资源目前配置在发达国家的固定收益产品中，从长远来看，这不符合中国经济发展的需要。这一大部分的金融资源应该配置到与我们相关的发展中国家中去，帮助这些国家与中国共同发展。这一过程中要避免重蹈日本的覆辙，要避免类似亚洲金融危机所带来的损失，同时，资金要走出去，但是生产能力不能完全走出去，国内经济不能空心化。

四、中国的国民在走向世界。随着改革开放以及中国国民收入的提高，国民们突然发现，国外有美好的风景和优异的人文自然环境。外面的世界很精彩。中国国人在全球范围内不断拓宽他们的活动空间，国人的世界胸怀不断开阔。这是中国人富强以后的必然要求。

基于以上的分析我们看到，要解决中国当前的社会经济问题必须在境外做文章，而在境外做文章，毫无疑问必须碰到当前深谙国际运行规则的西方等老牌经济发达国家的竞争。这些国家掌握着国际规则的大局，不可能轻易接受中国的产品和产能走向国际。这就要求我们集中有限的国际能力解决阻碍当前中国经济走出去的障碍、找到在全球范围内解决中国经济和社会问题的办法。

所以我的观察是，中国必须紧紧抓住我们当前社会经济发展的需要，在全球范围内解决我们的问题。而在解决问题的过程中，去营造新的国际经济运行规则。在这方面"一带一路"所解决的主要问题，就是和周边国家的互联互通和基础设施建设，从而在更广更深的层次上和中国进行贸易合作。而亚投行就是紧紧抓住中国基础设施建设方面的宝贵经验，联合其他一些国家，将中国的宝贵经验和资金以及产能布局到相关国家中去，这是中国作为一个文明的大陆型古国向西方投射自己影响力的伟大创举；这是过去500年以来英国这个岛国以及美国作为相对孤立的大陆型国家对世界产生影响的历史的逆转。

作者为清华大学中国与世界经济研究中心主任

世界权力格局正在进入"新常态"

景跃进

> 不挑战美国的老大地位，不意味着中国不会积极致力于改变那些不符合中国国家利益的国际规则，更不意味着中国不会利用自身优势积极参与国际规则的制定甚或创制，争取国际话语权。中国既想改变世界权力格局，又要遵守公认的现有规则，在合作中竞争，在竞争中合作。世界权力格局正在进入"新常态"。

中国与外部世界的关系正在发生一个微妙而重要的变化。20世纪比较流行的术语是"与国际接轨"；本世纪以来，这一口号逐渐隐退，取而代之的话语是"中国崛起"。在这一转变过程中，2010年中国成为世界第二大经济体，这也许是一个重要的时刻。如今，新的符号仍在不断地生成。有人认为"一带一路"是中国从"融入全球化"到"开创全球化"转变的标志，而"亚投行"（AIIB）的创立则被认为是中国从被动地"遵守国际游戏规则"转向"制定国际游戏规则"的标志。所谓"中国时刻"的提法也是在这样的语境下出现的。在我看来，这些论述是否恰当也许并不重要，重要的是这些论述的出场这一事实本身。随着中国综合国力的提升以及国际活动舞台的扩展，中国学术界似乎也开始变得自信起来。

如何认识中国在当今世界格局中的位势和机遇，对于一个正在崛起的大国而言，无疑是十分重要的，也注定是充满争议的。如果用一句话来描述，我想到的词汇是"一个多元的转型时代"。所谓多元是指这一深刻的转型发生在不同的维度和层面，既包括国内的，也涉及国际的；既存在于经济和社会生活领域，也发生在政治和文化方面。如果说近代中国曾经历了一个"总体性危机"，那么当代中国显然正在经历一个"总体性转型"。

在国内的社会科学研究中，经济学和国际关系两门学科比较接地气。这也许与学科所倚重的变量有关，对于前者而言，GDP意味着创造的财富，对于后者来说，GDP意味着国家实力。目前，中国的雄起主要体现在硬数据方面。有关事实（数据）会说话，看来不假，至少人们可以用数据来表达和强化自身的观点。与此同时，伴随着这一瞩目成就而来的是所付出的沉重代价、不断生成的问题和挑战，以及基于这些问题所发出的截然相反的声音和判断。2015年的"沈大伟事件"只是"中国崩溃论"洪流中一朵浪花。关于中国现状和前途判断的这种巨大反差，为我们理解"多元转型"添加了新的意涵。

在这一脉络下，讨论"中国时刻"是否来临，或者"中国可以改变国际规则吗"，可谓别有一番趣味。

第一个问题是中国的政治体制能够支撑起中国的可持续崛起吗？或在既有体制下我们有可能实现中国梦吗？有可能成为一个真正的强国吗？在某种意义上，这类疑问没有任何新颖可言，因为它们一直伴随着整个改革开放的进程。早些时候，人们的认识分歧主要体现在当年的"新威权主义"争论之中，要害是如何看待民主政治与经济发展的关系。经过30多年的实践，事实证明在基本政治制度不变的情况下，中国的经济可以取得较快的发展，共产党政权可以和市场经济相结合。尽管如此，理论方面的争论一直没有平息。区别在于，在新的历史条件下，当年的争论采取了不同的形式：在既有政治体制下，中国的崛起究竟是昙花一现，还是可持续的？这一思考提出的质疑是，在国内问题错综复杂且矛盾重重、社会又普遍缺乏共识的情况下，中国能够在国际舞台上真正崛起吗？或者即使崛起了，这是一种可持续的崛起吗？这一疑问的理论底蕴是清晰的，它假设只有西方式的自由民主制才能与大国和强国的形象相匹配。而中国目前的政治体制显然不是西方式的，而且执政党也明确表达了不想走西方政体道路的意念和决心。因此，在这一思考的辞典里，没有"中国崛起"或"中国时刻"这样的词汇。

为了便于讨论，我们将这一质疑转换一种形式：国内政治与其国际表现之间是一种什么样的关系？是否只有某种特定类型的政治体制，才能支撑起其在国际舞台上的崛起？

在人们的通常思考中，一个国家在国际舞台上的崛起，首先必须内修其身，强筋壮骨，只有自身强大了，才能到外面有所作为。中国古代的"正心、诚意、修身、齐家、治国、平天下"提供了这样一种思考的方式。我们很难想象一个充满社会矛盾、贫富分化、官场腐败、信仰缺失的国家，能够在国际舞台上表现良好。然而，世事的复杂性经常超越理论和逻辑。回顾一下改革开放的历程，我们的发展恰恰是在矛盾中进行的，也是在不断回应挑战的过程中前进的。事实上，当年之所以启动改革就是为了摆脱传统社会主义面临的困境。实践表明，"挑战与回应"内嵌于中国的改革过程之中——改革是为了解决问题，在解决问题的过程中面临了新问题，这些新问题构成了新的挑战，党和政府通过进一步的改革去探索和发现解决问题的方法。在此，矛盾、冲突和挑战构成了中国改革开放不断深化的动力，所谓"回头没有出路"，"停止改革也是死路一条"。故而与常识相反，当下中国面临的诸多问题与挑战本身并不构成中国崛起道路上不可克服的障碍。只有当这个体制无法解决或克服这些问题，无法应对各种挑战时，我们才能得出类似的结论。因此，我们有必要对面临的各种问题进行审慎的区分，哪些是转型过程中必然发生或不可回避的问题，哪些是由于政策失误而导致的问题，哪些是政策执行过程中产生的问题，哪些是次级制度安排生成的问题，哪些是体制问题；而不是眉毛胡子一把抓，不作区分地将所有问题都看作是体制问题，这样容易得出片面的结论。

与改革开放之初的情形不同，我们现在拥有日渐丰富的实践经验、有了更多的资源及更大的平台，我们手中拿到的牌也越来越好，虽然问题和挑战也越来越大，越来越尖锐。可以说，随着中国的崛起，全球化为中国提供了越来越大的舞台和全新的发展契机。对于深化改革而言，我们可以利用外部资源和压力来推动国内改革，化解内部矛盾，一如20世纪90年代中国政府以进入WTO作为推动内部改革的一个策略。这种做法的政治意义是显而易见的。在美国政治中，拙于内政的总统可以通过国际舞台上的良好表现和得分来加以弥补，即所谓"堤内损失堤外补"。对于中国而言，道理是一样的，在国际舞台上施展身手，其得分可以添加国内的政治合法性。因此，如何统筹好国内与国际两个大局，不但对于中国的发展具有重要的意义，对于中国政治体制能否经得起历史和时代的检验，也具有关键的作用。对此，执政党是非常清楚的。党的十七大报告指出，要"统筹国内国际两个大局，树立世界眼光，加强战略思维，善于从国际形势发展变化中把握发展机遇、应对风险挑战"。

第二个问题与第一个问题紧密相关。如果说第一个问题关注的是国内政治的维度，那么第二个问题偏向于从国际政治的角度来设问：既有的国际秩序和外部环境允许（赞成、支持、阻扰、遏制、打压）中国的崛起吗？我们应当如何对待身处其中的国际体制和国际秩序？显然，第二个问题和第一个问题是一个硬币的两个方面。

在全球体系的形成过程中，霸权国家的兴衰更替均以硬实力为基础，这一点至今未变。但是随着国际格局的演化，软实力的影响越来越重要。作为当下的霸权国家，美国从20世纪70年代开始，将人权、民主、法治等政治因素纳入到对外关系的政策之中，并与各种经济援助相捆绑。在全球化、市场化的同时，推动全球范围的民主化，对外输出美式民主政治的模式。与此同时，在国际话语舞台上构建了民主和平论，以民主国家之间不打仗作为维持以美国为中心的国际秩序的一种论证方式。由此，对于任何一个后来的崛起者设置了双重门槛：实力门槛与制度门槛。根据这种观点，中国在对外政策中采取的实用主义立场，亦即将政治和经济分立，尊重别国主权，不干涉内政等，被认为是对既有国际政治规范和经济秩序的一种挑战。由此引发的一个颇为严峻的问题是，在一个经济上资本主义、政治上自由主义占据主导地位的世界体系中，一个在政治上不实行西式自由民主制的国家是否有可能在既有的国际政治—经济秩序中和平崛起？中国应当如何回应？

在这个问题上，中国的官方立场是这样表述的："我们主张维护世界多样性，提倡国际关系民主化和发展模式多样化。世界是丰富多彩的。世界上的各种文明、不同的社会制度和发展道路应彼此尊重，在竞争比较中取长补短，在求同存异中共同发展。各国的事情应由各国人民自己决定，世界上的事情应由各国平等协商。"（党的十六大报告语）。我曾经问过外国学者，既然我们提倡生态的多样性和文化多元化，那么是否可以设想在政治制度方面也采取类似的态度或立场，亦即承认不同政体存在的合理性，并像处理宗教间关系一样，学会彼此的包容和共存？不难想象，得到的结论是否定的。人类世界要走向大同，这似乎是所有政治哲学家的共同理念，所不同的只是人们对于大同的想象。其实我们曾经也是这样的，认为共产主义是全人类的大同社会。如果真的是这样，那么中国的崛起对于自由主义世界来说，就是一个威胁，一种颠覆，一种需要克服的"异在"。由此可见，中国的崛起不但要处置国内的矛盾和冲突，也面临着来自国际环境的挑战，而且国内矛盾与国际挑战不是相互分离的，两者紧密结合在一起。官方如此强调防止"颜色革命"可以视为一个相当有说服力的指标。

在过去的30多年中，中国以一种实用主义的方式进入了世界资本主义的国际秩序，分享了既有国际秩序提供的好处，成为全球化的最大赢家之一，同时又维持了基本政治体制的不变。这种结局大概是许多人没有想到的。美国政界领导人和学术大腕们倾向于认为，中国的开放或保持与中国的接触，将有助于中国从一个社会主义国家转变为西式的自由民主制国家。20世纪50年代的"和平演变"策略也基于同样的思路。然而，当下他们面临的尴尬是，中国发展了，开始崛起了，但期望的政治变化并未发生。因此不难理解，为什么"中国崩溃论"的不同版本会时常浮现。这是一部包含了不同旋律的复调音乐，其中既有学理维度的逻辑推演（预测），也有价值维度的内心期待。但是，"狼来了"的叫喊声随着次数的增加其信度在不断减弱。

无论从哪个角度来看，中国现在的处境都是非常微妙的。21世纪将是全球化过程全面深化，国际经济秩序、权力结构、话语体系重组的时代。在这一过程中，作为一个具有世界性影响的大国，中国无疑是一个相当重要的变量。一个拥有13亿多人口的非西方文明、一个实行社会主义制度（共产党领导）的国家，在世界舞台上的崛起，是人类全球化历史上的一个新现象。如何面对这一全新的局面，无论对于老牌霸权国家，还是对于中国自身，都是一个充满挑战性的难题。正是在这一背景下，中国的学者和国家领导人不约而同地触及了如何避免"修昔底德陷阱"的议题，所谓的建构新型大国关系，所谓"太平洋足够大，可以同时容纳两个大国"等。在这个意义上，"中国时刻"是可以理解的，它意味着一种新的转折之来临，一种曙光在前的机会，以及一种不知的风险。

在我看来，所谓的"中国时刻"并不意味着中国想重起炉灶，从根本上改变既有的国际规则体系。党的十七大报告强调"应该遵循联合国宪章宗旨和原则，恪守国际法和公认的国际关系准则，在国际关系中弘扬民主、和睦、协作、共赢精神"，而且提出要"承担相应国际义务"。2015年是第二次世界大战胜利七十周年，习近平主席赴俄罗斯参加莫斯科红场阅兵式；9月，我国也举行相关的纪念活动。这些活动表达的一个重要含义是，尊重二战之后形成的国际体制和规则。当然，尊重既有的国际体制和规则，并不意味着不需要改革，道理很简单，既有的国际政治经济秩序中存在着诸多的不合理和不公正现象。所以，我们倡导国际关系的民主化，支持扩大发展中国家在国际事务中的代表性和发言权，积极参与国际事务，推动全球治理机制的变革，等等。因此，问题的关键是如何处理好两者的辩证关系。

这种辩证张力也体现在国与国之间的关系维度。无论是能力，还是意愿，中国都不想挑战美国的老大地位，这不符合中国的国家利益，至少当下是这样。但是，不挑战美国的老大地位，甚或积极寻求与美国的合作，并不意味着中国所做的每件事情都会合乎美国的利益，不意味着中国不会与美国发生竞争关系，不意味着中国不会积极致力于改变那些不符合中国国家利益的国际规则，更不意味着中国不会利用自身优势积极参与国际规则的制定甚或创制。因此，中国尊重国际秩序，不挑战美国的老大地位，与中国争取国际话语权，在国际事务中积极捍卫自身利益并不矛盾。由此，我们可能会发现一种有趣的现象：既要改变既有的权力格局，进行利益博弈，又要遵守公认的下棋规则。在合作中竞争，在竞争中合作。在这一动态过程中，取得两者之间的平衡是一门实践的艺术。

　　基于上述分析，我猜想世界格局也正在进入一个"新常态"，对于即将展开的过程，我们的认识并不清晰。如果未来的进程是某种形式的重复，那么我们依然没有摆脱历史的逻辑，可以预期不可避免的冲突终将来临，甚或正在来临。要摆脱这种局面，我们必须发挥想象力，在霸权结构和世界政府之外，寻找第三条道路，一种新的、超越雅尔塔体制的国际秩序。如果我们找不到一种新的制度安排，那么避免进入"修昔底德陷阱"的努力可能是徒劳的。在这个意义上，"中国时刻"的真正意义只有在它同时也是一种"世界时刻"之时，才能充分显示出来。

作者为清华大学社会科学学院政治学系教授

中国从地区性强国向全球性强国转变

王 勇

中国从全球治理的"边缘参与者"转身成为"核心参与者"。包括国际货币基金组织与世界银行在内的战后布雷顿森林体系仍然是当前国际经济治理的主流机制，中国可借助筹备2016年G20峰会的机会，全面扩大对布雷顿森林体系机制的参与工作，推动该体系的改革，争取在现有国际体制内发挥更大的影响。

中国参与全球经济治理的新战略：进展与经验

经过全球危机后几年的探索，中国逐渐形成了较为清晰的思路与战略，以提升自己的全球治理能力：存量改革与增量改革并行，地区与全球多管齐下的全球治理战略业已形成。

第一，积极推动布雷顿森林体系的改革。包括国际货币基金组织与世界银行在内的战后布雷顿森林体系仍然是国际经济治理的主流机制，机制对改革表现出一定的弹性与妥协，以适应全球经济新格局。但是，由于涉及权力重新分配的问题，有关成员国态度反复，改革进展较慢。比如，对2010年国际货币基金份额改革方案，美国国会阻挠改革，拒绝立法，既有两党政治斗争的考虑，同时也有维护国家利益的考量。中国在推动改革的同时，在扩大对于布雷顿森林体系机构的参与程度，在参与合作的同时，将其变成学习全球规则的练兵场所。在维护WTO

权威、推动多哈回合谈判方面，中国做出了积极努力，主要是做说服、沟通的工作，促进有关协议的达成。在多哈回合谈判中，发达国家批评中国市场开放不够，作为多边贸易体制最大的受益者未能起到带头开放的作用。

第二，领导、参与领导创建新的机制，目前主要是地区性的机制，如金砖论坛机制、金砖国家新开发银行及亚投行等。中国与其他新兴经济体有共同的利益诉求，均不满意全球治理现状，希望提高发展中国家的代表权。但是，金砖国家间合作并不容易，建立中国在新机制中的优势地位不容易，金砖银行谈判过程的艰辛即证明了这一点。中国以我为主倡导建立新的机制情况稍好一些，如中国提出建立"亚投行"倡议得到了57个国家的响应，但是，在股权分配、治理结构问题上仍然会碰到障碍，一定的妥协是必要的。

第三，"一带一路"倡议展示了中国与亚欧相关国家、地区开展广阔国际合作的前景，同时也具有全球经济治理方面的重要意义。如果"一带一路"沿线60余国与中国成功开展合作，将释放相关国家巨大的经济增长潜力，密切中国经济与其的联系，在此基础上建立不同形式、不同范围的自贸协议，将增加中国在全球经济治理中的分量与话语权。当然，"一带一路"倡议作为一个长期的国际合作战略真正见效需要较长时间，未来结果仍有待观察。

第四，致力于推动G20提升为全球经济治理主要平台，确保中国在新机制中的话语权与影响力。G20机制是中国扩大参与全球经济治理进程的里程碑式成果，我们必须进一步熟悉规则，特别是国际金融机制与规则，争取扮演更大的角色。通过参与全球经济治理机制，我们也得到了一些重要经验，总结出来以供未来借鉴，主要有：

第一，要有国际合作精神，要看到共同利益不断增长带来的影响，不图谋一家独大。

第二，妥善处理好与既成大国美日欧的关系，它们是二战后国际体制、规则的制定者与受益者，同时，它们仍然有实力阻挠中国代表权的提高。其中，与主要国家美国的妥协很重要。毋庸讳言，在很多问题上实际形成了中美G2的关系，中美互相妥协，互相支持，对中国是有利的。

第三，搭台唱戏很重要，直接创建或参与创建新的地区与全球治理平台、机制，才能实质性推动全球治理治理改革，实质性地提高我对全球经济治理的影响力。新治理平台的建立，将吸引具有相似利益国家的参与，集体发声扩大影响；而新的平台一旦建立，那些起初反对或犹豫参与的国家为了保持自己的地位，则可能被迫选择参与，最后使得这个治理游戏越做越大。亚投行是这个方面的好例证，在美国的阻挠下，韩国、澳大利亚开始选择回避，但是，由于集体行动不断推进，这些国家最终参与是迟早的事。当然，我们还必须注意到，只搭台还不够，必须重视机制化建设。加强研究过去惯例并在此基础上进行创新，这个方面我们尚显薄弱。

第四，抓住中国经济快速成长期、经济实力上升期的机遇，加强参与全球经济治理的工作，积极倡导建立新的机制。机遇之窗往往很短，应当记取日本的教训。日本在20世纪80年代经济实力达到高峰，但是它在推动建立新国际机制方面消极没有作为，主要是强调参与布林顿森林体系的一面，结果，在经济增长迅速下降的20世纪90年代，未能发挥好国际机制巩固其全球经济地位的作用，最终沦为服从于美国的二流国家。

第五，破除以美为主的思想，在创建新的治理机制方面要有作为，要敢于创新。既要看到美国的影响，又不能迷信美国的绝对影响。不是美国反对的我们都不能干。当然，我们要创设新的机制需要有技巧，要发挥各种渠道（官产学）与美国积极沟通，减少美方不必要的误解。比如，在创建"亚投行"的问题上，我们与美方主动沟通不够，沟通过晚过少，致使华盛顿以安全研究为主的主要智库形成了用地缘政治视角解读亚投行创建与影响的偏见，最终影响到美国国务院的判断。

第六，在全球治理方面，需要权衡利弊，既要有所作为，也要量力而行，要确定参与或领导全球治理机制能为增进我实际经济政治利益服务。承担过多国际责任，有时会造成过大的经济与财政负担，有时也会丧失一定的行动自主性。需要我们在不同的目标之间，在目标与手段之间，在成本与收益之间进行仔细的权衡。2008年以来的经验表明，我们的政策选择总体上是适当的，较好把握了权利与义务的平衡。

政策建议：增进中国参与全球经济治理的行动方案

第一，借助中国筹备2016年G20峰会的机会，全面扩大对布雷顿森林体系机制的参与工作，更进一步熟悉其机制，争取在现有国际体制内发挥更大的影响。美国等西方国家担心中国崛起的影响，一个理由是中国有可能致力推翻现有体制，从而威胁到全球经济体系的稳定。中国可以通过扩大对于经合组织（OECD）、国际能源署（IEA）以及各种政府间金融机制（金融稳定委员会FSB）、商业银行间机制（巴黎俱乐部等）等，逐步消除西方对中国崛起的怀疑，同时，通过深度参与现有机制，扩大自己在现有机制中的影响力与话语权。目前，中方对参与这些机制的程度有限，戒备心理较强，我们应当对自己的实力与能力有更多的信心。

第二，通过筹备2016年G20中国峰会及深度参与现有国际机制，加快我国全球治理人才的培训工作。IMF、世界银行、经合组织等在一定程度上是培育全球治理人才的最佳场所。

第三，扩大金砖国家论坛的成员范围，推动全球经济治理改革。目前，金砖国家论坛限于五国，有其局限性，主要国家分歧可能导致重要决定久拖不决。目前，应当进行扩大成员范围的可能性研究，对于其他新兴经济体如印尼、土耳其、墨西哥、埃及、尼日利亚、韩国等参与金砖论坛的可行性进行探讨。

第四，加强中国国内的不同部门、不同机构间的分工协调，形成官产学良性互动，为加快全球治理人才的培养与输送创造更好的条件。目前这个工作刚刚开始，中国举办G20峰会为当前加快新型智库建设提供了一个良好的契机。这些工作可以包括：加强中国政府内部的沟通协调，决策机制更加开放透明；加强高校、智库等机构的全球治理项目，以国际化的标准培养人才，包括训练高级学位人才；改变国际关系与国际经济研究中政治与经济相脱节、教学与现实相脱离的现象。有一点是明确的，中国要成为全球治理的最重要国家，国内工作跟不上是无法实现的。

作者为北京大学国际关系学院教授

中国提供"全球治理"方案尚有巨大缺口

庞中英

> 中国在进一步接受现存的国际标准。中国仍然在主张对现有的国际金融机构（世界银行和国际货币基金组织）进行改革。"改革"论更正确。最近两年中国发起的一系列国际经济机构（发展或者开放银行），并不是与现存的国际金融机构分庭抗礼。中国目前的实际状态并不在全球治理，而是刚进入国际治理，距离全球治理还远得很。但"全球治理"可以帮助中国改善国际形象。中国对全球问题的解决贡献中国方案的政治意愿，和中国能否提供不同于西方的和其他的全球治理方案之间是存在着巨大的缺口。

与欧美在过去20年对全球化的尖锐批评相比，不少中国学者不仅严重缺少对全球化的批评，而且居然情绪式地、意识形态地、莫名其妙地为全球化唱赞歌。这样给人的错觉是，中国没有多少理性的"反全球化"，而大多数居然是拥护、欢呼、肯定、期待全球化的，因为"中国从全球化中总的是受益的"，且是"最大的受益者"。这样的情况，显然是不对的。中国也存在着全球化的受害者，而且全球化给中国带来的问题与全球化给欧洲带来的问题有许多是相似的，但为什么欧洲人会客观地看待全球化，中国人却与害怕被扣上"不开放"、"反对'对外开放的基本国策'"等的帽子，即使看到全球化的阴暗面，也不敢批评全球化。

中国在20世纪70年代末和80年代初进行"改革开放"，其中的一个外部"有利"因素正是英美先期于中国"改革开放"而推出的"新自由主义"的政策。当中国的"改革开放"遇到英美的"新自由主义",两者甚至有点相见恨晚,结果,改革开放和新自由主义相互作用,中国最终接受和拥抱了"市场经济"和"自由贸易"。全球治理是新自由主义为管理其产生的"外部性"(externality)而引进的必要元素(类似古典自由主义的"守夜人")。这一点解释了中国最终接受和拥抱全球治理的一个主要原因。

除了这个大的因素外,中国接受和拥抱全球治理还有其他原因。

第一,金融危机后,许多国家,尤其是美国、欧洲和日本竞相推出诸如新的"凯恩斯主义"的政府干预措施(如超大量印刷货币),而G20等"危机管理"的国际政府间合作的地位似乎上升,意味着,在全球治理中国家的作用不是减弱了,而是更大了。这一点正与中国的"治国理念"契合,因为在中国,市场化趋向的改革尽管进行了很长时间,但是,政府对经济活动的控制和介入不是减少了,而是不断加强。

第二,全球治理是关于国际合作和国际贡献等"看上去美好"的东西的。当中国接受和拥抱全球治理时(2009—2012),外界当时正好认为整体的中国外交变得咄咄逼人(assertive),而在国内公众的多数则认为中国外交很"软弱",两种差别很大的论调同时甚嚣尘上。结果,中国觉得很委屈,中国在国际上并没有谋求改变"现状",即使钓鱼岛问题,也不过是希望日本回到谈判桌,承认有这么一个争端而已,并非要打破东亚和太平洋地区的"现状"。正在这个时候,绝处逢生,中国发现了"全球治理","全球治理"可以帮助中国改善国际形象。

附带一提的是,中国目前的实际状态是:并不在全球治理,而是刚进入国际治理,距离全球治理还远得很。不巧的是,中国却用了"全球治理"。中国官方在讲目前以欧美为中心的金融危机时,从来使用的是"国际金融危机",一般官方文件和媒体中找不到"全球金融危机"的说法。这正好是中国仍然在世界观和外交实践上处在国际治理的最好注脚。

但是西方,尤其是欧洲,却欲实现"从国际治理到全球治理的转变"。尽管如此，考虑到中国思维方式和生活方式中天然地具有某种模糊性和灵活性，这种不区分国际治理与全球治理，即把国际治理说成是全球治理的"公共"话语，为中国有朝一日最终重新理解全球治理提供了某种方便条件。

美国和欧盟在2013年6月正式启动建立美欧（跨大西洋）的自由贸易（TTIP）的谈判。向来主张全球的多边主义（多边体制）的欧盟也因为急功近利要退而其次，即便是非激进的现存全球治理也肯定将进一步倒退或者陷入更多困难中，而不是稳定前行。当然，有的欧洲学者认为，欧洲如此追求流行的双边和小多边安排会伤害全球的多边主义，不符合欧洲的根本利益。

中国在现存全球治理消退时刻却"加入"或者"参与"全球治理，对于全球治理的未来来说，这到底意味着什么？是意味着由于中国的加入而使既存的全球治理继续向前？还是，中国的加入和增大的贡献（如对联合国和国际金融机构）并不能让这些机构焕发活力、脱胎换骨或者起死回生？如果是这样的话，接下来的无论理论还是实践要面对的巨大问题是：中国到底如何理解、对待全球治理？中国在全球治理中的作用到底是什么？

最近两年的情况表明，中国不再满足于在现存世界秩序下的全球治理，而是要在全球治理中发挥更大作用。

习近平在2014年G20布里斯班峰会上说："今年是布雷顿森林会议70周年，各方都在总结布雷顿森林体系的经验，进一步完善全球经济治理。我们要以此为契机，建设公平公正、包容有序的国际金融体系，提高新兴市场国家和发展中国家的代表性和发言权，确保各国在国际经济合作中权利平等、机会平等、规则平等。要加快并切实落实国际货币基金组织改革方案，加强全球金融安全网。金砖国家宣布成立开发银行和应急储备安排，亚洲二十多个国家发起建立的亚洲基础设施投资银行，这是对国际金融体系的有益补充。"

有的人开始飘飘然，以为中国真的到了提供全球问题的解决方案的阶段。实际上，中国需要对全球问题的解决贡献中国方案的政治意愿，和中国能否提供不同于西方的和其他的全球治理方案之间是存在着巨大的缺口。

中国在进一步接受现存的国际标准。2014年G20布里斯班峰会上，中国国家主席习近平宣布，继2002年中国加入IMF的数据公布通用标准（GDDS）之后，"中国将采纳IMF数据公布特殊标准（SDDS）"，这一接纳将标志着中国的经济数据透明度提高、国际可比性上升。习近平宣布这一采纳后，IMF总裁克里斯蒂娜·拉加德女士在布里斯班同时发表"欢迎"声明："我对中国接受SDDS的意向表示欢迎，这将极大地促进及时和全面的经济与金融数据的提供。中国致力于改善统计数据的发布，我对此表示赞赏，并注意到近年来取得的进展。中国计划从数据公布通用系统（GDDS）提升到SDDS，是这一进程中的下一个重要步骤。基金组织已经在与中国当局密切合作，基金代表团将于2014年12月初访问北京，对中国接受SDDS进行正式评估。"

中国加强在全球治理中的作用，不是如一些西方学者，以及一些国内评论者解读的中国要挑战现存的美国主导的世界秩序（有的美国人更毫不掩饰地把"现存的世界秩序"干脆叫作"美国秩序"）。"挑战"论在实践上很难成立。第一，中国仍然在主张对现有的国际金融机构（世界银行和国际货币基金组织）进行改革。"改革"论更正确。第二，最近两年中国发起的一系列国际经济机构（发展或者开放银行），并不是与现存的国际金融机构分庭抗礼的。中国支持二十国集团（G20）成立"全球基础设施中心"，该中心设在澳大利亚，由世界银行协调。中国同意，"一带一路"及其基金、亚洲基础设施投资银行等均纳入这些全球基础设施机构中。

美国是通过建立和运作一些多边机构（制度）来控制、管理这个世界的。有人把这个叫作霸权的全球治理。美国吸引、诱惑、压迫、说服中国参加美国主导的这些多边机构，为的是美国人公开说的把中国纳入国际体系，即纳入美国主导的世界秩序。有美国人希望中国作为美国秩序的参加者帮助维持和延续这一秩序，为这一秩序贡献国际公共产品，即"负责的利害攸关方"（responsible stakeholder）。目前，出现了中国模仿美国也建立和运作多边机构的越来越多的情况。

作者为浙江师范大学钱江学者特聘教授、全球学研究中心主任

中国可以通过国际合作建立自己的话语权

李安山

中国在哪些方面可以参与国际社会相关规则的修改和制度的建立呢？表现在两个方面：一个是有值得人家佩服的东西，一旦人家不得不服你，你才可以在这方面立规立矩，立德立言。另一个方面是通过与国际社会的合作，中国可以在国际上形成自己的模式和话语权。建构中国在国际上的话语权是一个积少成多，逐渐发展，由量变到质变的过程。

英帝国的成型与扩张差不多花了350年，它的成型期大致用了近250年。从16世纪后期开始与西班牙争斗，至1588年击败西班牙无敌舰队以夺取制海权开始，通过建立北美殖民地，征服印度、霸占西印度群岛以及在南非和西非海岸，最后，于1815年击败它在欧洲大陆的对手拿破仑，从而正式确立了它的霸权地位，这是英帝国成型的阶段。英帝国的扩张阶段则花费了近一个世纪，从1815年到1914年，英帝国的扩张表现在三个方面，即人口扩张、领土扩张和经济扩张。打败法国后，英国国内的失业问题十分严重，英国政府极力鼓励向海外移民。这种政策被讥讽为"铲除乞丐政策"。在随后的100年里，约2260万英国人移民世界各地。其次是领土扩张。这一过程一直在进行，在19世纪最后20年里达到高潮。到第一次世界大战时，英帝国领土已达3380平方公里，相当于150个英国本土的面积。第三个方面是经济的扩张，这主要表现在对外贸易、资本输出和金融渗透。

然而，英帝国的衰落也非常快。一战以后就开始衰落，到二战以后整个崩溃。这种衰落有各种各样的原因，但是其中最重要的原因在于自己。我认为有多个因素，即信仰的动摇、经济的衰退和民族主义运动的兴起。另外一方面也是新格局的形成，美国和苏联起来了，新的国际格局逐渐形成，自己的实力也削弱了。我们可以从英帝国形成的过程看到，一个大的政治实体的形成需要各个方面的积累。

中国在哪些方面可以逐渐参与国际社会相关规则的修改和制度的建立呢？我认为应有两个条件，一个是有值得人家佩服的东西，一旦人家不得不服你，你才可以在这方面立规立矩，立德立言。另一个方面是通过与国际社会的合作，中国可以在国际上形成自己的模式和话语权。

二战后的半个多世纪以来，西方发达国家一直在国际援助领域称雄。根据沃夫冈等人的统计，20世纪60年代开始，发达国家已经给贫穷国家的捐助款多达3.2万亿美元。赞比亚经济学家丹比萨认为，非洲国家大约从中获得了多于1万亿美元的援助。然而，其效果不仅毫无建树，反而在发展中国家造成多种障碍和困境。

一个重要的现象是非洲对外援助的依赖开始出现。到20世纪70年代末和80年代初，这种现象日益严重。特别在80年代和90年代初实施的结构调整过程中，非洲的外债形势严重恶化。撒哈拉以南非洲1970年的债务为60亿美元，1980年非洲外债总额为1233.39亿美元，1989年增至2500亿美元，相当于其国内生产总值85%。冷战后非洲债务不仅未减少，反而猛增。非洲发展报告数字表明，债务在1990年达到2887.73亿美元，1996年上升到3385.10美元。1980年外债还本付息额为189.77亿美元，1990年为277.38亿美元，1997年上升至325.30亿美元。难怪基思·格里芬指出："债务负担而非经济发展已成为40年对外援助的遗产。"莫约更是认为必须停止援助，因为援助在非洲形成了一种恶性循环，援助导致腐败、助长腐败，摧毁希望；援助阻碍正常的公民社会的建立；援助摧毁了一个国家社会资本的基本面——信任；援助催生一个国家内部的战争，并培养了一种军事文化。上述负面影响均不利于经济增长，导致发展停滞、贫困加剧。

美国经济学家威廉·伊斯特利等直接承认西方援助的问题甚多，成效甚少，发达国家在处理与发展中国家关系时确实只顾及自身利益。特别是欧洲大国基本上仍是以一种殖民宗主国的心态在考虑问题。我记得五六年前法国某智库的一位研究人员来访问我，希望了解中非关系及中国对非政策方面的情况。他在我办公室里十分认真地对我说："说实在话，不只是法国政府担心，法国的老百姓也很担心，如果中国把非洲搞去了，我们还吃什么，穿什么。"我当即对他说："你这种理念不行，这不是典型的殖民主义者心态吗？这怎么行？"这种将非洲殖民地看作法国后院的观念让我想起了1958年发生在几内亚的事，以及随后出现的法国非洲殖民地独立的多米诺现象。

当时，刚刚上台的戴高乐总统表示将通过第五共和国宪法来解决法国非洲殖民地的前途问题。宪法规定成立一个包括非洲殖民地在内的法兰西共同体，非洲各殖民领地将有机会选择去向，即殖民地人民可对宪法投"赞同"票或"反对"票。戴高乐对两种选择的结果说得十分明确：赞成者将成为共同体的永久成员，反对者即是表明失去与法国的任何联系，而这意味着失去法国的所有帮助，法国人将一走了之。戴高乐信心满满地在法属非洲殖民地跑了一圈，也听到了各种赞同的声音。然而，当戴高乐在几内亚机场上看到拥挤的人群高呼要求独立的口号时，当他在议会大厅里听到几内亚民族主义领袖塞古·杜尔"宁可要自由的贫困，也不愿要奴役下的富足"的宣示时，戴高乐意识到他已无回天之力。虽然在1958年9月28日的公决中有11个法属非洲殖民地投票赞成留在法兰西共同体内，但大约一个月后，塞内加尔等10个殖民地相继宣布成为法兰西共同体内的自治共和国。当塞古·杜尔代表几内亚站在联合国的讲台上时，法属非洲震撼了。1960年，11个共同体成员全部独立。法属非洲殖民帝国彻底崩溃。

尽管如此，法国仍然借着前宗主国的身份以各种方式控制着独立后的非洲各国。例如，它通过暗杀、政变或操纵选举等卑劣手段消除不服从法国指令的非洲领袖，也借用各种条约维持着与非洲国家的政治、军事和经济方面的主仆关系。想想，一度被西方誉为"发展典范"的科特迪瓦每年竟然要租借位于自己国家内的国会大夏和总统府，其租金要付给法国人！当我的学生告诉我这件事时，我还不相信，后来我在给非洲外交官班上课的时候，有两位科特迪瓦的外交官，我问他们是不是这么回事，他们说是，我们不得不付租金给法国人。现在好了，你们中国在帮我们建国会大厦。法国这几年在非洲插手比较多，利比亚、马里、乍得、中非、科特迪瓦等，有时是明目张胆地派遣军队。插手的主要目的就是将自己不喜欢的非洲领袖搞下去。

中国在发展问题和国际合作问题上有自己的经验，国际上特别是发达国家一方面对中国不断进行攻击，另一方面又希望在非洲事务上与中国合作。中国的国际合作导向，确实有自己的国家利益在里面，这不必否定，但共同发展，互利共赢，特别是多考虑对方的利益。建构中国在国际上的话语权以及进行制度改革只能是一个积少成多、逐渐发展、由量变到质变的过程。

作者为北京大学非洲研究中心主任

图书在版编目（ＣＩＰ）数据

中国方案1.0 / 李稻葵主编. -- 北京 : 中国友谊出版公司, 2017.3
ISBN 978-7-5057-3941-3

Ⅰ.①中… Ⅱ.①李… Ⅲ.①中国经济—关系—世界经济—研究 Ⅳ.①F12②F11

中国版本图书馆CIP数据核字（2016）第299989号

书名	中国方案1.0
作者	李稻葵　　主编
出版	中国友谊出版公司
策划	杭州蓝狮子文化创意股份有限公司
发行	杭州飞阅图书有限公司
经销	新华书店
制版	杭州真凯文化艺术有限公司
印刷	杭州钱江彩色印务有限公司
规格	710×1000毫米　16开 16.5印张　250千字
版次	2017年3月第1版
印次	2017年3月第1次印刷
书号	ISBN 978-7-5057-3941-3
定价	49.00元
地址	北京市朝阳区西坝河南里17号楼
邮编	100028
电话	（010）64668676